Ausführliche Informationen
über unsere Autoren und Bücher
finden Sie auf unserer Website
www.dtv.de

Claudia Seifert

Die Frau aus Flandern

Eine Liebe im Dritten Reich

Durchgehend illustriert

Deutscher Taschenbuch Verlag

Von Claudia Seifert im <u>dtv</u>:
›Das Leben war bescheiden schön. Ein Rückblick von Frauen,
die zwischen den Kriegen geboren wurden‹ (24683)
›Wenn du lächelst, bist du schöner!
Kindheit in den 50er und 60er Jahren‹ (34668)

Originalausgabe 2013
© 2013 Deutscher Taschenbuch Verlag GmbH & Co. KG,
München
Das Werk wurde vermittelt durch die Literarische Agentur
Thomas Schlück GmbH, 30827 Garbsen.
Das Werk ist urheberrechtlich geschützt.
Sämtliche, auch auszugsweise Verwertungen bleiben vorbehalten.
Umschlagkonzept: Balk & Brumshagen
Umschlagfoto aus dem Privatarchiv der Autorin
Satz: Greiner & Reichel, Köln
Druck und Bindung: Druckerei Kösel, Krugzell
Gedruckt auf säurefreiem, chlorfrei gebleichtem Papier
Printed in Germany · ISBN 978-3-423-24979-9

Inhalt

»*Im großen Kampf zwischen den Augen und der Sprache
hat der Blick die größere analytische Kraft.*«
Jean-Luc Godard

»*Dass die Dinge geschehen, ist nichts;
dass sie gewusst werden, ist alles.*«
Egon Friedell

Hurry and come now

Aus gegebenem Anlass schrieb der schwedische Seemann Charley Högberg an seine Nichte Ady einen besorgten Brief. Charley und seine Frau Netje hatten allen Grund dazu: Der Krieg war seit gut einem Jahr vorüber, aber sie hatten gehört, wie es im Nachkriegsdeutschland stand. Ihre Nichte war zart, oft nicht bei guter Gesundheit, und nun mussten sie das Schlimmste befürchten.

Unser liebes kleines Mädchen Ady.

Vielen Dank für deinen lieben Brief, den wir gerade erhalten haben. Wir sind beide gesund und hoffen, du bist es ebenso. Wir hören, es sind sehr schwere Zeiten für dich im Moment, aber vielleicht wird es bald besser. Wann wirst du dich entschließen und vielleicht nach Schweden kommen? Du weißt, du bist immer willkommen, und hier gibt es alle Arten von netter, leichter Arbeit für dich im Büro. Sie suchen täglich in den Zeitungen nach Mädchen, die verschiedene Sprachen sprechen, und ich gehe davon aus, dass du hier auch einen netten Freund finden kannst. Tantchen geht nicht zurück nach Belgien, das sagt sie nur, wenn ich weg bin und sie sich allein fühlt, aber wenn du hier wärst, könntest du mit ihr oft Schaufensterbummel machen, hier gibt es so viele hübsche Geschäfte. So wartet sie nur darauf, dass du herüber kommst. Es wäre für dich sehr einfach, einen Pass zu bekommen. Ich werde jetzt für drei oder vier Monate zuhause sein, dann segle ich wieder nach England für drei Wochentrips und bin für 10 Tage zuhause, das ist nicht so schlecht.

Jetzt will ich für diesmal mein Schreiben beenden, mit den liebsten Grüßen und Küssen von deiner dich immer liebenden Tante und Onkel Charley.

PS: Eil dich und komm jetzt.

Als der Brief geschrieben wurde, am 15. September 1946, war Adriana seit einem Jahr verheiratet und lebte als Frau Kocyan im kriegszerstörten Bottrop. Von Kindesbeinen an wurde sie Ady ge-

> Göteborg Sept. 15th 1946.
>
> Our dear little girlie Ady.
> manny thanks for you dear letter we just
> recieved we are both in best of healht and
> hope you are thesame. We hear its verry
> hard times for you at the moment but
> may be it will soon be better. When are you
> goin to make up your mind and come to
> Sweeden you know that you are always wel-
> come. and here is all kinds of nice easy
> work for you in office the are asking for
> it daily in the pappers for girls there speak
> and write differenc languag and i expect
> you will be able to find nice boyfreend

Auszug des Briefes im Original v. 15. Sept. 1946

nannt. Sie war die Tochter von Netjes Schwester in Antwerpen. Charley und Netje Högberg schienen von der Heirat nichts zu wissen, als sie ihre Nichte beschworen, möglichst schnell nach Schweden zu übersiedeln – und das anscheinend nicht zum ersten Mal.

Man kann doch einen Menschen nicht einfach wegwerfen

Adriana Kocyan trat auf eigenwillige Weise in mein Leben. Wenn man es genau nimmt, in einem Koffer. Eine erste Begegnung mit ihr hatte ich durch meine Freundin, die Fotografin Renate Niebler, die mir Fotos und Papiere zeigte, die ihr vor Jahren einmal als Vorlage für Collagen gedient hatten, Dokumente und Fotografien, hauptsächlich von Frauen, Frauen in verschiedenen Lebensaltern.

Ein Bild zog mich magisch an. Es stammte offensichtlich aus der Zeit etwa um 1920. Vor einem gemalten Prospekt mit einer Flusslandschaft stand eine kompakte Frau mit großem Hut und einem langen dunklen Mantel. Sie schien trotz ihrer Korpulenz zu tänzeln, in schmalen geschnürten Stiefeletten. Um ihren Hals wand sich ein Fuchspelz, dessen Ende lässig herunterhing. Die einzige horizontale Linie, die der wie schwebenden Figur Halt zu geben schien, war ihr Regenschirm, den sie mit beiden Händen wie zufällig vor sich hielt. Augen und Mund lächelten, ihr schien es Vergnügen bereitet zu haben, als der Fotograf sie in seinem Studio ablichtete. Heiterkeit und Leichtigkeit gingen von diesem Bild aus.

Maria, Adrianas Mutter, etwa 1920

Und dann gab es noch Bilder einer anderen Frau, einer jüngeren, die etwas eigenartig Zwiespältiges zwischen Koketterie und Schüchternheit ausstrahlte. Die Frau wirkte selbstsicher, und dennoch schien sie sich hinter ihrer jeweiligen Pose zu verschanzen. Sie posierte auf so gut wie allen Bildern.

Die Bilder und Dokumente stammten aus dem Altersheim, in dem Renates Mutter ihre letzten Lebensjahre verbracht hatte. Die jüngere Frau auf den Bildern war dort eine der Heimbewohnerinnen gewesen und Jahre zuvor, ohne Angehörige zu hinterlassen, verstorben. Aus den Fotografien und Dokumentfragmenten fertigte Renate Collagen an, die heute einen Aufenthaltsbereich des Heimes schmücken.

Die wenigen Papiere, die sie von der Frau besaß, gaben einigen Aufschluss: Sie war am 24. Juni 1913 in Antwerpen geboren und hatte zu Lebzeiten anscheinend verschiedene Namen benutzt: Einmal lautete er Adrienne, auf einem anderen Papier Orianna, auf einem weiteren Adriana. Adriana Van den Eynde, ein Name wie aus einem Drehbuch von Hitchcock: Schöne junge Frau gerät in den Wirren des Krieges zwischen die Fronten und wird so heldenhaft wie charmant von einem Typen wie Cary Grant gerettet.

Die Fotografie der korpulenten tänzelnden Dame pinnte ich über meinen Schreibtisch. Sie lächelte so beschwingt und übertrug ihre gute Laune auf mich. Daneben kam das Bild der jüngeren Frau.

Da stand diese Adriana Van den Eynde in Mantel und Hut auf einem Weg und blickte mit Scheu und Stolz zugleich in die Kamera. Ich gab ihr den Namen Mata Hari. Sie hatte etwas von Greta Garbo in der Rolle dieser Spionin – eine elegante Zurückhaltung, hinter der ein zäher Mut, Durchhaltewillen und ein Quentchen Verzweiflung am Leben zu spüren waren.

Der Name Mata Hari passte aus noch einem anderen Grund. Die wenigen Briefe, die Renate in die Hand bekommen hatte, waren ungewöhnlich: Sie waren Absatz für Absatz in einer anderen Sprache geschrieben – Französisch neben Niederländisch und Deutsch, andere auf Schwedisch oder Englisch, einer war abgeschickt in den USA. Die Inhalte waren eher banal, da ging es um Kleider, um Schuhe, um Alltägliches. Aber warum waren sie in verschiedenen Sprachen geschrieben? Hatte die Frau nur aus Spaß an der Freude so geschrieben oder steckte dahinter ein Code, ein Geheimcode?

Die verstorbene Belgierin war im deutschen, nationalsozialistischen Niederschlesien offenbar als Bürogehilfin tätig gewesen. Sie erhielt eine Zuzugsgenehmigung und ließ sich eine Karte ausstellen, die sie zum Empfang von Lebensmittelkarten berechtigte. 1945 wiederholte sich dieses kurz vor Kriegsende in Heidelberg. Im schlesischen Neusalz an der Oder hatte sie zuvor von der Firma »Luftfahrt-Bedarf A.G. Berlin« ein Zeugnis erhalten, das ihr bestätigte, eine gewissenhafte Maschinenschreiberin gewesen zu sein. Nach Kriegsende bekam sie eine Zuzugsgenehmigung für Bottrop und die Berechtigungskarte für Lebensmittelmarken der britischen Besatzungstruppen. Zugleich wurde sie vom Arbeitseinsatz befreit.

Diese Puzzlesteine eines Lebens gaben Rätsel auf. Wer war sie gewesen, diese Adriana Van den Eynde? War sie eine Abenteurerin, die mitten im Krieg in ein fremdes Land aufbrach, um ein neues Leben zu beginnen? Oder war Adriana Opfer gewesen, eines der Millionen Opfer, die unter der Hybris und dem Rassenwahn der deutschen Nationalsozialisten zu leiden hatten?

Wenn ich mehr über sie wissen wollte, musste ich mich selbst auf die Suche machen. Ich rief in dem Altenheim an und unterhielt mich mit Schwester Sonja, die Adriana Kocyan, geborene Van den Eynde, gepflegt hatte. Sie erinnerte sich sehr gut an sie, sie sei ein angenehmer Mensch gewesen. Manchmal ist der Zufall verschwenderisch, dann offenbart er Wege, auf die zu hoffen man sich nie getraut hätte. Im Verlauf unseres Gesprächs erwähnte Schwester Sonja beiläufig: »Ich habe von ihr noch einen Koffer im Schrank.«

Elektrisiert fuhr ich wenig später nach Niederkassel. Das Seniorenheim liegt in einem Außenbezirk, mehr Dorf als Vorstadt, leere Straßen, Abstands-

Adriana, Mata Hari, 1930

grün, zum Rhein hin rauschen die Kronen alter Bäume. Draußen war Sommer, drinnen herrschte angenehme Kühle. Schwester Sonja war eine herzliche Frau, die nichts so leicht aus der Fassung brachte. Während unserer Unterhaltung beantwortete sie Fragen von Kolleginnen, die den Kopf zur Tür hereinstreckten, begrüßte Heimbewohner und kümmerte sich um ihre Belange. Sie suchte die Heimakte heraus, das offizielle Anmeldedatum von Adriana Kocyan war der 24. Oktober 1985. Sie war Witwe gewesen und hatte keine Kinder, in den Unterlagen waren keine Angehörigen vermerkt.

»Sie war ein schmales Persönchen,« erinnerte sich Schwester Sonja, »eine reizende alte Dame, die sehr zurückgezogen in ihrem Zimmer gelebt hat.« Sie habe niemandem zur Last fallen wollen und nur ein halbes Jahr Pflege in Anspruch nehmen müssen, bevor sie am 6. Januar 2003 starb. Schließlich holte die Schwester den Koffer, von dem sie gesprochen hatte. Während ich auf sie wartete,

13

konnte ich den Flur und die Tür zu Adrianas ehemaligem Zimmer besichtigen, das Zimmer selbst nicht, die Dame, die nun darin lebte, hielt gerade Mittagsschlaf. Die Flure waren breit, die Türen grün gestrichen, rote Symbole sollten den Bewohnern bei der Orientierung helfen, an den weißen Wänden liefen gelbe Griffe zum Anhalten entlang. Auf den Fluren herrschte reges Begängnis, alte und sehr alte Männer und Frauen kamen oder gingen zu Tisch. Es roch nach Mittagessen.

Schwester Sonja stellte den Koffer vor mir auf den Tisch mit einer Geste, die zu sagen schien: »Ich habe meinen Teil getan, nun bist Du dran, mach was draus.« Es war ein kleiner brauner Handkoffer aus diesem sehr belastbaren Karton, den man in den schlechten Zeiten als Ersatz verwendete, als Leder zu kostbar war. Ich ließ die Verschlüsse aufklicken und blickte auf einen Wust von Postkarten, Briefen, Dokumenten, Büchern, losen Fotos und einigen Papierrollen. Ganz zu unterst lagen zwei dicke Fotoalben voller Bilder. Ich getraute mich kaum, die Seiten durchzublättern, so vollgestopft waren sie mit Fotografien. Die Sichtung musste auf später vertagt werden.

Als ich die Schwester fragte, warum sie diese Dinge aufbewahrt hatte, antwortete sie, dass sich nach dem Tod von Adriana Kocyan niemand für die Hinterlassenschaft interessiert hätte. Man handhabe es so wie immer, wenn jemand ohne Nachkommen stirbt. Ein Nachlassverwalter wurde hinzugezogen, er durchsuchte das Zimmer der Verstorbenen nach relevanten Papieren und warf das, was ihm nicht wichtig schien, auf den Fußboden – das kann dann weg. Das ist die normale Vorgehensweise in solch einem Fall, unsentimental und pragmatisch. Der Mann kannte die Tote nicht, er musste dafür sorgen, dass alles nach Recht und Ordnung verlief, und das tat er. Schwester Sonja jedoch erschien das herzlos. Sie klaubte, ohne zu sortieren – nach welchen Kriterien hätte sie es auch tun sollen? –, zusammen, was auf dem Fußboden gelandet war und legte alles in den kleinen braunen Koffer, der ebenfalls der Toten gehört hatte. Denn, so sagte sie mir, »man kann doch einen Menschen nicht einfach wegwerfen!«.

Das Leben im Koffer

In Todesanzeigen heißt es bisweilen, der Verstorbene lebe in der Erinnerung der Hinterbliebenen weiter. Schwester Sonja hatte mit ihrem entschlossenen Schritt verhindert, dass Adriana Kocyan schnell vergessen wurde. Einige Papiere im Koffer trugen Hakenkreuze und bestätigten, dass die Belgierin sich Ende 1944 in Neusalz aufgehalten hat. Die Stadt an der Oder war kein weißer Fleck auf der nationalsozialistischen Landkarte: Eines der großen Konzentrationslager der Nazis, Groß-Rosen, lag nicht weit entfernt und in Neusalz selbst war eines der Außenlager stationiert. Bis 1945 gehörte die niederschlesische Stadt zum Landkreis Freystadt, in den Regierungsbezirk Liegnitz. Seit Kriegsende liegt sie in Polen und heißt Nowa Sól.

Was hatte diese belgische Frau mitten im Zweiten Weltkrieg nach Schlesien geführt? War sie von den Nazis zum Arbeitseinsatz im Reich zwangsverpflichtet worden oder gar Gefangene im Lager gewesen? Was wusste ich überhaupt von den Belgiern während des Krieges? Oder war sie freiwillig, weil deutschfreundlich, vielleicht sogar als »Nazisse«, ins Reich gegangen? War sie am Ende Täterin gewesen – eine dieser gewaltbereiten Frauen, die sich als Aufseherinnen vom System legalisiert zum Quälen fühlten? Und wenn ja, was ging das mich an? Wie würde ich damit umgehen, sollte sich dieser Verdacht bestätigen?

Oder war sie doch Opfer gewesen und unfreiwillig im Reich? Oder wäre es mir nicht viel lieber gewesen, Adrienne/Orianna/Adriana hätte mit dem Holocaust, dem Nationalsozialismus und diesem ganzen braunen Sumpf gar nichts zu tun gehabt und wäre der Liebe wegen nach Osten gegangen? Ganz unpolitisch, einfach nur leben und mit dem, was um sie herum geschah, irgendwie umgehen, so gut es ging?

Spontan faszinierte mich die Idee der Mata Hari, einer Spionin aus Flandern, die sich souverän unter Nazischergen bewegte und dabei im Auftrag des amerikanischen OSS, des Vorläufers der CIA, agierte. Ein Dokument besagt, Adriana sei 1945 in Weißenburg in Bayern gewesen. Hatte ich nicht kürzlich erst gelesen, J. D. Salinger, der Autor von ›Der Fänger im Roggen‹, sei ebenfalls gleich nach dem Krieg in Weißenburg stationiert gewesen – als Offizier beim Militärgeheimdienst? War das nur Zufall?

Das Leben im Koffer strahlte Ruhe aus – es war bereits gelebt,

Taufe von Ady mit etwa eineinhalb Jahren. Vater Firmin links, Mutter Maria rechts, mit Unbekannten. Das erste Foto der Sammlung, das im Freien entstand.

und dennoch vibrierte es – alles schien möglich. Das fremde Leben lag vor mir, sperrig, bruchstückhaft und hinreißend. Da waren die Bilder eines hübschen jungen Mädchens, mit den Eltern, als Verliebte, mit Freundinnen und Freunden, unbeschwert, mit einer verheißungsvollen Zukunft. Hatten »wir Deutschen« uns auch an ihr versündigt? Hatten wir Deutschen ihr zu einem Lebenslauf verholfen, den sie unter anderen Umständen nie eingeschlagen hätte? War es wieder eine dieser Geschichten, die ohne die Nationalsozialisten so nie gelebt worden wäre? Dann hatte diese Geschichte auch viel mit mir, der Deutschen, zu tun.

Eine Menge Fragen tauchten auf: Würde am Ende mehr herauskommen als sentimentales Stöbern in einem fremden Leben? Wie nähert man sich einer Unbekannten, welche Vorurteile, welche fest gefügten Bilder bringt man mit? Musste ich nicht stets befürchten, dass mein eigener Standpunkt Verstehen ausschließt, weil er ungenügend offen ist? Oder würde im besten Fall gelingen, was Hans-Georg Gadamer mit historischem Verstehen meinte, ein Gespräch zwischen Gegenwart und Vergangenheit?

Ich sichtete die Dokumente und betrachtete wieder und wieder die unzähligen Fotografien, las Liebesbriefe, die nicht für mich bestimmt waren, tauchte ein in ein mir bisher unbekanntes Belgien und Antwerpen und in die finstersten Knotenpunkte der deutsch-belgischen Geschichte, um in diesen Fragmenten Adrianas Leben nachzuvollziehen.

Im realen Leben entscheiden wir uns aus den unterschiedlichsten Gründen letztlich für eine Möglichkeit, einen bestimmten Weg. Hätte Adriana in manchen Situationen wie Samuel Jakobowsky in Franz Werfels bitterkomischem Drama › Jakobowsky und der Oberst‹, in dem ein jüdischer Pole und ein polnischer Offizier auf der Flucht vor den Nazis durch Frankreich hasten, immer auch einen anderen Weg entdecken können? Jakobowsky folgt dem nur scheinbar schlitzohrigen Motto, das ihn antreibt und letztlich die beiden Flüchtenden am Leben erhält: »Man hat immer zwei Möglichkeiten im Leben!« Hatte auch Adriana die Wahl, im Besonderen unter den so außergewöhnlichen Umständen und bizarren Verhältnissen des Zweiten Weltkriegs?

Maria mit Ady im Alter von etwa zwei Jahren.

Erste Jahre in Antwerpen

An einem Dienstag, dem 24. Juni 1913, kam Adriana in Antwerpen zur Welt. Das Wetter war mäßig, Anfang Mai war in ganz Mitteleuropa noch einmal der Winter ausgebrochen mit Schnee und Frost, und noch bis in den Juli hinein verursachten Stürme in der Deutschen Bucht bis hinüber nach England schwere Schäden. In den Tagen vor Adys Geburtstag beging in Berlin der letzte deutsche Kaiser, Wilhelm II., unbeeinträchtigt vom Wetter, sein 25-jähriges Thronjubiläum mit Glanz und Gloria und Tschingderassabumm. Sein belgischer Nachbar, König Albert I., wird angemessen gratuliert haben.

Die Eltern lassen ihre Tochter auf die Namen Adriana Silvia Jozefa taufen, als sie ein gutes halbes Jahr alt ist. Von Adrianas Mutter existieren in den Fotoalben unzählige Aufnahmen, viel mehr als vom Vater. Anfangs ging man noch zu einem festen Termin ins Fotoatelier, um sich ablichten zu lassen. Da ist der Vater noch dabei. Doch bald sind die Frauen alleine und ihn zeigen die Bilder in Uniform. Der Erste Weltkrieg hatte begonnen.

Noch wusste ich wenig von Adrianas Familie, und die Recherche gestaltete sich zäh. Ich schrieb Briefe an alle Adressen, die ich in der Korrespondenz im Koffer und auf Briefumschlägen fand, sogar an jene, die längst schon nicht mehr aktuell sein konnten, bei denen bereits die Schrift das hohe Alter der Absender verriet. Die offiziellen Register in Deutschland geben in der Regel Auskünfte ausschließlich an Familienangehörige. Natürlich kann man so tun »als ob«, aber auf solche Manöver wollte ich verzichten. In Antwerpen muss man sich selbst in die Tiefen des Stadtarchivs begeben. Auch das war nicht unbedingt eine Erfolg versprechende Lösung.

Meine Nachforschungen blieben zunächst über Monate erfolglos. Es schien weder Angehörige noch Freunde oder alte Bekannte von Adriana zu geben, weder in Antwerpen noch in der Nähe von Bonn, wo sie gestorben war. Doch eines Tages erklärte sich ein freundlicher, mir unbekannter Helfer gegen ein geringes Entgelt bereit, in den Stadtarchiven von Antwerpen nach Adrianas Eltern zu recherchieren. Und er wurde fündig: Firmin stammte aus Putte,

einer kleinen Gemeinde im Südosten Antwerpens. Dort wurde er
am 26. Dezember 1888 geboren und auf die Namen Firmin Frans
Ludewigk getauft. In einem anderen Archiv firmiert er unter Firmin

Firmin mit Mutter und Großmutter.　　　Maria, etwa 1909.

Francois Louis, in einem katholischen Register schließlich wurde
Firmin unter der Nummero 143 als Firminus Franciscus Ludovicus
eingetragen. Hier erfahren wir auch etwas über seine Eltern: Der
Vater Petrus Josephus Van den Eynde war von Beruf Schuhmacher
und lebte mit »seiner Hausfrau« Catharina Isabella, geborene Assel,
gebürtig in Borgerhout, einem Stadtteil von Antwerpen, ebenfalls in
Putte. Firmin kam als fünftes von neun Kindern zur Welt.

Marias Eltern waren Maria Sylvana und Andre Krusvik-Mus-
kens gewesen. Maria wurde geboren am 28. Januar 1889. Sie hatte eine etwas jüngere Schwester, Antoinetta Carolina, geboren am
14. Oktober 1890. Nach den Aufzeichnungen des Stadtarchivs ist
Marias Mutter zu Beginn der 1930er-Jahre bereits Witwe.

Am 15. Juni 1912, an einem Samstag, heirateten Adrianas Eltern.
Ein Anstandsjahr später, im Juni 1913, kam ihre Tochter zur Welt. Da
war die Mutter 24 und der Vater 25 Jahre alt. Wir können annehmen,

dass die Hochzeit in Antwerpen gefeiert wurde und die gesamte Verwandtschaft eingeladen war. Die Eltern der Schwestern werden bei der Feier zugegen gewesen sein, auch die von Firmin und viel-

Firmin und Maria, etwa 1910.

leicht Geschwister von Firmin. Eine Schwester von ihm wird in einem der Briefe einmal erwähnt. Antoinetta oder Annetje, Netje gerufen, die jüngere Schwester von Maria, war zu diesem Zeitpunkt noch ledig, bis sie ein Jahr später einen Seemann ehelichte – auf die Dauer ein unglückliches Los, wie sie später ihre Nichte zu warnen versuchte: Mit einem Seemann hätte man nichts vom Leben.

Firmin war nicht groß, soviel verraten die Fotografien, eher zierlich. In jungen Jahren trug er einen schicken Schnurrbart und bemühte sich mit Haltung um zusätzliche Körpergröße. Auf späteren Bildern wirkt er oft schelmisch, vielleicht war er jemand, der in Gesellschaft aufblühte, Esprit versprühte. Etliche Fotos zeigen ihn im Kreis von Menschen, die zusammen Backgammon oder Billard spielen, er bekam Preise überreicht oder überreichte selbst welche. Firmin stand dabei im Mittelpunkt.

Seine Bindung zu Adriana war nicht so eng wie die zwischen

Mutter und Tochter. Der Ton zwischen diesen beiden war zärtlicher. Immer wieder scheint das durch, etwa wenn Adriana auf einer Fotografie von sich in den 1950ern auf der Rückseite einen Gruß notierte: »Für meine Mamatje, die soviel an mich denkt.«

Belgien – ein kompliziertes Land

Werfen wir einen Blick auf Belgien: Für viele Deutsche ist Belgien lediglich das Nachbarland im Nordwesten. Doch darüber hinaus? Napoleon und sein »Waterloo«, Brüssel und die EU, Pralinen und Spitze und beleuchtete Autobahnen in der Nacht kommen in den Sinn. Beim Kulturbürger weckt vielleicht noch der Name Brabant Assoziationen – »doch will der Held nicht Herzog sein genannt, ihr sollt ihn heißen ›Schützer von Brabant‹«. Mancher sagt, Belgien sei das nördlichste Land Südeuropas, und der ostbelgische Historiker Herbert Ruland nennt es »angenehm schminkefrei«.

Die Belgier sind nicht laut in Europa, sie drängen sich nicht auf, auch nicht in der EU, obwohl sie das Europäische Parlament beherbergen. Und sie haben eine erstaunliche Fähigkeit, monatelang ein Land ohne Regierung zu führen. Sie gehen nicht hausieren mit dem, was die Deutschen ihrem Land angetan haben in den beiden Weltkriegen, obwohl sie allen Grund dazu hätten. Wer in Deutschland weiß, dass Antwerpen noch im letzten Kriegsjahr monatelang von V1-Bomben und V2-Raketen zusammengeschossen wurde?

Dabei verbinden Deutsche und Belgier seit Langem intensive kulturelle und wirtschaftliche Beziehungen. Flandern war im Mittelalter bedeutendes Export- und Transitland für Waren aller Art und stand in regem Austausch mit deutschen Städten, über die Hanse hinauf bis in den Norden. Brügge, Gent, Antwerpen zählten damals zu den reichsten Gemeinwesen in Europa, bis heute steht ihr Name für Glanz, Malerfürsten und wirtschaftliche Blüte. Im 15. Jahrhundert beherrschten zwei Börsen- und Messeplätze die Mitte Europas: Antwerpen und Frankfurt am Main. Man handelte zwischen Vene-

dig, Antwerpen und Brügge, Lübeck, Köln und Frankfurt bargeld-
los, mit Wechseln, die immer häufiger zum Frankfurter Messeter-
min fällig wurden. Diamantenhändler und -makler aus Antwerpen
nutzten die Börse in Frankfurt und trugen nicht unerheblich zum
Aufstieg der Stadt am Main zum Finanzzentrum Europas bei.

Dann kam der Niedergang. Den europäischen Großmächten,
allen voran den Habsburgern, dienten die belgischen Landschaften
als politisches Schacherobjekt, als Durchzugsgebiet und Truppen-
übungsplatz, das Land wurde ausgeplündert und verwüstet, seiner
kulturellen und wirtschaftlichen Bedeutung beraubt. Während der
Glaubenskriege flüchteten Tausende Belgier in lutherfreundliche
deutsche Fürstentümer, allein 38 000 Menschen retteten sich aus
dem vom spanischen König Karl V. eingeschlossenen Antwerpen
Mitte des 16. Jahrhunderts nach Frankfurt am Main. Eine Gruppe
flämischer Maler floh ins heute unbedeutende Frankenthal in der
Pfalz und gründete unter dem Namen »Frankenthaler Schule« eine
berühmte Künstlerdynastie. Pieter Pauwel Rubens kam im Zuge
der Protestantenverfolgung nicht in Antwerpen, sondern in Siegen
zur Welt, er kehrte erst Jahre später, nach Aufenthalten in Italien
und Spanien, nach Antwerpen zurück. Rubens wurde durch den
dortigen Bürgermeister gefördert und durch dessen Aufträge rasch
bekannt, die Stadt betrieb gezielt die Förderung ihrer Künstler, wie
sonst nur Adelshöfe oder die Kirche. Etwa hundert Jahre zuvor hatte
der Magistrat seinem deutschen Kollegen Albrecht Dürer ein üppi-
ges Jahresgehalt geboten, darüber hinaus ein schönes Haus, freien
Unterhalt und die Bezahlung aller seiner öffentlichen Arbeiten, um
ihn zum Bleiben in der Stadt zu bewegen. Vergeblich, Dürer kehrte
nach einem Jahr nach Nürnberg zurück. Dort hatte er eine Sonder-
stellung, in Antwerpen wäre er nur einer von vielen gewesen, etwa
Hieronymus Bosch, die Jans und die Pieter Brueghel, Frans Hals,
Hans Memling, Jacob Huysmans sowie Bildhauer und Komponis-
ten. Auch die Familie »unseres« Titanen Ludwig van Beethoven
kam aus Mechelen in Flandern, bevor sie sich in Bonn niederließ. In
jüngster Zeit sind es die Architekten, Designer, Modeschöpfer, die
Flandern und Antwerpen wieder ins Gespräch bringen.

Belgien ist ein noch recht junger Staat. 1830 spalteten sich die
südlichen Niederländer von den nördlichen mit ihrem König Wil-

lem I. ab und gründeten ihren eigenen Staat. Mit Hilfe und Gunst anderer europäischer Staaten, speziell der Briten, gaben sie sich eine liberale Verfassung, einen Nationalkongress und, wie die Schweiz,

Antwerpen, De Keyserlei, im Hintergrund der Bahnhof, genannt die »Spoorweg-kathedraal«.

die ewige Neutralität. Diese war sogar die diktierte Bedingung für die Staatsbildung, und fünf Staaten übernahmen dafür die Garantie, darunter das Deutsche Reich. Auch einen König bekamen die Belgier, einen deutschen Prinzen, Leopold von Sachsen-Coburg-Saalfeld, Leopold I.

Von Anfang an war Belgien ein Land der Gegensätze und das ist es bis heute, »ein sehr kompliziertes Land«. Arnold d'Oray de Lantremange, wallonischer Bürgermeister in einem flämischen Randbezirk von Brüssel, muss es wissen. Er durfte lange nur »geschäftsführender Bürgermeister« seines flandrischen Dorfes sein, die flämische Regionalregierung verweigerte den gewählten französischsprachigen Bürgermeistern die Ernennung.

Wallonie und Flandern, das waren lange Synonyme für Stadt und Land, Reichtum und Armut. Die Sprachgrenze zwischen Wallonen und Flamen ist die wohl markanteste in Europa. Da geht es nicht nur um politische Erbsenzählerei. Anfangs, nach der Staatsgründung, lag die Führung des Landes in den Händen einer frankophonen Elite, erst in jüngerer Zeit verlagerte sich der ökonomische und damit der gesellschaftliche Schwerpunkt. Für so manchen wirkte sich die Sprachbarriere tödlich aus. Zwei Flamen wurden beispielsweise im Jahr 1860 wegen Mordes zum Tode durch die Guillotine verurteilt und hingerichtet. Sie waren unschuldig, wie sich später herausstellte, doch das hatte niemand ermittelt. Damals war es nicht unüblich, dass Polizisten, Anwälte und Richter nur Französisch verstanden und den Angeklagten, die flämisch sprachen, kein Dolmetscher zur Seite stand. Was wie ein makabrer Witz aus rauen Tagen der Justiz klingt, wurde für viele flämische Soldaten auch während des Ersten Weltkriegs zur Falle im Schützengraben. Rund neunzig Prozent der Soldaten in den unteren Rängen der belgischen Armee waren Flamen, das Offizierskorps setzte sich jedoch fast ausschließlich aus Wallonen zusammen und die Mannschaften verstanden die Befehle ihrer Vorgesetzten oft nicht. Viele flämische Soldaten kosteten die Missverständnisse das Leben, doch wer sich gegen die absurden Verhältnisse auflehnte, riskierte, wegen Meuterei erschossen zu werden.

Die Belgier arrangieren sich seit je mit ihren Gegensätzen und nennen folgerichtig ihren Monarchen »König der Belgier«, als wollten sie eine Einheit beschwören, die es so nie gab. Bürgermeister Arnold d'Oray de Lantremange mahnte zur Besonnenheit, sollte sein Wahlbezirk gespalten werden, »würde die Sprachgrenze zur Staatsgrenze«. Und ausgerechnet in der Hauptstadt dieses komplizierten Landes geht das EU-Parlament seiner Aufgabe nach, die Krisen und Vielfältigkeiten der europäischen Nationalstaaten in den Griff zu bekommen.

Für eine vorübergehende Irritation in der deutsch-belgischen Nachbarschaft sorgte Bismarck 1866 mit seinem Plan, im Krieg zwischen Preußen und Österreich die als Gegenleistung für die Neutralität Frankreichs an Napoleon III. abgetretenen linksrheinischen Gebiete ausgerechnet mit belgischem Territorium kompensieren zu wollen. Das scheiterte jedoch im Jahr darauf. Als sich wenige Jahre später, 1870/71, das vereinigte deutsche Reich und Frankreich schließlich im Krieg gegenüberstanden, gelang es Belgien, seine seit der Staatsgründung garantierte Neutralität zu erhalten, obwohl die entscheidenden Kampfhandlungen in Lothringen hart an der belgischen Grenze stattfanden.

Im Jahr von Adys Geburt befand sich die deutsche Monarchie auf ihrem Höhepunkt. Wilhelm II., der Narziss in Admiralsuniform mit seinem seit der Geburt gelähmten linken Arm, forcierte den Flottenwettlauf mit England, die Hochrüstung in Europa spitzte sich zu. Die Engländer, Deutschlands intimste Rivalen, beobachteten den Kaiser in Berlin grundsätzlich misstrauisch – auch anlässlich seines silbernen Thronjubiläums. Doch englische Zeitungen konzedierten ihm immerhin, er habe öfter am Rande eines Krieges gestanden, aber den Schwert bewehrten Arm immer wieder rechtzeitig gesenkt, der britische ›Guardian‹ feierte ihn gar als »best friend of peace in Europe«. Es sei ihm nicht nur gelungen, außenpolitische Probleme zu überwinden, sondern sich auch gegen die radikalen pan-germanischen Elemente im Innern durchzusetzen. Deren Idee einer großen Sprachgemeinschaft, die von »Dünkirchen bis Königsberg« reichen sollte, faszinierte damals in Deutschland romantische Dichter und Historiker. Schon rein philologisch war sie zwar nicht haltbar, doch sie fand Anhänger auch im westlichen Flandern.

Anfang November besuchte der belgische König Albert I. das Deutsche Reich, wo Wilhelm II. und sein Generalstabschef Helmuth von Moltke versuchten, ihn davon zu überzeugen, im Falle eines Krieges mit Frankreich, die Neutralität aufzugeben und zu einem Engagement für die deutsche Seite zu bewegen. Doch Albert und seine Berater blieben standhaft, Belgien beharrte auf seinem unparteilichen Status.

Feste des Fortschritts

Wilhelm II. war gut beraten, Belgien als Verbündeten zu gewinnen, denn das Land lag strategisch günstig: einerseits auf dem Weg nach Nordfrankreich und andererseits am Kanal quasi mit Blickkontakt nach England. Auch hatte sich Belgien in den Jahrzehnten zuvor wirtschaftlich ungeheuer entwickelt und weckte Begehrlichkeiten nicht nur bei den deutschen Militärs.

Belgische Ingenieure hatten bereits wenige Jahre nach der Staatsgründung mit dem Bau des ersten Eisenbahnnetzes auf dem europäischen Kontinent begonnen und lösten damit eine industrielle Revolution und ein enormes Wirtschaftswachstum aus. Gegen Ende des Jahrhunderts folgte dann eine zweite, kaum schwächere Wachstumsphase. Dadurch hatte sich Belgien hinter Großbritannien zum höchstindustrialisierten Land der Welt entwickelt, insbesondere durch die Steinkohleminen und die Metallindustrie im Süden des Landes: in der Region um Lüttich, Liège sowie im Hennegau. Brüssel wurde mit dem Bank- und Bau-Konzern Société Générale und der belgischen Nationalbank zur finanziellen Schlagader – zwei Institutionen, die durch Schaffung von Aktiengesellschaften die Industrie lenkten und mit Kapital ausstatteten. Die Aussichten und die Gewinne schienen grenzenlos, und der Kapitalismus ließ ungehemmt die Hosenträger schnalzen.

Die Skrupellosigkeit, mit der die Industriemagnaten ihre Arbeiter dabei als Produktionsmasse betrachteten und jedwede Form von Kritik oder gar Streik mit Gewalt unterbanden, bewog den in London residierenden Karl Marx 1869 zu einem erzürnten Flugblatt. »Es gibt nur ein Land in der zivilisierten Welt, wo jeder Streik begierig und nur zu gern als Vorwand ergriffen wird, um die Arbeiterklasse offiziell niederzumetzeln. Das so einzig beglückte Land ist Belgien, der Musterstaat des kontinentalen Konstitutionalismus, das behagliche, wohlumzäunte kleine Paradies des Grundbesitzers, des Kapitalisten und des Pfaffen.«

Die Arbeiter rekrutierten sich häufig aus landwirtschaftlichen Pächtern und Tagelöhnern, die aus der immer ärmer werdenden flämischen Provinz in Massen in die wallonischen Industriebecken strömten, wo sie als Fabrikarbeiter unter erbärmlichen Arbeits- und Lebensumständen ihren Lebensunterhalt immerhin noch leichter erwirtschaften konnten, als zuhause. Der Begriff vom »armen Flandern« hat hier seinen Ursprung. Auf der anderen Seite standen belgische Unternehmer und mächtige Firmen wie Empain, Cockerill, Otlet und die Société Générale, deren Namen bis heute einen Klang haben. Sie bauten Eisenbahnen und verlegten Straßenbahnlinien in ganz Europa, in China, Südamerika und in Zentralafrika. Antwerpen, die Stadt an der Schelde mit ihrem achtzig Kilometer langen, gewundenen Zugang zum Meer, entwickelte sich zum Welthafen, und Belgien richtete bis 1914 ganze sieben Weltausstellungen, sogenannte »Feste des Fortschritts«, aus. Nirgends sonst ließen sich Zukunftsglauben und Technikeuphorie sowie die neuen Produkte von Wissenschaft und Technik – Fotografie, Film, Automobilbau, Telefon und Elektrizität – so beeindruckend in Szene setzen wie bei einer solchen Großinszenierung.

Diesen enormen wirtschaftlichen Aufschwung hätte es so nicht gegeben, wenn der belgische König Leopold II. sich nicht am Kongo ein riesiges Territorium einverleibt hätte. Bismarck berief eine internationale Kongo-Konferenz ein, bei welcher Gelegenheit Leopold II. ein Gebiet im Kongo-Becken als Privatbesitz zugesprochen wurde, nachdem dieser vorgab, dort ein Musterland im Kampf gegen den Sklavenhandel errichten zu wollen. Genau das Gegenteil war der Fall. In diesem königlichen Privatstaat herrschte ein gewissenloses Regime. »Im Jahre 1885 wurde der Kongo-Staat aufgrund des Berliner Vertrages gebildet. Altmeister Bismarck führte bei den Verhandlungen den Vorsitz.« Mit diesen Worten beginnt die leidenschaftliche Anklageschrift von Sir Arthur Conan Doyle. Der Arzt und Schriftsteller und geistige Vater Sherlock Holmes', hatte in ihr erschütternde Beweise für die Verbrechen im Kongo gesammelt und im Herbst 1909 veröffentlicht.

Der Kongo war lange Zeit die wichtigste Quelle für Kautschuk. Und dieser wiederum war ein begehrter Rohstoff für Reifen von Fahrrädern und Automobilen sowie unersetzlich in der erst wachsenden Stromindustrie zur Isolierung von Drähten und Isolatoren in Elektrizitätswerken. Diese neuen Industriezweige und der damit verbundene Hunger nach dem Rohstoff führten zu Verstümmelungen und millionenfachem Mord an der Bevölkerung. Leopold II. bereicherte sich im wahrsten Sinne des Wortes gnadenlos, bis zu 700-fache Gewinnspannen spülten ihm Milliarden Franc in die Kasse.

Antwerpen, Leysstraat, etwa 1914.

Auf internationalen Druck verkaufte Leopold schließlich 1908 seinen Privatstaat an Belgien, doch auch danach ging die Ausbeutung beinahe unverändert weiter. Bis heute sind Unterlagen aus der Zeit der Kolonie für die Öffentlichkeit gesperrt.

Firmin und Maria werden von den Gräueln am Kongo so viel oder so wenig mitbekommen haben, wie die belgische Öffentlichkeit allgemein. Sie lebten in einer Stadt, die sich neu erfand und ständig wuchs. Anfang des Jahrhunderts bevölkerten etwa 300 000 Einwohner die prosperierende Metropole. Sie war damit größer als Brüssel. Durch den Hafen – noch heute gehört er zu den fünf größten der Welt – war Antwerpen reich geworden. Draußen wurde das Geld verdient und in der Innenstadt gab man es wieder aus. Sie war das Schaufenster, in dem man zeigte, was man hatte. Antwerpen versprach Glück, Geld und Zukunft, auch für das junge Paar Maria und Firmin. Prachtvolle Häuser entstanden, die Belle Époque hatte das Stadtzentrum mit neoklassizistischen Bankgebäuden und repräsentativen Handelshäusern geschmückt, und beständig kamen neue hinzu. Der neue Bahnhof geriet mit seiner 75 Meter hohen Kuppel so aufwändig, dass er bald nach seiner Einweihung 1905 nur noch »Spoorwegkathedraal«, Eisenbahnkathedrale, hieß. Dort ließ sich schnell ein Ticket erstehen – aufs Land hinaus oder nach Brüssel, in die Hauptstadt, die Leopold mit dem Blutgeld aus dem Kongo kostspielig verschönert hatte.

Es ließ sich gut leben an der Schelde, zumindest für die, die einigermaßen mithalten konnten. Bei Maria und Firmin war das offenbar der Fall. Die alten Fotografien bezeugen einen bescheidenen Wohlstand. Maria legte sichtlich Wert auf gute Kleidung, auf Eleganz und modischen Schick. Sie versah ihre Kleider aufwändig mit Biesen und Rüschen, verzierte sie mit Nöppchen, überzog die Knöpfe mit Stoff oder bespannte sie mit Zwirn. Sie war dazu ohne Weiteres in der Lage, weil sie Schneiderin war. Das allerdings erfuhr ich erst später. Zu kaufen gab es Kleidung nicht von der Stange, die musste man selbst nähen – oder nähen lassen. Wer als Frau mit Nadel und Faden umgehen konnte wie sie, sparte der Familie viel Geld oder konnte zum Familieneinkommen beitragen.

Das moderne Europa war gemacht aus Kohle und Stahl, angetrieben von Elektrizität und Mobilität, und die alles vorwärts drängenden Elemente waren Kapital und Konsum. Der Kulturkritiker Oswald Spengler warnte 1918 vorm ›Untergang des Abendlandes‹ und der Tyrannei der Technik, als sich noch niemand vorstellen konnte, wozu sie einst führen würde. Er traf den Zeitgeist, ein unbestimmtes Gefühl vom Ende einer Epoche und eine lähmende Zukunftsangst.

Waren Maria und Firmin anfällig für derlei untergründige Stimmungen, für die Gefühle des Niedergangs, oder waren sie dagegen gefeit und voller Energie und Hoffnung auf ihr gemeinsames Leben? Eine pragmatische Art zu planen dürfte Maria nicht fremd gewesen sein. Auch wenn es gewagt ist, nur aus Fotografien auf Personen und ihre Stärken und Schwächen, Abneigungen und Vorlieben zu schließen: Maria wirkt auf den Bildern wie eine Frau, die sich nicht scheut, zuzupacken.

Wir sind heute an Fotografien sehr gewöhnt, jeder Haushalt hat eine Fotokamera, jedes Handy eine Bildfunktion. Es gibt Bilder zu beinahe allem, jedes noch so banale Ereignis ist es wert, als Foto festgehalten zu werden. Passiert irgendwo auf der Welt etwas, gar etwas, das es bis in die Nachrichten schafft, erwarten wir, dass es davon ein Bild gibt. Fotos übernehmen eine Zeugenschaft, manchmal scheint es sogar, als ob sie die Realität ablösten und nicht nur abbildeten. Maria lächelt fröhlich in die Kamera und scheint zu uns zu sprechen. Und doch können wir über sie nur Vermutungen anstellen.

Maria hatte mit der kleinen Adriana reichlich zu tun. Das Mädchen war kränklich, stets ein wenig zu zart. Viele Säuglinge starben in den ersten Monaten. Die ganze Fürsorge von Maria richtete sich darauf, das Würmchen über die nächsten Monate und Jahre zu retten. Der junge Vater konnte sich andere Abwechslungen gönnen. Dass er gern spielte, meinen wir durch die Fotos zu wissen. Ob er auch Fußball liebte, dafür gibt es keine Belege. Doch hätte er in den Monaten nach Adys Geburt einem großen Ereignis beiwohnen können. Am 23. November 1913 pilgerten die Fußballfans ins Stadion von Antwerpen, zum Länderspiel Belgien gegen Deutschland. Am Ende besiegte der Gastgeber Belgien das deutsche Team mit 6:2, harmlos und sportlich.

Die Freundin Renée

Monate waren vergangen, als mich überraschend Post aus Antwerpen in der krakeligen Schrift eines alten Menschen erreichte. Ein Päckchen Briefe in Schwester Sonjas Koffer war unterzeichnet mit dem Schriftzug Renée. Auch an sie hatte ich geschrieben, aber lange keine Antwort erhalten. Die Briefe im Koffer waren geheimnisvoll. Begann einer auf Deutsch, wechselte er nach einem Absatz ins Französische und wenig später fuhr die Schreiberin englisch fort. Oder sie begann englisch und endete niederländisch, andere waren durchgehend französisch abgefasst. Alle in der markanten Handschrift von Renée, der Name auf dem Absender lautete allerdings

Francisca. Hatte diese Briefeschreiberin lediglich mit ihrem Spitznamen unterzeichnet oder barg das Ganze eine ganz andere Bedeutung, einen geheimen Code?

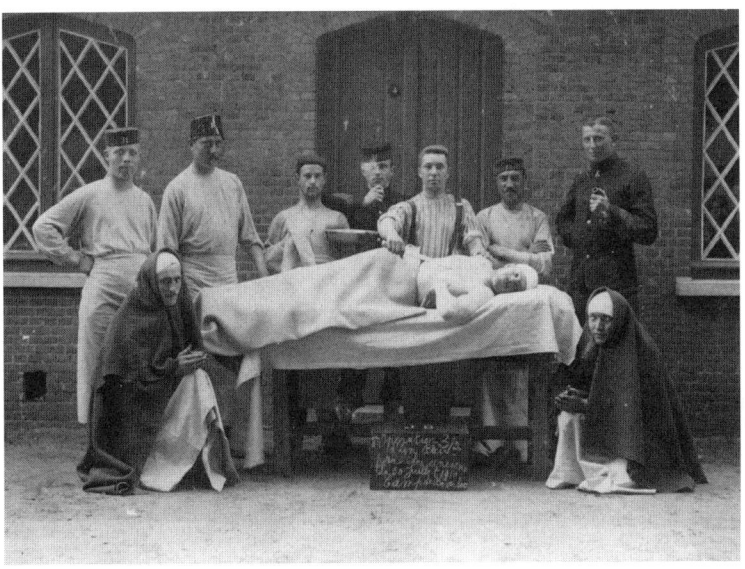

Noch ist alles Spiel – Firmin als Soldat 1910.

Die meisten der Briefe stammten aus den 40er- und 50er-Jahren. Die Inhalte waren mehr oder weniger belanglos. Die Schreiberin erkundigte sich nach der Gesundheit von Ady und Jupp, wie sie die Adressaten ansprach, erzählte von ihrer Familie, vom Bruder und einer Theatertruppe und von der vielen Arbeit, die ihre Mutter habe, oder von Kleiderwünschen, die nicht zu erfüllen waren, weil alles zu teuer sei.

Die alte Dame, deren Briefe ich nun in Händen hielt, war Francisca Huybrechts und sie war jene Renée, die mir schon »im Koffer« begegnet war. Sie schrieb mir, sie sei seit Kurzem 86 Jahre »jung« und entschuldigte sich, dass sie so lange nicht geantwortet hatte. Der Grund dafür ließ mich schaudern. Sie sei, schrieb sie, gerade als sie meine Post erhalten hatte, vor ihrer Haustür überfallen worden. Der Räuber habe ihr die Handtasche entrissen, und »beim Aufschreiben bei der Polizei war man entsetzt, was alles in der Handtasche war!«.

31

Wie ich von ihr erfuhr, war Adriana seit frühester Kindheit von ihren Eltern nur »Ady« gerufen worden. Für mich persönlich ging ich nun ebenfalls dazu über. Sie war für mich zwar noch immer eine

fremde, geheimnisvolle Person, aber so konnte ich mir im Wirrwar der Namen – Adriana, Adrienne, Oriana, Orianna – doch eine gewisse Klarheit schaffen.

Auch Francisca war von ihrer Familie und Freunden seit je bei ihrem zweiten Vornamen, Renée, gerufen worden.

Viele Schreiben gingen nun hin und her, in denen mich Renées Sprachkenntnisse und ihr für ihr Alter beeindruckendes Erinnerungsvermögen immer wieder erstaunten. Wenige Wochen später sollte ich sie auch in Antwerpen besuchen. Renée hatte Ady Anfang der vierziger Jahre kennengelernt, hatte sie öfter zuhause besucht und kannte Adys Eltern. Die Mutter Maria erinnerte sie als warmherzige Frau, die ein inniges Verhältnis zu ihrer Tochter hatte. Und sie war

Maria mit Netje und Ady im Fotoatelier, nach Kriegsbeginn 1914. Der abwesende Firmin wird ins Bild hineinprojiziert.

eine begnadete Schneiderin. Damit war das Geheimnis ihrer eleganten Garderobe gelüftet. Immer wenn die Jahre schlecht waren, trug Maria mit ihren Fertigkeiten zum Familieneinkommen bei. Sie nähte nicht nur ihre eigenen, sondern auch die Kleider und Kostüme, die Ady über all die Jahrzehnte auf den Fotografien trug.

Der Vater Firmin war Seemann gewesen, als solchen hatte Renée ihn kennengelernt. Das blieb er auch für mich, bis ich in den Auszügen des Registers im Antwerpener Stadtarchiv darauf stieß, dass er das nicht sein Leben lang gewesen sein konnte. Dort wird er als »Stadswerkman«, Arbeiter bei der Stadt, und »Voerman«, Fuhrmann, geführt. Die Dokumente und Bilder im Koffer deuteten durch nichts darauf hin, dass er zur See gefahren war. Renée hatte Firmin in den 1940er-Jahren kennengelernt, die Einträge im Stadtarchiv hingegen stammten aus den Jahren vor 1932. Die Wirtschaftskrise hatte Tausende Arbeitsplätze gekostet, möglicherweise hat Firmin in den zwanziger Jahren seinen Arbeitsplatz bei der Stadt verloren und war später zur See gefahren. Das würde auch seine Abwesenheit auf vielen späteren Fotografien in den Alben erklären.

Kindheit und Krieg

Maria ist ganz vernarrt in ihre kleine Tochter, verbringt die Tage allein mit ihr und wartet am Abend auf Firmins Heimkehr. Ady wächst und gedeiht dank der Fürsorge von »Mamatje«. Das Leben in der Mietwohnung in der Groote Dokstraat 13, der Großen Dockstraße, verläuft in inniger Zweisamkeit, doch von draußen dringt eine allgemeine Nervosität herein. Die Seeleute bringen beunruhigende Nachrichten mit nach Hause, die Überschriften auf den Titelseiten der Zeitungen überbieten sich gegenseitig mit negativen Einschätzungen der Lage, die Wochen vor Kriegsbeginn sind voller Anspannung. Überall in Europa stehen die Zeichen auf Zerstörung und Tod.

Gleich hinter der Wohnung in der Groote Dokstraat beginnen die Docks, das Bonapartedok, das Willemdok. Viele junge Hafenarbeiter, überhaupt junge Männer, werden zum Wehrdienst eingezogen. In der ersten Welle wird noch gelost, Firmin gehört dazu. Belgien hatte die Wehrpflicht erst Ende 1909 unter anderem als Reaktion auf den »Schlieffen-Plan« des deutschen Generalstabs eingeführt. Der war kurz zuvor durch eine Indiskretion durchgesickert und sah im Falle eines Krieges gegen Frankreich den Durchmarsch deutscher Truppen durch das neutrale Belgien vor.

Und dann geschah, wovor sich alle fürchteten. In den Morgenstunden des 4. August 1914 marschierten deutsche Soldaten völkerrechtswidrig in Belgien ein, um Frankreich in den Rücken fallen zu können. Eine Million Soldaten sollen es gewesen sein auf ihrem Vormarsch durch Belgien. Gleich zu Beginn des Krieges fiel Lüttich und wenige Tage später standen die Deutschen vor Antwerpen.

Die Stadt wurde zur »réduit national«, zum Rückzugsort für 80 000 belgische Soldaten um Albert I. erklärt. In den Forts rund um die Stadt sollten sie sich gegen den Feind behaupten, bis Unterstützung durch die französischen und britischen Verbündeten einträfe. Als das Schießen auf die Befestigungen Antwerpens losgeht, ist Ady gerade mal ein gutes Jahr alt. Wochenlang wird gekämpft, einer der belgischen Soldaten mag Firmin gewesen sein, nur wenige Kilometer von zuhause und dennoch weit entfernt.

Noch heute sind zwölf der alten Festungsanlagen leicht im Luftbild zu erkennen. Besonders der Hafen als Nachschubbasis für die Truppen der Entente und als Zugang zur Nordsee war Ziel von Angriffen. Selbst von Luftschiffen aus wurde Antwerpen bombardiert, was damals ein absolutes Novum war und zu internationalen Protesten führte. Die Deutschen ließen sich davon nicht hindern und sorgten unter den Bewohnern für Panik. Ein Zeppelin schoss schließlich die Gasanstalt in Flammen, Petroleumtanks im Hafen und Teile der Stadt brannten. Große Teile der Bevölkerung flüchteten aus der umkämpften Stadt. Die Forts, die das Stadtzentrum in einem Ring umschlossen, hielten dem massiven Beschuss nicht mehr Stand. Am 10. Oktober 1914 fiel Antwerpen.

Maria muss in ihrer Wohnung am Rand des Hafens Todesängste ausgestanden haben. Was Ady davon mitbekommen hat, ob sie gar ein Trauma davongetragen hat, wissen wir nicht. Möglicherweise hatte Maria die Begabung, die Ängste ihrer kleinen Tochter aufzufangen und ihre eigenen vor ihr zu verbergen. Wir wissen nicht mit Sicherheit, ob sich die beiden überhaupt während der Zeit der Belagerung in der Stadt aufhielten oder Schutz auf dem Land finden konnten. Von Süden her, durch Berchem – hier werden später Maria und Firmin viele Jahre lang wohnen –, zogen am 11. Oktober die ersten deutschen Soldaten in die Stadt ein.

Die Deutschen gingen auf ihrem Vormarsch in den ersten Kriegsmonaten mit äußerster Härte vor, auch gegen die Zivilbevöl-

Maria mit Ady, etwa 1917 – Erinnerungsfoto für den abwesenden Vater.

34

kerung. Tausende Bewohner der besetzten Dörfer und Städte wurden willkürlich erschossen, man trieb sie in ihre Häuser und steckte diese in Brand, unkontrolliert schossen deutsche Soldaten wild um sich, selbst auf eigene Kameraden. Mehr als 6500 Zivilisten kamen in Belgien ums Leben – unter ihnen Jugendliche, Priester und Frauen. Dörfer wurden niedergebrannt, systematisch geplündert, am bekanntesten wurde die Zerstörung der alten Universitätsstadt Leuwen, Löwen, wo die berühmte Bibliothek und die Kathedrale in Flammen aufgingen.

Bis heute halten sich die Gerüchte um die »Franktireurs«, belgische Freischärler in Zivil, Männer und Frauen jeden Alters, die hinterhältig deutsche Soldaten angegriffen, ermordet oder im besten Falle gefangen genommen haben sollen. Erst als Reaktion darauf sollen deren Offiziere befohlen haben, zur Abschreckung Geiseln zu erschießen. Die internationale Entrüstung war groß, andererseits boten die deutschen Gräueltaten den Alliierten 1914/15 willkommene Argumentationsvorlagen für ihre Propaganda gegen den Feind. Die deutsche Reichsregierung versuchte ihrerseits 1915 in einem Weißbuch anhand von Zeugenaussagen deutscher Soldaten, Angriffe auf sie zu belegen.

Recherchen von belgischen und deutschen Historikern haben längst ergeben, dass es größere Aktivitäten von »Franktireurs« nicht gegeben hat. Es stellte sich heraus, dass zahlreiche Zeugenaussagen im Weißbuch von 1915 und auf ihm basierenden offiziellen deutschen Werken aus der Zwischenkriegszeit anfechtbar oder planmäßig verfälscht worden waren. Doch die Legende von den hinterhältigen Angriffen der »Franktireurs« ließ sich politisch in der Weimarer Republik und dann vor allem in der NS-Zeit bestens nutzen. Ein Eingeständnis deutscher Schuld hätte der angestrebten Revision des Versailler Vertrages zusätzlich im Weg gestanden, hatten doch die Untaten, die das Reich dem kleinen Nachbarland angetan hatte, wesentlich zu den harten Bedingungen des Versailler Vertrages beigetragen, die Deutschland auferlegt wurden.

Besatzung 1914–1918

Ady ist drei Jahre alt, seit zwei Jahren ist Krieg und die Deutschen haben in der Stadt das Sagen. Was Maria von außerhalb der Stadt hört, muss sie entsetzen, sind es Gerüchte, ist es wahr, sie weiß es nicht, niemand weiß etwas mit Bestimmtheit. Als Zeichen, dass sie an Firmin denken, lassen sich Mutter und Tochter im Atelier bei einem Fotografen ablichten. Zuvor haben sie sich fein gemacht, Maria in heller Bluse mit raffinierten Ärmeln und Ady mit einer Schleife im Haar. Sie hält einen Blumenstrauß in der Hand, für den Vater. Das Bild lässt sich leicht deuten: Sieh her, abwesender Papatje an der Front, wir beide sind zusammen, uns geht es gut und wir denken an Dich, wenn Du nicht bei uns bist.

Bereits früher einmal, unter dem frischen Eindruck des Krieges, waren sie im Fotostudio gewesen, Ady war vielleicht eineinhalb Jahre alt. Damals war Marias Schwester Netje dabei. Die beiden Frauen trugen die dunkle Kleidung der Jahrhundertwende, streng und düster. In das Bild montierte der Fotograf dann in eine obere Ecke als Andenken Firmins Porträt in Felduniform. Vielleicht entstand das Foto zu dem Zeitpunkt, als Maria keinerlei Nachricht von ihrem Mann hatte und irgendetwas tun musste, mit ihm, für ihn.

Die Ausschreitungen gegenüber der Zivilbevölkerung führten zur Massenflucht Zehntausender vor den deutschen Truppen in die benachbarten Niederlande und nach Frankreich. Nach dem Fall von Antwerpen zählte man zeitweise eine Million Belgier in den Niederlanden, unter den Flüchtlingen waren Zivilisten genauso wie Spione, berufsmäßige Schmuggler, Kriegsgefangene, deutsche Deserteure und viele junge belgische Männer, die über Holland an die Front nach Westflandern gelangen wollten.

Mit allen Mitteln versuchte die deutsche Generalgouvernementsverwaltung in Brüssel das illegale Überschreiten der Grenze in die Niederlande zu verhindern. Landsturm bewachte scharf die Gegend, doch das reichte nicht aus. 1914 hatten die Deutschen mit einem Experiment Erfolg gehabt. An einem Abschnitt der Schweizer Grenze installierten sie einen elektrischen Zaun, um junge Elsässer, denen es am deutschen Patriotismus mangelte, an der Flucht ins

Nachbarland zu hindern. Als die Massenflucht aus Belgien nicht endete, beschloss die deutsche Verwaltung, mit der gleichen Methode an der Grenze zu den Niederlanden vorzugehen. Baubeginn war im

Ein Gruß gegen die Sorge aus Audruicq, Firmin 3.v.re.

April 1915. Bereits am 29. August wurde die Strecke zwischen Aachen und Maas unter Strom gesetzt, wenige Wochen später die gesamte Anlage bis zur Küste in Seeland. Die Grenzsperre bestand aus drei Zäunen, der mittlere war der Elektrozaun. Rechts und links davon blieb Raum für Patrouillengänge. Elektrische Energie war damals noch nicht weit verbreitet und ihre Gefahren nicht bekannt. Der Todesdraht, dessen Spannung zwischen 500 und 2000 Volt variieren konnte, kostete viele Menschen das Leben. Ihre Zahl lässt sich heute nicht mehr ermitteln, geht aber wohl in die Tausende – lebendig aufgegriffene Grenzgänger nicht mitgerechnet, sie wurden später andernorts hingerichtet.

Lange vor der Mauer, die die DDR von der Bundesrepublik abriegelte, haben andere Deutsche bereits den ersten Todesstreifen in Europa errichtet.

Aus den besetzten Gebieten transportierten die Deutschen alles ab, was sie und ihr Land brauchen konnten: Industrieanlagen, Transportmittel, landwirtschaftliche Erzeugnisse und die Rohstoffe:

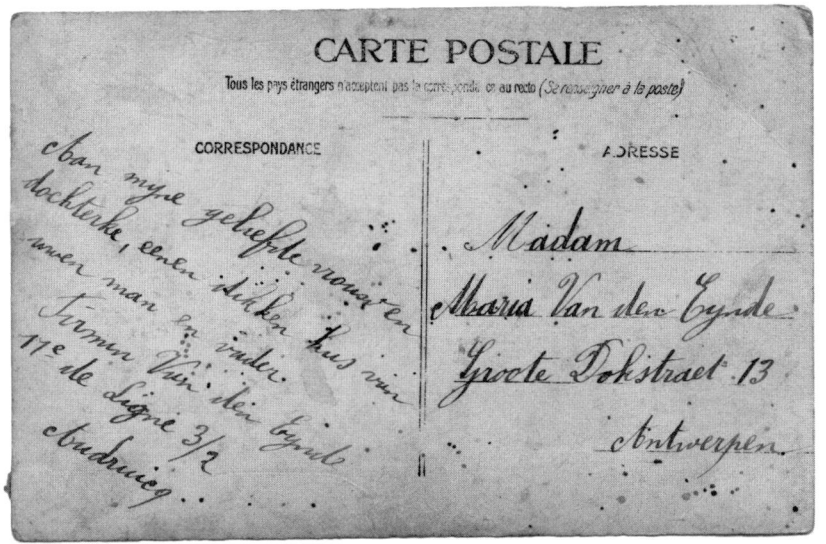

Metall und Eisen, Brennstoffe wie Holz und Kohlen. Es war eine vollständige Ausplünderung und Zerstörung des Landes. Auch Arbeitskräfte wurden gebraucht, also wurden sie »rekrutiert«. Nachdem es den deutschen Behörden nicht gelang, nennenswert freiwillige Arbeitskräfte aus Belgien nach Deutschland zu vermitteln, ging man ab Oktober 1916 zur Zwangseinberufung über. Etwa 120 000 Zivilisten wurden in den folgenden Monaten zur Zwangsarbeit in Deutschland oder in Zivilarbeiterbataillone deportiert, rund 2600 fanden den Tod.

In Flandern versuchte die Besatzungsmacht mit einer eigenen »Flamenpolitik« die Bevölkerung für ihre Ziele zu gewinnen. Die Idee der großen Sprachgemeinschaft von Dünkirchen bis Königsberg geisterte wieder durch manches dumpfe Gemüt. 1916 wurde die Reichsuniversität Gent niederlandisiert. Ein Teil der Flämischen Bewegung ging auf dieses Angebot ein und kollaborierte mit den

Deutschen, die Mehrheit hatte jedoch nicht viel für sie übrig, zu frisch war die Erinnerung an die Massaker bei deren Einmarsch und zu offensichtlich der taktische Charakter der Maßnahmen. Dennoch hielt sich die Mär von der Kollaborationsbereitschaft der Flamen mit den Deutschen. Aufgewärmt wurde sie erneut im Zweiten Weltkrieg und hielt sich lange noch in der Nachkriegszeit.

Firmin mit Maria und Ady, nach Kriegsende.

Marias Tage sind mehr als ausgefüllt. Das Leben in Antwerpen ist beschwerlich, das Besatzungsregime ist erbarmungslos, Kontrollen, Restriktionen, Verhaftungen und Deportationen wechseln sich ab. Es ist kaum möglich, sich in dem besetzten Land zu bewegen, das Leben der Belgier spielt sich auf eng begrenzter lokaler Ebene ab. Durch die Plünderungen fehlt es an allem, Hunger und Krankheiten unter der Bevölkerung sind die Folge. Eine medizinische Notversorgung funktioniert nur dank des Einsatzes karitativer Organisationen. Die Besatzungsmacht unterdrückt rigoros jedes nationale Bekenntnis, daher werden die Kirchen zu einem Ort des Patriotismus, die Gottesdienste, in denen sich religiöse Hymnen und patriotische Lieder mischen, ziehen beachtliche Massen an. Maria muss sich um die Älteren kümmern: um die Schwiegereltern und die eigenen Eltern, sofern sie noch am Leben sind. Eine der Mütter lebte zu diesem Zeitpunkt noch, 1944 wird sie sterben, ein späterer Brief eines Freundes von Ady berichtet davon. Netje hilft, vermutlich auch Verwandte von Firmin, vielleicht die Schwester, die einmal erwähnt wird. Maria sorgt sich auch um Ady, die während der Kriegsjahre so zart und ernsthaft ist. Bald soll sie in die Schule kommen, wie wird das werden?

Wie es Firmin ergangen ist, wird Maria lange nicht erfahren. Alles schien möglich: Vielleicht war er aus der Falle um Antwerpen in die Niederlande entkommen, wie dies etwa 30 000 Mann gelang. Oder er war in deutsche Gefangenschaft geraten, wie das weiteren 30 000 widerfuhr, und war nun auf dem Weg nach Osten. Während sie auf ein Lebenszeichen von ihm wartete, wird sie die beunruhigenden Nachrichten aus Westflandern gehört haben. Die Deutschen trafen dort auf überraschend starken Widerstand belgischer und französischer Truppen. Das belgische Heer hatte Anfang Oktober den Rückzug in den Westhoek begonnen, um sich an der Ijzerfront zwischen Nieuwpoort und Boezinge aufzustellen. Die »Wacht an der Ijzer« sollte beinahe vier Jahre dauern.

Karneval mit Freunden und Freundinnen. Ady (2. v. re.) ist etwa 10 Jahre alt.

Maria wird von den Kämpfen im Westen und vom Einsatz von Giftgas in Westflandern gehört haben, der Tausenden das Leben kostete.

Endlich kommen Nachrichten von Firmin. Er schickt Postkarten, Fotografien, Grüße, wenn es einmal ruhiger zugeht, gestellte Szenen, die zuhause niemanden beunruhigen sollen. Sie erzählen nichts über die wahren Zustände im Stellungskrieg im Westen, nichts über Hunger und Durst, über Rattenplagen, den durchdringenden Gestank verwesender Leichen, Fliegenschwärme und Läuse, nichts von der Todesangst, der Angst, langsam und einsam zu krepieren.

Eine der Postkarten zeigt Firmin im Kreis von Kameraden, friedlich auf einer Wiese sitzend beim Wein. Ein inszenierter Gruß zur Beruhigung der Lieben daheim: »An meine geliebte Frau und Tochter einen dicken Kuss von eurem Mann und Vater Firmin Van den Eynde 11e de Ligne 3/2 Audruicq«. Audruicq ist ein französisches 3000-Seelen-Dorf etwa fünfzig Kilometer von der belgischen Grenze entfernt. Der Ort verfügte schon damals über eine Eisenbahnanbindung, was den Ort, nur 16 Kilometer im Landesinneren hinter Calais, strategisch interessant machte. Ein ehemaliger deutscher

Bombenflieger, Georg Wulf, hielt in seinem Tagebuch fest, dass er in der Nacht vom 20. auf den 21. Juli 1916 einen Angriff auf ein Munitionsdepot bei Audruicq flog. Munition im Wert von damals 25 Millionen Dollar soll bei dem Angriff explodiert sein, ein britischer Parlamentarier namens King hat diese Zahl und die Bestätigung der Explosion gegenüber UPA in New York abgegeben, das meldete die ›New York Times‹ und, in Siegerlaune, Anfang September ebenfalls die ›Norddeutsche Allgemeine Zeitung‹.

Es lässt sich nicht mehr feststellen, ob sich Firmin vor, während oder nach diesem Angriff in Audruicq aufhielt. Die Bilder, die Firmin in Uniform zeigen, erzählen von der schnellen Alterung eines jungen Mannes. Trotz der zur Schau getragenen stoischen Haltung auf den Postkartenfotografien ist die zunehmende Anspannung, die Anstrengung erkennbar.

Firmin adressierte seine Karte aus Audruicq an Madam Maria Van den Eynde, Groote Dokstraet 13, Antwerpen. Die Dokstraat gibt es nicht mehr, sie wurde umbenannt in Zeevaartstraat und mündet heute in den Waaslandtunnel, der unter der Schelde das Linke Ufer mit Antwerpen verbindet. Die meisten der alten Gebäude, auch das Haus Nummer 13, stehen längst nicht mehr – zwei Kriege, zwei Eroberungen und die vielen Jahre haben ihre Spuren in Antwerpen hinterlassen.

Es dauerte einige Zeit, bis ich erfuhr, wo Firmin während des Krieges eingesetzt war. Hilfreich dabei war der Belgian Liaison, der Belgische Verbindungsdienst in der Bundesrepublik Deutschland. Firmin war demnach Soldat im 11. Linieregiment, er hatte die Stammbuchnummer 56 378 und kämpfte an der Ijzer während der Schlacht, die hier zwischen dem 17. und dem 31. Oktober 1914 tobte. Für seine Verdienste hat er zahlreiche Auszeichnungen erhalten, unter anderem die Ijzermedaille. Die Urkunden weiterer Ehrungen hatten in Adys Koffer gelegen: 1942 wurde er zum Ridder in de Orde van Leopold II. met Zwaarden ernannt; 1950 zum Ridder in de Kroonorde met Zwaarden, und 1960/1961 erhielt er das Kruis van Ridder in de Leopoldsorde met Zwaarden.

Als die Befreiungsoffensive im September 1918 begann, zählte die belgische Armee rund 168 000 Mann – und das bei gerade einmal sieben Millionen Einwohnern. König Albert I., der während des gesamten Krieges an der Front blieb, weigerte sich bis zum Herbst 1918, an den alliierten Offensiven teilzunehmen; in seinen Augen waren sie nutzlos. Dennoch ließen zwischen 40 000 und 50 000 belgische Soldaten während des Grand Guerre ihr Leben.

Doch nicht allein die gefallenen Soldaten blieben in Erinnerung, eine genauso große Rolle spielten die von den Deutschen Erschossenen und die Deportierten. Diese Dreiheit »Combattant, Fusillé, Déporté« wurde in zahllosen Monumenten verewigt und beherrschte die politischen Debatten der Zwischenkriegszeit. Am 11. November 1918 ist es endlich vorbei: Waffenstillstand in Belgien. Doch zwischen dem Waffenstillstand und der Unterzeichnung des Friedensvertrags in Versailles sterben noch einmal rund 4000 belgische Soldaten. Hinter der Grenze, im Wald von Compiègne, unterzeichnet der Zivilist und Staatssekretär ohne besonderen Aufgabenbereich, Matthias Erzberger, für das besiegte Deutsche Reich das Waffenstillstandsabkommen. Aber die Rechtsnationalen im Reich schmähen ihn als »Novemberverbrecher« und »Vaterlandsverräter«, sie wollen die junge Weimarer Demokratie treffen, als sie Erzberger 1921 auf offener Straße erschießen.

Die tollen Jahre

Der »Grand Guerre« ist zu Ende, Firmin kehrt nach Hause zurück. Der Tag, an dem die Waffen schwiegen, wurde zum nationalen Gedenktag. Noch Jahrzehnte später werden sich Maria und Firmin an diesem Datum mit anderen Veteranenfamilien treffen, Fotografien aus den Jahren 1959, 1963 und 1964 zeugen davon. Auf der Rückseite der Fotos ist jeweils das Datum vermerkt, der 11.11.

Es ist das Jahr 1919. Ady steht auf einem Hocker in der Küche und schlägt mit den Händen eine imaginäre Trommel. Leise singt sie »Trois jeunes tambours s'en revenaient de guerre. Et ri et ran, ran pa ta plan. S'en revenaient de guerre« (»Drei junge Trommler sind aus dem Krieg heimgekehrt und ri und ran, rata pata pan, sind aus dem

Krieg heimgekehrt«) und bemüht sich, gerade zu stehen. Die Mutter kniet am Boden davor, ab und zu gibt sie leise Kommandos, mit Stecknadeln zwischen den Zähnen, wenn sich die Kleine weiterdre-

Ady im Alter von 6 und 8 Jahren und zur Kommunion.

hen soll. Ady ist der ganze Stolz von Maria. Das Mädchen wiegt sich im Takt und die Mutter ermahnt sie, still zu halten, es dauere ja nicht mehr lange. Maria liebt es, ihre Tochter zu benähen. So wird das noch viele Jahre sein: Selbst dann noch, als Ady längst erwachsen und bereits verheiratet ist und entfernt von Maria in einem anderen Land lebt, wird die Mutter ihr Blusen und Röcke, elegante Kleider und Kostüme schneidern. Aber das wissen das kleine Mädchen auf dem Schemel und ihre Mutter noch nicht. Der Saum soll fertig werden, in wenigen Tagen wird Ady sechs Jahre alt, es soll gefeiert werden, die Tante und die Großeltern werden da sein und Ady soll das neue Kleid anziehen und besonders hübsch aussehen. Es ist ihr erster Geburtstag nach dem Krieg und endlich ist auch Firmin dabei.

Belgien stand vor der schweren Aufgabe, ein über weite Teile entvölkertes und schwer verwüstetes Land wieder aufzubauen. Der Versailler Vertrag hob Belgiens Neutralität auf und sicherte dem

Land die volle Souveränität zu. Die Region um Eupen, Malmedy und Sankt Vith an der Ostgrenze zu Deutschland fiel nach einem Jahrhundert wieder zurück an das belgische Königreich; 63000 Menschen wurden belgische Staatsbürger. König Albert I. nutzte die Sympathien, die er während des Krieges erlangt hatte, indem er sich gegen die Deutschen stellte, um gleich nach Kriegsende ohne die bis dahin dominierenden Konservativen mit dem sogenannten »Coup von Loppem« einige grundlegende Reformen auf den Weg zu bringen. Sie umfassten sowohl neue Sozialgesetze, die Arbeits- und Ruhezeiten sowie Krankheitsausfälle regelten, als auch ein neues Wahlgesetz: »Ein Mann – eine Stimme« ab der Volljährigkeit mit 21 Jahren. Frauen blieben weiterhin bis auf die Gemeinderatswahlen vom Wahlrecht ausgeschlossen; das sollte noch bis 1949 so bleiben. Zugleich wurde eine Regierung der Einheit auf den Weg gebracht, bestehend aus Sozialisten, Liberalen und Katholiken. Damit belohnte Albert I. die Arbeiter für ihre Loyalität im Kampf gegen Deutschland und ordnete unversehens die politische Struktur in Belgien neu – was noch jahrelang von konservativen Belgiern kritisiert wurde.

Die Wirtschaft erholte sich, ab Mitte der 1920er kam es zu einem bemerkenswerten Wachstum, 1928 gab es kaum mehr Arbeitslose. Die Unternehmen machten große Gewinne. Auch in Flandern kam es zu einer behutsamen Ausweitung der Industrie. Die »tollen Jahre« brachen an.

Die deutsch-belgischen Beziehungen wurden einer Belastung ausgesetzt, als 1923 französische und belgische Truppen entsprechend der Regelungen des Versailler Vertrages das Rheinland besetzten.

Frieden – wir, die wir im Frieden aufwuchsen und Krieg nur aus den Nachrichten kennen, können vermutlich kaum nachvollziehen, wie sich das anfühlte: Frieden. Diese Ruhe, diese Zuversicht auf die nun zu lebende Zukunft. Man hatte etwas nachzuholen. Auch Maria tritt selbstbewusst auf, ihre Bilder aus den Zwanzigern zeigen sie spielerisch, kokett, eine lächelnde, attraktive Frau, mit sich und der Welt zufrieden. Der Krieg liegt ein paar Jahre zurück und die Besatzer sind abgezogen, die Zeit holt die Toten nicht zurück, heilt die

Verletzungen nicht, doch sie lässt sie ins Vergessen gleiten; zuhause ist alles im Lot, ihre Tochter ist gesund, jetzt schon Schulkind, immer ein wenig zu dünn zwar, aber es könnte schlimmer sein, und

Maria (re.) mit Freundinnen in Antwerpen, 20er Jahre.

Firmin hat wieder Arbeit. In der Stadt erhebt sich aus den Wunden des Krieges eine schillernde Kultur.

Im August 1921, da ist sie sieben Jahre alt, besucht Ady einen französisch-flämischen Literaturkurs und schließt die zweite Klasse mit einem, wie man so sagt, hervorragenden 1. Platz ab. Dafür erhält sie von der Directrice der Schule, Madame C. Braeckmans, eine kleine Urkunde und ein rot gebundenes Bändchen, ›Mon frère Jean‹ von Marie Leconte überreicht. Datiert ist die Urkunde auf »9 aout 1921, Borgerhout«. Ady heftet die Urkunde mit einer Stecknadel auf die erste Seite des Buches, davor lag ein Blatt mit der ›Brabanconne‹, der belgischen Nationalhymne auf Französisch.

Die Stadt putzt sich heraus und Maria genießt es, durch die Straßen Antwerpens zu schlendern. Der Stolz, die Stadt wieder für sich zu haben, ist spürbar in den Bildern. Maria bummelt an den Schaufenstern entlang, zu sehen gibt es genug, die eleganten Schuhgeschäfte am Meir, raffiniert drapierte Seide, goldgelackte Baumwollstoffe oder Taftarrangements in den Auslagen an der Leysstraat, die gewagt aufgetürmten Pyramiden duftender Schokoladen und Pralinen in den Confiserien an De Keizerlei, den feinsten Adressen Antwerpens. Oder die funkelnden Steine hinter den blank polierten Scheiben der Juweliere im Diamantenviertel rund um den Bahnhof. Kaufhäuser eröffnen, etwas Neues, was es noch nie gab. Häuser, in denen alles zu haben ist, was Kunden und Kundinnen zum Konsum verleiten könnte: Stoffe und Kleider, Hüte und Handschuhe, Schmuck und Parfums, Vasen, Teppiche und selbst Möbel, alles unter einem Dach. Die Mobilität nimmt weiter zu, 1923 bekommt Antwerpen im Vorort Deurne einen Flughafen, der später eine entscheidende Rolle in der Geschichte der Stadt und im Leben von Ady spielen wird, die Automobilisten hupen die Passanten von der Straße und Fuhrwerke zur Seite. Bequem und sicher fährt man in der Straßenbahn in die City und binnen weniger Jahre erobert das Radio die Wohnstuben.

Maria näht sich die Kleider entsprechend der Mode, kürzt Säume, lässt die Taille fallen, die Mieder werden abgeschafft. Der Rocksaum ihrer Kleider und Mäntel umspielt die Waden und sie schreitet im Rhythmus der Stadt. In Adys Fotoalben finden sich eine Reihe Fotografien, die Maria und später Ady auf der Straße zeigen – gehend, schlendernd, wie zufällig im Straßenleben geknipst. Jetzt, in den Zwanziger- und Dreißigerjahren, schafft man sich selbst einen Fotoapparat an, private Schnappschüsse kommen in Mode. Es gibt sommerliche Urlaubsschnappschüsse von der Mutter, von Verwandten oder Freunden und der Tochter am Strand. Der Vater ist selten dabei. Entweder fotografiert er selbst, oder er ist gar nicht anwesend. Er ist der Versorger, vielleicht hat er keinen Urlaub und muss in der Stadt bleiben.

Am 10. Januar 1920 heiratet Adys Tante Netje ihren Seemann, den Schweden Charley Högberg. Wir erfahren davon durch Post aus Göteborg, wo sich drei Frauen, Britta Hansen und Ann-Britt Johansson zusammen mit Aina Högberg (nicht mit Charley Högberg verwandt) auf die Spuren des Seemannes begeben haben. Die Hochzeit ist ein großes Familienfest. Charley stammt aus Nässjö in Schweden, doch die beiden bleiben erst einmal in Antwerpen.

Eines der aufregendsten Ereignisse in Adys Friedens-Kindheit werden die Olympischen Spiele gewesen sein. Im Jahr von Netjes Heirat richtete sie Antwerpen aus. Solch ein Großereignis muss man sich anders vorstellen als heute. Um den Veranstaltungen beizuwohnen, musste man ins Stadion gehen, in die Hallen, nur dort konnte man vom 20. April bis zum 12. September – Sportereignisse richteten sich noch nicht nach medialen Terminkalendern – die alten und die neuen Sportarten wie Polo, Hockey, Boxen und Rugby verfolgen. Ob die Sportbegeisterung bei Maria, Firmin und Ady groß war, können wir nur vermuten. Sie werden jedoch die veränderte Atmosphäre in der Stadt gespürt haben, die vielen Fremden wahrgenommen haben, andere Fremde diesmal als die Seeleute aus dem Hafen.

Onkel Charley und Tante Netje, 1920er-Jahre.

29 Nationen schickten 2669 Athleten an die Schelde. Das Deutsche Reich war wegen seiner Rolle im Krieg von den Spielen ausgeschlossen, ebenso wie Österreich, Ungarn, Bulgarien und die Türkei. Nicht alles lief glatt, einige Anekdoten ranken sich um diese Spiele – vermutlich ist nicht alles wahr, nach den harten Jahren des Krieges war man vielleicht auch nur dankbar für alles, was spielerisch und unernst war. So sollen bei der Eröffnungszeremonie die Noten der italienischen Nationalhymne nicht auffindbar gewesen sein, man habe stattdessen kurzerhand »O sole mio« gespielt. Der schwedische Schütze Oscar Swahn war mit 72 Jahren der älteste aller Teilnehmer. Im Teamwettbewerb der Disziplin »Laufender Hirsch« (Doppelschuss) holte er die Silbermedaille. Der Dichter Franz Kafka träumte nach den Spielen, er sei einen Weltrekord geschwommen – was Ethelda Bleibtrey aus den USA, einer von nur 78 teilnehmenden Frauen, in allen drei Wettbewerben, in denen sie antrat, gelang. Den italienischen Wasserbal-

lern dagegen soll das Wasser zu kalt gewesen sein. Man schwamm und spielte wegen fehlender Hallen im Fluss. Beim Spiel gegen Schweden traten die Italiener mit nur einem Spieler an, die anderen schwänzten. Beim Spielstand von 0:7 gab dann auch dieser beherzte Mann auf …

Belgien belegte schließlich noch vor dem viel größeren, jedoch noch sehr ländlich geprägten Frankreich den fünften Platz im Medaillenspiegel.

Vielleicht hat damals Ady das Sportfieber gepackt. Einige Jahre später jedenfalls entwickelt sie eine Vorliebe für die eher sportlichen Mitglieder des männlichen Geschlechts. Bis da ist es aber noch eine Weile hin. Zunächst geht Ady zur Kommunion, eine heilige Pflicht – Maria und Firmin folgen damit ihren religiösen Grundsätzen. In Adys Koffer fanden wir Marienbildchen. Ady mag einerseits Konventionen beibehalten haben, vielleicht auch die des Altenheims, in dem sie ihre letzten Jahre verbrachte, möglicherweise folgte sie auch Maria in ihrem Glauben und übernahm ihn für sich.

Zehn Jahre nach den Olympischen Spielen richtete Antwerpen erneut eine Weltausstellung aus, und als demonstrativer Höhepunkt entstand der »Boerentoren«, der Bauerturm, der erste Wolkenkratzer Europas mit einer Höhe von 87,5 Metern in der gleichen Bauweise wie die Wolkenkratzer in Chicago und New York. Bis heute überragt ihn nur der Turm der Liebfrauenkathedrale, Onze-Lieve-Vrouwekathedraal.

Im September 1927 zieht Firmin mit seiner Familie um, in eine Wohnung in der Lange Kievitstraat 138. Es ist ein neues Viertel für sie, enge Straßen, im Norden der Zoo und der Bahnhof. Das Haus ist schmal, zwei Stockwerke hoch. Am 1. Oktober 1927 meldet sich die Familie bei der Gemeinde um. Firmin gibt als Beruf Stadwerksman an. Maria ist laut Register ohne Beruf.

Ady ist 14, sie hat die Schule beendet und nun die Wahl, eine Lehre zu machen oder ungelernt in einem Salon oder bei einer Schneiderin zu arbeiten. Sie lässt sich auf der Gemeinde selbstbewusst als »modiste«, Modistin, Putzmacherin eintragen. Zwei Jahre später schlägt eine neue Krise voll zu. Die belgischen Exporte brechen ein, die Industrieproduktion geht um ein Drittel zurück. Die Extremisten setzen die belgische Demokratie unter Druck. Die

Koalitionsregierungen suchen Kompromisslösungen, doch die Koalitionen halten nicht und lösen einander in raschem Tempo ab. In Flandern streiten die Aktivisten, die Gemäßigten fordern ein nie-

Klassenfoto aus den 20er-Jahren (Ady in der obersten Reihe, 2. v. re.).

derländischsprachiges Flandern und ein zweisprachiges Brüssel innerhalb eines demokratischen Belgien. In den Dreißigerjahren billigt das Parlament verschiedene Sprachgesetze, die diesem Begehr entgegenkommen. Die Anhängerschaften extremistischer Gruppen wachsen, darunter die kommunistische Partei, die Rex-Partei, Verdinaso und der Vlaams Nationaal Verbond, der VNV. Die radikalen flämischen Nationalisten wollen Belgien zerschlagen und ein unabhängiges Flandern, der VNV lehnt die Demokratie ab. Der Ruf nach einem starken Führer wird lauter, die totalitären Ideen von Mussolini, Hitler und Stalin sorgen für Inspiration. Das Individuum soll sich der Gemeinschaft aus Gleichgesinnten unterordnen. Auch die anderen Parteien und Vereinigungen lassen sich von militaristischen Ritualen wie Massenversammlungen, Uniformen, eigenen Ordnungstruppen, Märschen und Fahnen infizieren.

In den fünf Jahren zwischen 1927 und 1932 wechselt die Familie dreimal die Wohnung: vom Bahnhofsviertel in die Zwartzustersstraat 32, ein Eckhaus in einem hübschen Backsteinviertel der Altstadt, ganz in der Nähe ihrer alten Wohnung in der Groote Dokstraat; anschließend nach Borgerhout in die Vandenpeereboomstraat 74, auch wieder ein schönes Backsteinhaus mit großen Fenstern, und schließlich wieder zurück in ihr altes Viertel in der Nähe des Hafens, in die Schippersstraat 12 – eine weite Straße mit Bäumen in der Mitte, die damals vermutlich noch nicht standen. Das Haus selbst gibt es nicht mehr. Es entstand wie die Häuser in der Nachbarschaft um die Jahrhundertwende mit drei oder vier Stockwerken und einem Garten auf der Rückseite. Firmins Beruf wird nun als Fuhrmann angegeben. Die Familie zieht also zweimal vom Westen Antwerpens in den Osten und wieder zurück. Über die Gründe dafür kann man nur spekulieren. Die Eltern sind alt, brauchen vielleicht Pflege und öfter die Anwesenheit Marias, möglicherweise mag auch die Wirtschaftskrise eine Ursache gewesen sein.

Ady hat mittlerweile den Beruf gewechselt, nun wird sie als »haartoister«, als Coiffeuse registriert. Sie wechselt die Branche – doch sie bleibt sich treu: Ihr Metier ist weiterhin die weibliche Schönheit, ein Motiv, das sich durch ihr Leben zieht. Zunächst wird sie von der Mutter liebevoll eingekleidet, fast könnte man sagen, dekoriert. Nun dekoriert und arrangiert sie selbst. Anfangs waren es Kleider oder Hüte, und nun sind es die Köpfe ihrer Kundinnen. Oder der eigene, 1927 zeigen Fotos sie das erste Mal mit blondierten Haaren.

Aber auch wenn man als Modistin oder Coiffeuse die äußere Form glanzvoller, glamouröser gestalten kann, der Alltag eines Coiffeurs besteht letztlich darin, Haare zu schneiden, in giftigen Dämpfen Haare zu färben, fremden Menschen den Kopf zu waschen und die am Boden liegenden Haare zusammenzufegen. Von Ady wissen wir, dass sie dabei nicht blieb.

Als Kind war Ady das Püppchen an Marias Seite gewesen und auch später als junges Mädchen hübsch hergerichtet und lieblich anzusehen. Doch die Hauptperson blieb stets Maria. Sie war die schöne Frau, die sich ihrer selbst bewusst inszenierte. Ihre Auftritte, nicht nur beim Fotografen, wurden sorgfältig geplant, die Garderobe mit Bedacht gewählt, die Frisur nach der Mode gelegt. Sie war selbstbewusst, in ihrer Korpulenz attraktiv, gereift und lebenslustig. In den Jahren um 1930 herum verändert sich Maria. Sie scheint we-

Ady probiert sich aus …

niger auf sich zu achten. Sie ist erst um die vierzig, aber nun scheint sie über ihre Jahre hinaus alt. Marias Körper verliert an Straffheit, ihre Formen beginnen zu fließen, was sie erst später, in den Sechzigerjahren, wieder rückgängig machen wird. Es mag auch sein, dass ihr die Wirtschaftskrise zusetzte, die Angst um die Existenz. Der Welthandel brach zusammen, im Hafen von Antwerpen lagen die Schiffe wochenlang auf Reede, für Firmin gab es keine Arbeit, keinen Lohn. Es fehlte an Geld, an Sicherheit und am Glauben an eine Zukunft.

Vermutlich bekam Maria auch zu spüren, wie ihr Fachgebiet ins Abseits geriet. Die Menschen, die früher ihre Kleidung bei der Schneiderin bestellten, können sie nun leicht und billiger im Kaufhaus als Konfektionsware erwerben. Damit kann Maria weniger zum Familienunterhalt beitragen, die Not wird größer. Auch Firmin hat sich verändert, wenn auch bei ihm der Wandel früher, noch unter dem Eindruck der Kriegserlebnisse einsetzte. Inzwischen ist er sichtlich gealtert, seine Haare sind verschwunden, ihn ziert eine Glatze. Auch seinen feschen Schnurrbart wird er bald aufgeben.

... und arbeitet, 1927.

In diesen Jahren ändert sich auch die Art des Fotografierens. Durch den eigenen Apparat zeigen die Bilder, die ab Anfang der 1930er-Jahre entstehen, Situationen im Privaten, im Garten, auf der Straße, auf Plätzen, am Strand.

Maria lässt sich vor allem auf der Straße fotografieren, im Mantel mit Hut, eine Tasche über dem Arm und stets gehend, frontal auf den Fotografen zu. Genauso wird sich Ady in wenigen Jahren präsentieren, spazierend vor Geschäften in der belebten Innenstadt. Es scheint, als habe ein Atelier diesen Service angeboten: die Städterin unterwegs in ihrer Stadt, Fotos aus dem Leben gegriffen. Maria wird sicherlich noch eine weitere Erfahrung gemacht haben – und sie ist nicht die einzige, die das schmerzt: Die Jüngere, die Tochter blüht auf, ihr folgen nun die Blicke. Die Mutter wird älter und allmählich unsichtbar.

Amourke und Co.

Meine liebe, kleine Amourke, ich habe heute dein Kärtchen bekommen, es ist sehr freundlich, weißt du. Aber ich hoffe sehr, meine geliebte kleine Femmeke, dass du heute an deinen Menneke einen lieben kleinen Brief schreibst, in dem du ihm lieb erzählst, dass du ihn nicht nur ein bisschen liebst, sondern dass du ihn sehr sehr liebst und dass du für immer bei ihm bleibst.

Gus an Ady 1933

Adriana ist beinahe zwanzig, keine Jugendliche mehr. Die Rundungen der frühen Jahre sind verschwunden, sie hat sich gestreckt, ist eine junge Frau, und ihr Leben bekommt neue Prioritäten. Sie geht arbeiten, doch in schlechten Zeiten haben auch Friseure weniger zu tun. Ady ist eine der vielen jungen städtischen Frauen, die im industrialisierten Europa morgens zur Arbeit gehen, um als ungelernte oder angelernte Arbeiterinnen in Fabrikhallen zu stehen, als Sekretärinnen in die Schreibsäle der Kontore zu eilen, in die Geschäfte, um als Verkäuferinnen zu arbeiten oder wie Ady in die Salons, um ihre Kundinnen zu verschönern. Sie lebt, wie es für unverheiratete junge Frauen üblich war, bei ihren Eltern, verdient aber ihr eigenes Geld. Im August 1934 reicht es für ihren ersten eigenen Radioapparat.

Ady ist hübsch, arbeitet an ihrem Aussehen und probiert sich aus. Wann kann man das besser als im Sommer, mit flirrendem Sonnenlicht, in lichten Wäldern, auf warmem Sandboden. Von Antwerpen ist es nicht weit zum Meer und Maria und Ady verbringen manchen Sommer in Oostende am Strand der Nordsee. Firmin ist auf den sommerlichen Bildern dieser Jahre nicht zu sehen. Es sind Frauenferien, Erholung vom Alltag, entspannte Tage, kalbendes Ruhen am Strand. Die Vermutung liegt nahe, dass Firmin nach den mageren Zeiten der Wirtschaftskrise nun wieder Arbeit findet und jede Möglichkeit wahrnimmt, um Geld zu verdienen.

Ab nun häufen sich die Bilder, auf denen Ady ohne Maria zu sehen ist. Ady trifft Freunde und Freundinnen, im Sommer zieht es sie hinaus nach Sint Anna, an den Stadtstrand von Antwerpen. Auf dem Schwemmland in einer Schleife der Schelde liegt die Badeanstalt mit ihren hölzernen Bauten und Umkleidekabinen. Man geht schwimmen, die kühlen Temperaturen werden genom-

An der Nordsee, Oostende, etwa 1930.   Ady, etwa 1936.

men, wie sie kommen, die Nordsee ist nichts für verwöhnte Gemüter – und hier am Fluss wird das Wasser immer noch wärmer als draußen im Meer. Man liegt in der Sonne, man redet, albert herum und spielt.

Auf ein paar Fotos dieser Jahre steht Ady an einem warmen Frühlingstag im Mantel am Strand von Sint Anna. Sie dreht sich um, als würde sie zu den Hafenanlagen am anderen Ufer der Schelde hinüberblicken. Vielleicht ist es zum ersten Mal ein junger Mann, dessen Kameraauge sie standhalten soll. Sein Schatten ist im Vordergrund des Bildes zu sehen und sie hält den Hut des Fotografen in der Hand.

Ady ist in diesem Frühling noch 19 Jahre alt und verliebt. Auf der Rückseite eines der Bilder ist das Datum notiert: Sint Anna 26. Mars 1933. Die Handschrift stammt von Gus, einem Mann, von dem Ady ein paar Liebesbriefe aufgehoben hat. Auf fliederfarbenen Briefbögen versichert Gus ein ums andere Mal, dass und wie sehr er seine »Amourke« liebt. Am 30. Mai 1933 nennt er Ady zärtlich seine »tante gentille petite Adyke«. Beim Militär in Brasschaat auf der harten Pritsche liegend träumt er davon, sie in seinen Armen zu halten »wie am letzten Sonntag«, er stellt sich vor, wie sie, es ist zwei Uhr in der Nacht, »süß in ihrem Bettchen schläft und süß von ihrem Suske und seinem kleinen Janyke träumt.«

Liebesbriefe sind sensible Post, nur für zwei Menschen gedacht – besonderes dann, wenn sie einer nicht rein platonischen Liebe entspringen. Außerdem wird Ady schließlich in ein paar Tagen zwanzig Jahre alt. Offenbar hat auch Gus einen Kose- oder Spitznamen, Suske, wenn wir richtig entziffern.

Meine ganz kleine Amourke, wenn du willst, werden wir versuchen, so schnell wie möglich zu heiraten, damit wir nicht nur träumen müssen, weil es sehr viel schöner wäre, weißt du, meine liebe kleine Amourke, man könnte süß zusammen schlafen, einer nah am anderen, mit deinem süßen kleinen Köpfchen auf meiner Schulter, damit ich dich zärtlich umarmen kann, jedes Mal, wenn ich aufwache.

Meine süße kleine Amourke, ich würde dir sehr gerne viel schreiben, aber ich bin so müde und es ist so dunkel hier, dass ich mein Papier beinahe nicht mehr sehe.

Also sage ich dir noch einmal, wie sehr ich dich liebe und wie sehr ich dich anbete, wenn ich morgen zu dir komme. Jetzt aber werde ich mich schnell auf meine Planken legen. Ich umarme dich ganz zärtlich und wünsche dir die süßeste, glücklichste, charmanteste, verliebteste aller Nächte, und wünsche von ganzem Herzen, dass du ein bisschen von deinem Menneke träumst, wie dein Menneke gleich von seiner lieben, kleinen, angebeteten Femmeke träumen wird.

Dein Menneke, der dich immer anbeten wird

Der Mai 1933 war kein heiterer Monat: Während »Menneke« in der Kaserne von seiner »Amourke« träumte, brannten in Deutschland die Bücher. Zahlreiche Autoren und Publizisten verließen daraufhin das Reich und waren in den Folgejahren auf die Asylbereitschaft anderer Länder angewiesen. Einer der Orte, die als sicheres Ziel vieler Emigranten galten, war Antwerpen.

Im Deutschen Reich hatten die Nationalsozialisten 1933 die Wahlen gewonnen, militarisierten entgegen den Vereinbarungen von Versailles zivil verordnete Bereiche wie die Luftfahrt, führten 1935

Am Strand von Sint Anna, 1933.

die Wehrpflicht wieder ein und besetzten 1936 die entmilitarisierte Rheinzone.

Die Stadt der Garnison, die Gus erwähnt, ist die Kleinstadt Brasschaat im Nordwesten Antwerpens, nur etwa 15 Kilometer entfernt. Sie wird wegen ihrer weitläufigen Parkanlagen auch das »Versailles Antwerpens« genannt. Im Jahr 1909 bereits hatte dort die belgische Militärluftfahrt mit der Aufstellung einer Luftschifferkompanie begonnen. Aus einer privaten Flugschule und ersten Versuchen mit Doppeldeckern, auf die ein Maschinengewehr montiert wurde, entstand schließlich eine Fliegerkompanie. In einer jener Kasernen war, so macht es der Brief deutlich, der verliebte Gus stationiert.

Noch heute liegen Artillerie und ein Fliegerhorst bei Brasschaat. Die Kasernen kamen erst kürzlich ins Gespräch, als die Öffentlichkeit erfuhr, dass die belgischen Streitkräfte eine schlechte Zahlungsmoral haben. Anscheinend geben sie all ihr Geld für Auslandseinsätze beispielsweise in Afghanistan aus, aber zahlen ihre Rechnungen zuhause nur zögerlich, was die Stadtwerke Brasschaat beinahe dazu brachte, den Kasernen das Wasser abzudrehen.

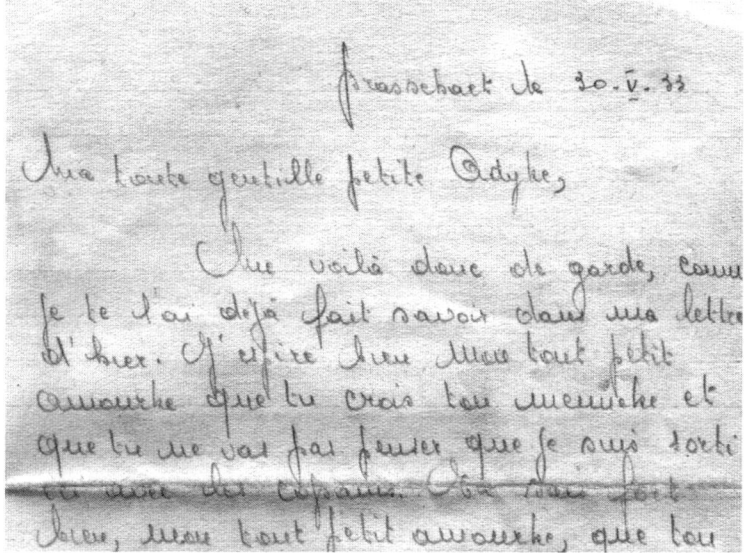

Briefauszug von Gus, 30. 5. 33.

Welcher Einheit Gus angehörte, wissen wir nicht, möglicherweise war er Flieger, einer der fescheren Sorte. Ady und er machten Radausflüge in der »Kalmthoutse Heide« rund um Brasschaat, gingen baden am See und lagen auf Decken auf dem warmen Sandboden. Auf der Rückseite eines der Fotos vom Strand steht ein Name: Jefke Mareyek. In der gleichen Handschrift wie die in den Liebesbriefen – wieder benutzt jemand mehrere Namen. Warum, bleibt auch hier ein Geheimnis. Die Schrift ist stets die gleiche, schwungvoll, recht klein und beinahe weiblich. Nennen wir ihn der Einfachheit halber Gus-Suske-Jefke.

Gus-Suske-Jefke war sehr in Ady verliebt, zumindest zu dem Zeitpunkt, als er seine rosalila Briefe schrieb. Die Liebe war aber wohl zwei Jahre später bereits vorbei. Konnte oder wollte Ady seine Gefühle nicht in dem Maß erwidern, wie er sich das erträumt hat? In seinen Briefen macht er übrigens genauso wie später andere

Männer aus seiner großen Bewunderung für seine petite femmeke keinen Hehl.

Ady muss etwas ungemein Anziehendes an sich gehabt haben.

Ady mit Freundin 1928 und mit Maria 1930.

Bis ins hohe Alter galt sie als charmante und allseits beliebte Frau. Klein und zierlich wie sie war, weckte sie wohl auch Beschützer- instinkte, von denen es bei dem einen oder anderen Verehrer al- lerdings nicht weit war bis zur Kontrolle, zu Eifersucht und Besitz- ansprüchen. »Meine kleine Amourke, warst du auch brav heute und vor allem gehst du heute Abend nicht aus? Ich hoffe das sehr, weißt du meine liebe kleine Amourke, weil wenn nicht, dann wäre dein Menneke sehr traurig und außerdem wäre das von dir nicht sehr nett, weißt du, meine Liebste! Aber du hast es ja nicht gemacht, nicht wahr, meine liebe kleine Adyke, weil dein Menneke dich viel zu sehr liebt, als dass du so böse zu ihm sein könntest. Weil dein Menneke dich sehr liebt, weißt du, kleine Femmeke, oder besser ge- sagt, dein Menneke betet dich an!« Das hat Gus-Suske-Jefke auch nicht weitergeholfen.

Ady hat sich umgesehen, sie hat geflirtet, wahrscheinlich war sie wie die meisten Menschen in ihrem Alter auf der Suche nach der großen Liebe, die ein ganzes Leben lang halten soll. Sie war jung, sie liebte das Leben, die schönen Dinge und probierte sich aus. Sie fand sich selbst schön und ließ sich gern anschauen und fotografieren. Welche Zukunft hat sie für sich erträumt? Wollte sie heiraten, Kinder haben? Die Auswahl unter mehreren Bewerbern hatte sie. Da war ein für uns namenlos gebliebener schlanker Mann am Baum, der gleiche, der 1935 neben Ady am Badehaus sitzt. Ein anderes Bild zeigt ihn in eleganter Runde zusammen mit deutschen Militärs. Und er könnte derjenige gewesen sein, der sie in St. Laurent auf dem Steg an der Hand hält. Das war etwa zu der Zeit, als Adolf Hitler sich und der Welt sein mörderisches Ziel setzte: »Die deutsche Wirtschaft muss in vier Jahren kriegsfähig sein.«

Ady mit Gus-Suske-Jefke (im Badekostüm) und Freundin am Strand von Sint Anna, 1935.

Ein anderer ist ein eher stämmiger Mann, der mit der gleichen Gruppe wie Ady 1936 nach Holland fährt. Die jungen Leute machen Station in Rotterdam und Amsterdam. Der Schmale, der neben Ady am Badehaus saß, ist ebenfalls mit von der Partie, aber es sieht so aus, als seien Adys Gefühle für ihn nicht eindeutig, denn auf einem der Bilder schmiegt sie sich in den Arm des breit gebauten Mannes mit blondem rundem Kopf. Ady wird sich mal an die Seite des Wagemutigen geträumt haben, der sie ungeahnte Abenteuer würde erleben lassen, ein andermal neben den dunkel Lockenden mit der irritierenden Erotik oder an die Seite des guten Versorgers, des zuverlässigen Vaters ihrer Kinder. Und sie wird alle an Firmin, ihrem Vater, gemessen haben, so wie das junge Mädchen tun, auch ohne sich dessen bewusst zu sein.

In Adys Nachlass fand ich Fotos von König Leopold III. und

seiner schönen Frau, Königin Astrid. Leopold folgte seinem Vater Albert, der die Belgier so charismatisch als oberster Befehlshaber durch den Weltkrieg begleitet hatte, 1934 auf den Thron. Er sollte

Ausgelassen beim Zelten, 1936 in St. Laurent.

sich nicht so geschickt anstellen. In seinen jungen Jahren war er ein schmucker König und heiratete die schwedische Prinzessin Astrid, die eine gewisse Ähnlichkeit mit Adriana hatte. Ady pinnte die Fotografien der beiden mit Stecknadeln an die Wand, die kleinen Löcher sind noch zu sehen. Hat Ady sich in Astrid wiedergesehen, diese Ähnlichkeit mit ihr wahrgenommen und sich ein Leben an der Seite eines attraktiven, vielleicht bedeutenden Mannes erträumt? Oder hatte das Faible für Leopold noch einen anderen Hintergrund? Leopolds Rolle im Zweiten Weltkrieg wenige Jahre später gilt als zwiespältig. Im Gegensatz zur niederländischen Königsfamilie, die ins Exil nach London ging, blieb der belgische Monarch nach der Kapitulation 1940 im Land. Anders als seine Regierung, die sich nach Frankreich und später nach England begab, betrachtete sich Leopold im Schloss Laeken als Kriegsgefangenen der Deutschen. Doch ihm wurde eine gewisse Nähe zu den Nazis nachgesagt, anders wollten seine Landsleute die Reise ihres Königs zu Hitler auf den Obersalzberg am 19. Oktober 1940 nicht interpretieren. 1950 schließlich zwangen sie ihn zur Abdankung.

Ady und ein unbekannter Verehrer, 1935.

Ady hob die Fotos die ganzen Jahre über auf. Fühlte sie sich auch zu den Ideen der Nationalsozialisten hingezogen? War sie doch politischer als ich annahm, hatte sie eine Überzeugung, die sie in die Nähe der Nazis brachte?

Patriotismus – oder Faschismus?

Im Land war durch die Besatzung im Ersten Weltkrieg so etwas wie ein gesamtbelgischer Patriotismus gewachsen, zaghaft zwar und vor allem bei jungen Menschen. Dazu trugen nicht nur die Erzählungen der Älteren über Krieg und Besatzungszeit bei, sondern auch

Gedenkfeiern und die zahlreichen Denkmäler, die an die toten Soldaten und die ermordeten Zivilisten erinnerten. Manche Personen und deren Schicksale dienten besonders als Vorbilder und wurden

Hollandreise nach Amsterdam und Rotterdam, 1936 (Ady 2. v. li.).

landesweit verehrt. Etwa die junge Gabrielle Petit, die während des Krieges als Leutnant verkleidet bei deutschen Stäben und Einheiten ein und aus gegangen war und mehr als zwanzigmal den Elektrozaun überwunden hatte, um ihre Informationen bis nach England zu tragen. 1916 wurde sie von den Deutschen verhaftet, zum Tod verurteilt und mit gerade mal 23 Jahren erschossen. Ihre Umbettung im Jahr nach Kriegsende geriet zum nationalen Ereignis, an dem Mitglieder der belgischen und englischen Königsfamilie, Abordnungen aller belgischen Regimenter sowie über 3000 ehemalige politische Gefangene teilnahmen. Der belgische Ministerpräsident legte sie den Frauen als Nationalheldin ans Herz, und Kardinal Mercier, der als entschiedener Gegner und Kritiker der deutschen Besatzungspolitik galt, forderte: »Schreibt ihren Namen in alle Bücher! Schreibt ihn in euer Herz! Meißelt ihn ein auf den Giebeln der Schulen! Das heldenhafte Leben unserer unvergesslichen Gabrielle

Petit lehrt uns gut sterben und ihr heldenhafter Tod lehrt uns gut leben.«

Ady hatte eine gewisse Vorliebe für sportlich gebaute Männer

Auch Ady wird Gabrielle Petit gekannt haben. Ob sie als junges Mädchen auch für sie geschwärmt hat, inspiriert von ihrem Mut und ihrer Chuzpe?

Wir wissen nicht, mit welcher Haltung Firmin aus dem Krieg heimkehrte, was oder ob er überhaupt etwas über seine Kriegserlebnisse zuhause erzählte. Er war zumindest allem Anschein nach mit heilen Gliedern aus den Schützengräben in Westflandern und Nordfrankreich zurückgekommen. Vielleicht war er einer derjenigen Weltkriegsveteranen, die äußerlich gesund, des nächtens in den Träumen ihre Erlebnisse aufarbeiteten – und die Frau und die Kinder weckten durch gellende Schreie, die sie sich nicht zu erklären wussten. Von den Gräueln und den Morden an den Zivilisten wird auch Ady gehört haben.

Nach dem Überfall der Deutschen im Ersten Weltkrieg waren die Kontakte zwischen Belgien und Frankreich enger geknüpft worden. Schutzlos ausgeliefert zu sein wie 1914, das sollte sich nicht wiederholen. Im Kriegsfall sollten französische Truppen das belgische Heer verstärken. Zur Vorsicht hatten sie allen Grund. Die deut-

... und pinnte sich Leopold III. und Königin Astrid an die Wand.

schen Nachbarn mit ihrem Reichskanzler Adolf Hitler, dieser, wie Adorno ihn charakterisierte, Mischung von »King Kong und einem Vorstadtfriseur«, gebärdeten sich bereits wieder militärisch aggressiv, sie ließen keinen Zweifel daran, dass sie »die Schmach von Versailles« tilgen wollten.

Auch in Belgien hatten sich faschistische Gruppen gebildet, doch es entstand keine einheitliche faschistische Bewegung wie die Schwarzhemden in Italien oder die Nationalsozialisten in Deutschland. Die Szene war so vielförmig wie die verschiedenen Sprachregionen und Traditionen im Land und agierte weitestgehend unabhängig voneinander.

Die einen traten für die Abschaffung der Parteien und für die Errichtung eines korporativen Staatssystems unter Führung des Königs ein, wie die »Légion Nationale Belge«. Deren Anhänger fielen früh wegen ihres aggressiven Antisemitismus auf, so forderten sie, den vor den Nationalsozialisten nach Belgien geflohenen Juden den Prozess zu machen. Andere wie die flämischen Faschisten, der »Verbond van Dietsche National Solidaristen« (Verdinaso), verfolgten weniger

die Erneuerung des belgischen Staates als seine Zerstörung zu Gunsten eines Groß-Niederländischen Reiches. 1940, nach der Besetzung Belgiens durch Deutschland, schloss sich die Mehrzahl der Mitglieder der »Verdinaso« dem Flämischen Nationalverband (VNV) an. Er verfolgte vor allem die Idee eines unabhängigen Flandern – was den damaligen Anführer Staf de Clercq bis heute zum Idol des Vlaams Belang macht, der rechtsextremen flämischen Regionalpartei. Der VNV war völlig auf Deutschland ausgerichtet und erkannte Hitler als Führer aller Germanen an. Die stramm reaktionäre Rex-Bewegung wiederum hegte Sympathien für Mussolini und vertrat einen grundsätzlichen Anti-

Maria und Ady im Garten in der Schippersstraat, 1932.

parlamentarismus. Ihr Anführer, Léon Degrelle, war einer der führenden belgischen Rechtsradikalen und diente schließlich Klaus Theweleit als exemplarisches Beispiel eines Faschisten, der »aus Ekel vor allem Weichen einen Panzer um seine Seele legte ... frauenfeindlich, aggressiv und körperlich gepanzert.«

Die verschiedenen belgischen Gruppierungen unterstützten während der folgenden neuerlichen Besatzung mehr oder weniger aktiv die deutsche Militärverwaltung, die Gestapo und die SS, die flämische Legion der Waffen-SS verzeichnete bald über tausend freiwillige Mitglieder. Léon Degrelle schaffte es während des Krieges zum höchstdekorierten Offizier der Waffen-SS und wurde nach dem Krieg wegen der Erschießung von Geiseln im KZ Breendonk in Abwesenheit zum Tode verurteilt.

Georgeke, der Mann in Moll

Im Rheinland standen bereits die Deutschen. Österreich war »angeschlossen«, die Tschechoslowakei annektiert, Ende September 1939 fiel Hitlers Wehrmacht in Polen ein und die Kriegsgefahr wuchs auch im Westen. Die belgische Regierung erörterte auf diplomatischem Weg die Möglichkeiten des Einmarsches französisch-britischer Einheiten auf belgisches Gebiet. Am Ende wurde beschlossen, dass die Unterstützung nur auf ausdrückliches Ersuchen der Belgier erfolgen sollte. Bei den deutschen Nachbarn versuchte man derweil auf politischem Weg zu intervenieren. Es wurde »nach Entspannung gestrebt, wo doch der letzte Narr hätte einsehen müssen, dass man nebenan die Hochspannung zu erzeugen wünschte und entschlossen war, den Funken springen zu lassen«.

»A la petite Ady avec toute ma sympathie, George« (Für die kleine Ady mit all meiner Zuneigung, George).

Der Schriftsteller und Essayist Jean Améry hatte längst schon keine Illusionen mehr über die Pläne Hitlers.

Etwa zu der Zeit hatte Ady einen Mann kennengelernt, der vieles von ihrem Ideal mitbrachte: Charme, ein gewinnendes Lachen und eine sportliche Statur. George trat in ihr Leben, er nannte sich Georgeke. Auch er war wie schon Gus-Suske-Jefke beim Militär, bald sollten wieder alle Männer im wehrpflichtigen Alter eingezogen sein. Doch noch will sich niemand vorstellen, dass es die Deutschen ein zweites Mal wagen würden, ihre Nachbarn zu überfallen.

George spricht in seinen Briefen von erlaubtem und verwehrtem Ausgang und viel von Sportveranstaltungen, erlangten und zerronnenen Siegen und immer wieder von seiner Hoffnung, Ady treffen zu können. Er schreibt ihr zweimal täglich und endet stets mit Liebesschwüren. Leider sind nur drei Briefe von ihm erhalten geblieben, und auch die sind nicht vollständig. Alle drei sind nicht da-

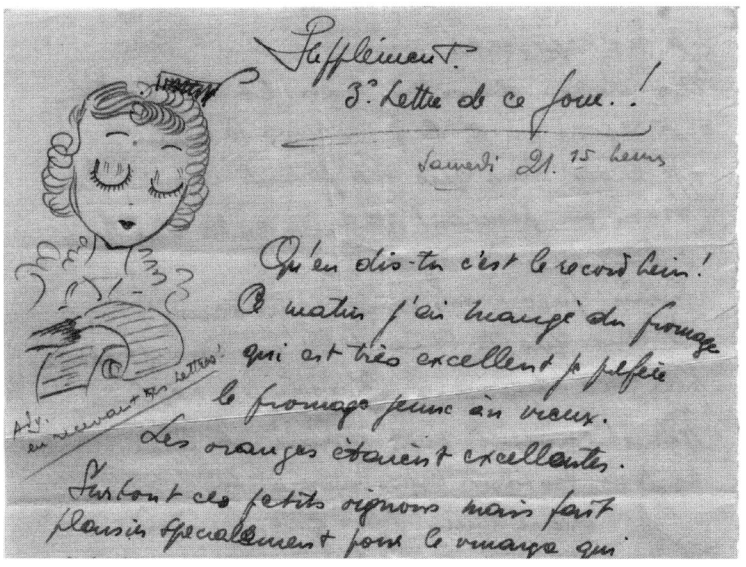

Briefauszug Georgeke mit Zeichnung.

tiert, George beginnt sie mit verliebten Spielereien im Briefkopf wie »Enthält den 3. Brief von dem Verrückten« oder »Samstag, Stunde des Soldaten, 21.00 Uhr«.

Ich glaube, dass, wenn ich wiederkomme, Oh! ja ich komme zurück, wenn ich einmal frei habe. Dass es dann auch wieder heiß sein wird. Das Schloss im Norden wird offen sein, St. Anna auch, hoffe ich, dann Schoten und alles dort, mach dein Fahrrad schon mal bereit, so dass ich nur noch deine Reifen aufpumpen muss. Hoffentlich wird es so schön wie heute am Samstag, den achten. Ich komme abends oder nachts, Chéri. Du wirst mich erwarten. Ich werde mich die ganze Nacht auf deinem Sofa in deinen Armen ausruhen. Und gegen fünf oder sechs Uhr oder mit dem 8- oder 9-Uhr-Zug fahre ich zurück. Ich glaube, dass deine Eltern verstehen, wenn nicht, können wir eine Stunde zusammenbleiben und dann getrennt schlafen!

Chéri, mach dich bereit wie du willst. Ich möchte, dass du schön bist wie immer, aber zieh deinen Pyjama an, er steht dir sehr gut.
Jetzt werde ich schlafen. Den Tag über denke ich hauptsächlich viel an dich! Ich liebe dich mehr als je zuvor.
Das ist sicher, der Hahn fühlt, welche Henne er liebt. Ich habe immer gefühlt fern von Antwerpen, vor allem beim Militär, wen ich am meisten vermisse in den Mauern meiner geliebten Geburtsstadt.

> *Noch einmal, auf morgen, meine Liebe,*
> *Georgeke*
> *Mes compliments chéz toi!*

George ist sehr verliebt in seine kleine Frau, wie er Ady nennt und er plant mit ihr die gemeinsame Zukunft.

Ich glaube wohl, dass ich wahrscheinlich unsere Medaille und das Kriegsdiplom bekommen werde. Das könnte ich unseren Kindern zeigen. Wie Papa, der alte Kämpfer, seinen kleinen Kindern erzählen könnte von seinen Angriffen im Fußball und seinen Verletzungen im Hospital. Und der Genesung, bei der er die Bekanntschaft seiner Mutter machte!
Bis morgen meine Geliebte, ich umarme dich ganz kräftig. So wie ich es manchmal mache, du weißt schon wie, nicht wahr?

> *Dein kleiner Gatte, George*

Ady verhielt sich offensichtlich nicht immer so, wie er das gerne gehabt hätte: Einmal beschwert er sich über die Art, wie sie getanzt haben, die einen falschen Eindruck erweckte, sie hätten kein Dreiecksverhältnis. Ein andermal gefiel ihm nicht, wie sie oder wie er sich bei ihrem letzten Treffen verhalten hatte und wirft ihr vor, eine allzu philosophische Haltung einzunehmen. Ady war schon am Absprung, doch Georgeke gab so schnell nicht auf. Er schließt den Brief mit Liebesschwüren. »Ich lasse dich, meine kleine Frau, deine kleinen Ohren küssend, deinen kleinen Mund und zweimal deine Mini-Nase«. Am Ende fragt er flehend: »Du lieieieieiebst mich immer? Dein Georgeke.«

Mon p'tit kaki, mon grand chéri,
Ta p'tite femme sera bien sage
Elle pense à toi et c'est pourquoi
Elle t'en aime encore davantage
Elle tiendra l'coup et jusqu'au bout
Car pour avoir du courage
Elle a ta photo sur son cœur jour et nuit
Mon chéri, mon p'tit kaki

1939, Text von Georges Van Parys, Musik von René Bernstein

George musste seine Briefe nicht datieren, seine Liebe war zeit- und grenzenlos. Uns gelingt eine zeitliche Einordnung dieser Romanze anhand von zwei Hinweisen. Einmal erträumt er sich mit Ady eine Liebesgeschichte wie die zwischen Greta Garbo und Rob Taylor in der ›Kameliendame‹. »Aber schließlich werden wir unsere Chance noch bekommen, in St. Job, nicht wahr, mein Schatz. Das wird eine ganz neue Liebesgeschichte sein, wie die im Film von Maria Gauthier mit Greta Garbo und Rob Taylor, du hast den Film gesehen.« Der Film von George Cukor mit Marguerite Gautier in einer weiteren Hauptrolle kam 1936 in die Kinos.

Ein andermal vermerkt George am Rand eines Briefes: »Im Radio spielen sie ›Mon chéri mon petit Kaki‹«. Und fragt: »Das kennst du gut, was?« ›Mon petit kaki‹ oder ›Lettre de femme‹ war ein berühmter Schlager von 1939. Eine der Interpretinnen damals war Lucienne Boyer. Das Lied gibt einen Vorgeschmack auf die militärischen Zeiten, die in wenigen Monaten in Belgien folgen werden.

1939 war Ady 26 Jahre alt und sicher konnte sich Maria kaum etwas Schöneres für ihre Tochter vorstellen als eine Hochzeit mit einem lieben Mann. Vielleicht aber ging das Ady damals zu schnell, oder auch George war nicht der Richtige, jedenfalls verschwindet er wieder aus ihrem Leben. Zumindest für etliche Jahre.

Nichts deutet darauf hin, dass Ady eine frühe emanzipierte Frau war, die für sich ein Leben allein plante. Eher das Gegenteil ist der Fall. In diesen jungen Jahren wirkt sie nicht als die Entschlossene, Tatkräftige, sondern sie schien Reaktionen bei anderen herauszufordern, den schon erwähnten männlichen Beschützerinstinkt, wohl auch den Impuls, sie gern an der Seite zu haben, sich mit ihr zu zeigen, mit ihr zu schmücken.

Doch es war keine gute Zeit für Verliebtheiten. Die deutsche Wehrmacht hat bereits Norwegen und Dänemark überfallen, ohne dass der Westen ernsthaft eingeschritten wäre. Frankreich ließ sich das Heft des Handelns aus der Hand nehmen, und Anfang Mai 1940 überfielen die Deutschen Belgien. Bereits acht Tage später wurden die Gebiete von Eupen, Malmedy und Moresnet mit dem Deutschen Reich »wiedervereinigt«. Die, die nie aufgehört hatten, zu Deutschland gehören zu wollen, feierten mit den allseits bekannten Heil-Hitler-Rufen, reichlich Hakenkreuzfahnen und Kaffee und Kuchen die deutschen »Befreier.« Zehn weitere belgische Gemeinden, die nie zu Deutschland gehört hatten, wo die Bevölkerung aber einen plattdeutschen Dialekt sprach, wurden kurzerhand mit-

George am 12.6.1940. Die Deutschen haben bereits wieder das Regiment in Antwerpen übernommen.

befreit. Am 28. Mai 1940 musste, als letztes der Benelux-Länder, Belgien kapitulieren. Damit standen die Deutschen erneut in Antwerpen.

Renée in Antwerpen

Am 10. Mai begann der Krieg für Belgien. Es war eine sonderbare und arme Zeit. Wir waren jedoch jung und genossen das Leben, auch wenn wir nicht genug zu essen hatten. Zu heizen war ebenso ein Problem wie die Kleidung, da mein Bruder und ich sehr schnell wuchsen. Für Mut-

71

ter war es wirklich schwierig. *Alles wurde genommen, um ein neues Kleid daraus zu machen oder einen neuen Rock aus zwei alten. Für meinen Bruder war es mein Vater, der eine Hose opfern musste. Und Mutter war sehr erfinderisch, um ein anständiges Essen zu bereiten. Glücklicherweise hatten wir einen kleinen Garten, und statt Blumen wuchsen dort Kartoffeln und Gemüse.*

Renée in ihrer Wohnung

Renée war sofort einverstanden, als ich fragte, ob ich sie in Antwerpen besuchen dürfe. Während der Vorbereitungen zu der Reise machte sich in mir eine Unruhe breit. Es war eine andere als das neugierige Kribbeln, das sich vor jeder Rechercherreise zu unbekannten Menschen einstellt. Diesmal überwog ein mulmiges Gefühl, wie würde unser Zusammentreffen verlaufen, würde Renée Vorbehalte haben? Wie würde sie mir begegnen, mit dem Chauvinismus der Besiegten oder der Überheblichkeit der Sieger? Schließlich bin ich eine der Nachfahren derjenigen, die sie damals im Krieg überrannt haben. In Frankreich hatte ich erlebt, wie wir, das Paar aus Deutschland, im Lebensmittelladen im bretonischen Dorf nur widerwillig bedient wurden, in England machte sich mein Austauschvater lustig über die »Krauts« und rief, um mich zu erschrecken, unvermittelt »Sweinehund!«. Das liegt lange zurück und er meinte es nicht böse. Ich lachte mit, aber ich hatte dort und später in Frankreich das schlechte Gewissen der Deutschen, deren Vorfahren mit Militärstiefeln überall dort bereits über Leichen getrampelt waren, wohin wir später als Touristen reisten. Nun also Antwerpen.

Antwerpen ist eine selbstbewusste Stadt, vital, mit einer ebensolchen Architektur. Stadthäuser in langen Reihen, deren Gleichförmigkeit allenthalben aufplatzt und Gebäude gebiert, die so tun, als seien sie Solitäre. Da steht Geschichtsträchtiges neben bravem

Klinker und schrägen Glasfassaden, nicht immer einträchtig und nicht immer gelungen, aber ungeheuer lebendig. Hier haben sich Bürger über Jahrhunderte ihre Stadt nach ihren Vorstellungen gebaut. Menschen in allen Sprachen und Hautfarben wandern durch die Straßen, weite Teile der Innenstadt sind frei von Autos, Straßenbahnen verbinden die Quartiere miteinander. Und überall laden Restaurants und Cafés, Imbisse und Bars zum Einkehren ein, die Antwerpener scheinen das feierfreudigste Stadtvölkchen der Welt zu sein.

In einer Seitenstraße nahe der Innenstadt lebt Renée. Das Haus ist eines dieser weniger ansehnlichen Mietshäuser, mit einer gesichtslosen, nur durch Fensterbänder gegliederten Fassade. Das Treppenhaus war gerade verstopft, als ich kam, ein schwergewichtiger Mieter wurde von Sanitätern auf einer Trage über die schmale Treppe heruntergewuchtet, in den engen Lift hatte die Liege nicht hineingepasst. Ich nahm den Fahrstuhl und fuhr hinauf in den vierten Stock. Renées Wohnung öffnete sich überraschend großzügig und hell. Da stand sie, eine kleine, in gut acht Jahrzehnten zusammengeschmurgelte Frau mit rundem Rücken, lebhaften Augen und einem hinreißenden Lächeln.

»Alt werden ist schön, wenn man es nicht selber ist,« sagt Renée. In den achtziger Jahren war sie hier mit ihrem zweiten Ehemann eingezogen, seit seinem Tod im Jahr 1997 ist sie allein. Sie plagen nicht nur kleine Wehwehchen, wie sie das Alter mit sich bringt, doch sie trägt alles mit Fassung, zumindest gegenüber Fremden – und mit einem wundervollen Humor. Wenn sie das Haus verlässt, geht das nur mit einem Stock, sie geht langsam und leicht gekrümmt, und jeder Ausflug braucht seine Vorbereitung und seine Zeit. Doch sie hatte bereits fürsorglich Stadtplan und Tageskarte für die Antwerpener Verkehrsbetriebe für mich besorgt.

Renée passt in diese muntere Stadt. Sie ist keine dieser alten Frauen, die ihr Viertel möglichst nicht verlassen, die Angst vor allem und jedem haben. Mit über 85 hat sie noch immer ein Abonnement für die Oper und lässt sich von einem Freiwilligen-Fahrdienst hin- und zurückkutschieren. Und jeden Mittag gegen 11:00 Uhr geht sie zur nächsten Tramhaltestelle und fährt mit der Straßenbahn zum Service-Zentrum für Senioren zum Mittagessen. Auf diese Weise muss sie einmal am Tag ihre Wohnung verlassen, trifft Bekannte und hört den neuesten Tratsch.

Wir redeten viele Stunden über die alten Erlebnisse. Ich wollte von ihr möglichst viel über Ady erfahren und musste zugleich die Zeit im Auge behalten; in der Erinnerung umherzuwandern kostet Kraft, auch wenn es die Ältere nicht wahrhaben möchte. Renée ließ sich nur allzu gern auf die Vergangenheit ein, und es brachte mich immer wieder zum Staunen, an welche Details sie sich erinnerte. Einen zusätzlichen Reiz bekam die Unterhaltung dadurch, dass ich nicht flämisch spreche und Renée diesen Mangel gewandt ausglich, indem sie mühelos zwischen französisch, englisch und deutsch hin und her wechselte. Damit löste sie auch gleich eines der Rätsel im Koffer von Adriana: Es waren ihre Briefe, in denen ein Absatz auf Holländisch, der nächste in englischer und wieder ein anderer in französischer Sprache geschrieben war. Renée lachte herzlich über meine anfängliche Vermutung, es habe sich um einen Geheimcode unter Agenten gehandelt. Es war nichts weiter als die vielen Belgiern eigene Zweisprachigkeit und eine spielerische Leichtigkeit, auch mit fremden Sprachen umzugehen, die man gerade erst gelernt hat.

Wenn ihr zwischendurch ein flämisches Wort geriet und ich sie fragend ansah, amüsierte sie sich über mein Nichtverstehen. Renée muss, als sie jung war, unternehmungslustig gewesen sein, lebendig und zupackend und allem gegenüber, was ihr begegnete, zuerst einmal positiv eingestellt. Darin war sie offensichtlich das genaue Gegenteil von Ady gewesen. Ady war still, ängstlich, zurückhaltend, wo Renée die Initiative ergriff. »Ady was a very nice person. I liked her.« Und dann fuhr Renée auf Deutsch fort: »Sie war sehr schmal, sehr hübsch. Sie war nicht sehr selbstständig, das konnte sie nicht so gut. Jetzt kann ich das nicht mehr so. Aber damals, wenn ich einen Entschluss gefasst hatte, dann buff buff …«

Renée heiratete zwei Mal, Ady hatte sich nicht für einen einzigen entscheiden wollen, obwohl sie von zwei Männern zugleich angebetet wurde – »adoré«, sagte Renée. Leider konnte sich Renée nicht mehr an die Namen erinnern, nur daran, dass Maria einen der beiden gern als Schwiegersohn gesehen hätte. Auf meine Nachfrage am nächsten Tag erinnerte sich Renée, dass derjenige George gewesen war, »die Mutter hatte ihn sehr gern«. Und dann fiel ihr noch eine Geschichte mit George ein: »Ady wollte blond sein, ihre natürliche Farbe war dunkel, also ließ sie sich färben. Später wollte sie noch eine Dauerwelle, der Coiffeur sagte, nee, das geht nicht, da bricht das Haar. Sie beharrte darauf und er sagte: ›Auf deine Verantwortung‹, und sie musste das unterschreiben, dass sie die Verantwortung übernehme. Den anderen Tag klagte sie, das Haar geht mir aus! Später hatte sie eine Verabredung mit George und der lief an ihr einfach vorbei. Er hat sie nicht gleich erkannt. Und er war wütend, dass sie das gemacht hat.«

Ady in Antwerpen, 1938.

Renées Wohnung ist gemütlich, voller Teppiche und Möbel. Große Schränke beherbergen die Erinnerungen eines langen Lebens. Obwohl im Wohnzimmer ein großer Esstisch steht, sitzt Renée meist an einem Gartentisch am Fenster, ihre Augen lassen nach, dort ist das Licht zum Lesen besser. Noch steht da auch ihre Nähmaschine. Früher war das für sie ein unentbehrliches Utensil, sich Kleider passend auf den Leib zu schneidern. Aber mittlerweile fällt es ihr immer schwerer, sie zu benutzen. In einem Schrank voller Fotos und Nippes entdecke ich auch ein Bild von Ady. Es wurde 1938 in einer der Geschäftsstraßen in Antwerpen aufgenommen – es ist eines der Fotos aus dem Straßenleben.

Francisca Renée wurde am 16. September 1923 geboren. Ihre Familie lebte in Merksem, einem Vorort von Antwerpen. Wegen der angegriffenen Gesundheit ihres drei Jahre jüngeren Bruders zog die Familie nach zehn Jahren nach Ekeren-Donk, einem Dorf etwas weiter im Norden, wo die Luft nicht von zahllosen Fabriken verpestet war. Ab 1938 besuchte Renée eine Handelsschule, zur gleichen Zeit wurde der Vater auf Kurzarbeit gesetzt. Die folgenden Jahre waren für die Familie äußerst schwierig und die Mutter musste wahre Wunder vollbringen, denn »wir waren alle große Esser und haben doch nicht hungern müssen«.

Bevor Renée die Schule abschließen konnte, überfielen am 10. Mai 1940 die Deutschen Belgien.

... wieder Krieg

»Er dachte sie sich nicht so lebendig, nicht so elegant, nicht so verschwenderisch von Lichtreklamen erleuchtet, denn irgendetwas von der ›Festung Antwerpen‹ des Ersten Weltkriegs war undeutlich in seinem Gedächtnis hängengeblieben, sodass er sich ein graues, abweisendes Stadtbild vorgestellt hat, etwas regnerisch Düsteres, wo zwischen Festungskuppeln und Hafenschuppen einsilbige Menschen ihrem Tagewerk nachgehen ... Und in ihrer Stadt, die sie die ›Metropole‹ nennen und von der sie alle wissen, dass sie zur Zeit von Karl V. Europas mächtigste Handelsstadt war, mächtiger nach Silber, Gold, Häuserprunk als London oder Paris. Um wie viel intensiver doch hier das Leben pulsiert, denkt der Ungast, als in Köln, das eben erst verlassen wurde, als gar in Wien, das mehr und mehr im Nebel verblassender Erinnerung versinkt.« Jean Améry war nach dem »Anschluss« Österreichs aus seiner Heimatstadt Wien nach Belgien emigriert.

Tausende suchten Schutz vor den Verfolgungen der Nazis in Deutschland und den »angeschlossenen«, den annektierten oder bereits besetzten Staaten, waren ins sicher scheinende Exil geflüchtet. Politische und Juden wie er, Améry. Zum Nichtstun verurteilt, waren sie bei den Einheimischen nicht nur gern gesehen. Obwohl die jüdischen Flüchtlinge noch nicht einmal unbedingt dem Staat »auf der Tasche lagen« – wie im Fall von Antwerpen, wo die jüdische Gemeinde für sie aufkam. Dennoch erschienen sie den Belgiern nicht selten als Faulenzer oder als potenzielle Konkurrenten auf dem ohnehin dünnen Arbeitsmarkt. Améry beobachtete einen dicken flämischen Polizisten, der in der Pelikaanstraat in Antwerpen »missmutig und unnahbar im Gewimmel der Juden stand. Noch höre ich mich halblaut vor mich hinmurmeln: Das wird nicht gut ausgehen. Es ging nicht gut aus. Als im Mai 1940 die Deutschen die Stadt besetzten und die Juden teils geflohen waren, teils sich kaum noch aus ihren Wohnungen wagten, konnte man manchen Flamen mit Genugtuung sagen hören: ›Nu zijn wij onder onz ...‹ Wie wenig sie ›unter sich waren‹ im besetzten Land, begriffen sie erst später, dann aber gründlich.«

Bis zum 18. Mai waren Lüttich, Brüssel und Antwerpen von deutschen Truppen besetzt und trotz des Widerstands französischer und britischer Einheiten drangen die Deutschen bis zum 20. Mai bis zur Kanalküste vor. Die Lage war katastrophal. Dem Jubel im deutschsprachigen Gebiet entsprach Panik und Angst in fast ganz Restbelgien. Der Bevölkerung waren die Exzesse aus dem Ersten Weltkrieg noch allzu gegenwärtig. Vielerorts wurden die Deutschen mit verrammelten Fensterläden, versperrten Türen und verlassenen Dörfern empfangen, selbst in großen Städten wie Verviers waren die Straßen menschenleer, die Bewohner auf der Flucht.

Die Straßen waren verstopft, Truppen wollten in die eine, Flüchtlinge drängten in die andere Richtung und darüber pfiffen die deutschen Stukas, Sturzkampfbomber vom Typ JU87. Lebensmittel und Benzin waren knapp, um das Wenige, das es gab, konkurrierten die Flüchtenden mit den eigenen und den deutschen Soldaten. Einem Teil der Fliehenden gelang es, über die französische Grenze zu entkommen. Doch auch dort waren sie nicht willkommen, wurden als »Boche du nord« beschimpft, schlimmstenfalls zurückgeschickt.

Nach späteren Angaben der deutschen Militärverwaltung, berichtet der ostbelgische Historiker Herbert Ruland, haben in den ersten Kriegstagen mindestens 2,5 Millionen Zivilisten, zwischen einem Viertel und einem Drittel der belgischen Gesamtbevölkerung, vor den vorrückenden Deutschen ihr Heil in der Flucht gesucht.

Während der Kämpfe wurden 7500 belgische Soldaten der regulären Armee getötet, jeder weitere Widerstand war zwecklos und hätte eine tödliche Gefahr für die umherirrenden Flüchtlinge bedeutet und eine zusätzliche Zerstörung des Landes mit sich gebracht.

Am 28. Mai 1940 kapitulierte Belgien. Die belgische Regierung zog sich nach Frankreich zurück und als das nicht zu halten war, ins Exil nach London. König Leopold III. blieb im Land, er betrachtete sich

im Schloss Laeken als deutschen Kriegsgefangenen. Die Person des Königs blieb so zwar Symbol der staatlichen Existenz, ihm war als Kriegsgefangenem jedoch keinerlei politische Betätigung erlaubt. Bevor die Regierung sich nach Frankreich absetzte, ermächtigte sie die Spitzenbeamten der Ministerien, alle Aufgaben der Minister zu übernehmen. In Abstimmung mit dem prominentesten Industriellen und Bankier des Königreichs, Alexandre Galopin von der »Société Générale« einigte man sich rasch darauf, dass sich die erste deutsche Besatzung von 1914 bis 1918 auf keinen Fall wiederholen dürfe – einer deutschen Zivilverwaltung, die den Staat zerschlug, die Geldvorräte raubte, die Industrieanlagen demontierte und Arbeitskräfte deportierte. Diesmal sollten die Entscheidungen von belgischer Seite getroffen werden, mit den produzierten Gütern Lebensmittel für die Bevölkerung beschafft werden. Die Richtlinien für die Beamten waren vorsorglich bereits 1935 von der Regierung festgelegt worden. Belgische Stellen sollten mit den Besatzern zusammenarbeiten, die Kooperation sollte jedoch da enden, wo es sich »um Befehle handelte, die nicht mit der Treuepflicht gegenüber dem Vaterland vereinbar« waren.

Ady 1941.

Die Deutschen stimmten dieser »Galopin-Doktrin« zu, für sie entstanden daraus keinerlei Nachteile, und sie setzten eine Militärverwaltung ein. Chef der Militärregierung wurde der 62-jährige General Freiherr Alexander von Falkenhausen, ausgerechnet der Neffe des letzten Generalgouverneurs im ersten Krieg, Ludwig Freiherr von Falkenhausen. Der Name rief die schlechtesten Erinnerungen in der Bevölkerung wach. Falkenhausen war ab Juni 1940 als »Militärbefehlshaber in Belgien und Nordfrankreich« auch für die beiden französichen Departements Nord und Pas-de-Calais zuständig.

Die Einsetzung der Militärverwaltung wird als Zugeständnis Hitlers an die Wehrmachtsführung gewertet, die damit verhindern wollte, so eine Vermutung, dass eine von der Partei dominierte Verwaltung ein ähnliches Schreckensregiment wie im Ersten Weltkrieg oder wie zeitgleich in Polen errichtet, etablieren würde. Jedoch war die Militärverwaltung für Belgien in der faschistischen Führung stets umstritten und ihre Existenz während des Krieges immer wieder in Frage gestellt. Schließlich wurde sie wenige Wochen vor dem Ende der Okkupation aufgehoben und durch eine Zivilverwaltung ersetzt.

Die Militärverwaltung sorgte für den Schutz der eigenen Besatzungstruppen und verhinderte keineswegs politische, wirtschaftliche, finanzielle oder andere Eingriffe in dem besetzten Land. Schon im Sommer 1940 wurden aus Belgien etwa 65 000 Kriegsgefangene der deutschen Rüstungsindustrie und Landwirtschaft »zur Verfügung gestellt«, aus Frankreich waren es etwa 1,3 Millionen. Der deutsche Repressionsapparat machte sich im Land breit. Bereits im Herbst richtete sich das nationalsozialistische Terror- und Unterdrückungsorgan, das Reichssicherheitshauptamt, in Belgien ein, sowie auch andere NS-Dienststellen. Gestapo und SS bezogen Hauptquartiere in Brüssel mit Abteilungen und Ämtern überall im Land. Die Wehrmacht verlor bald den Kampf um die Macht. Jeglicher Widerstand wurde mit diktatorischen Maßnahmen unterdrückt. Die Arbeiterbewegung, allen voran die kommunistischen Parteien, ebenso wie alle demokratischen und antifaschistischen Kräfte wurden zerschlagen. Das oberste strategische Ziel der Besatzer war es, Ruhe und Ordnung in Belgien für die Ausplünderung des Landes zu haben.

Die Endstation auf ihrem Leidensweg war für viele Verhaftete aus dem politischen Widerstand das Konzentrationslager Breendonk. Ausgerechnet das Fort im Festungsring rund um Antwerpen, das im Ersten Weltkrieg als Letztes eingenommen werden konnte und nun bis in die Maitage den belgischen Streitkräften als Hauptquartier gedient hatte, funktionierten die Deutschen gleich 1940 zum Konzentrationslager um. Im ersten Jahr waren die Hälfte der

Gefangenen Juden, die wie überall, wo die Nazis Einzug hielten, diskriminiert, ausgegrenzt, beraubt und letztlich zur Vernichtung nach Auschwitz transportiert wurden.

Das einzige Foto, das Ady (2. v. re.) zusammen mit Deutschen in Uniform zeigt. Der Mann in der Mitte ist ihr Verehrer von ehemals, am Badehaus. Capellen 1940.

Auch Jean Améry war Gefangener in Fort Breendonk. Er wurde 1940 als »feindlicher Ausländer« verhaftet, kam in das Lager Gurs, von wo er fliehen konnte, und schloss sich in Belgien dem Widerstand an. 1942 wurde er erneut verhaftet und nach Fort Breendonk gebracht. Dort folterte ihn die SS und transportierte ihn schließlich nach Auschwitz, danach nach Buchenwald und Bergen-Belsen, wo er das Kriegsende erlebte. Breendonk wurde für jüdische Gefangene 1942 abgelöst durch die Dossin-Kaserne in Mechelen auf halbem Weg zwischen Antwerpen und Brüssel, französisch Malines. Auch Sinti und Roma mussten diesen Weg gehen. Breendonk diente weiterhin als KZ für Andersdenkende und politische Häftlinge, Mechelen wurde hingegen für Tausende jüdische Menschen die letzte Station vor den Vernichtungslagern.

Adys Vater verschwindet für mehrere Jahre aus den Fotoalben.

1940 ist Firmin 51 Jahre alt, nicht mehr der Jüngste, aber ein verdienter Veteran des Grand Guerre. Über seinen Verbleib während des neuerlichen Krieges ließ sich nichts in Erfahrung bringen, die Archive des belgischen Militärs führen ihn während des Zweiten Weltkriegs nicht. Es ist denkbar, dass er nicht eingezogen wurde, aber dennoch für Belgien kämpfte. Eng an die belgische Exilregierung in London angebunden, kämpften belgische Soldaten in belgischen Einheiten, der Armée Secrète, der geheimen Armee, an der Seite der Alliierten gegen die Deutschen. Etwa 5000 Soldaten der geheimen Armee wurden getötet, durch deutsche Dienste ermordet oder starben in der Gefangenschaft.

Angenommen, Firmin war in England und machte 1944 die Invasion mit, dann hätte er im September des Jahres bereits zurück bei Maria sein können. Aber Firmin fehlt auch noch nach 1944 auf den Fotografien. Vielleicht geriet er während der Invasion in deutsche Gefangenschaft – oder er wurde verwundet und war für längere Zeit in einem Lazarett. Da wir nichts Genaues in Erfahrung bringen konnten, bleibt der Aufenthalt Firmins während des Krieges Spekulation.

Unter Besatzern

Es war ein kapitaler Wirtschaftsraum, der sich dem Dritten Reich durch die besetzten Gebiete Europas erschloss – und ein ebensolcher kapitaler Traum für Deutschland und die den Nazis nahestehenden Industriellen im Reich. Europa war Kriegsgebiet, die besetzten Länder eine auszubeutende Wirtschaftszone, die so effizient ausgesaugt wurde, dass Deutschland seinen Eroberungs- und Raubkrieg ungehindert fortführen konnte. Mit dem Hinweis, Deutschland blute im antibolschewistischen Kampf für Europa, forderte das Reich Solidarität ausgerechnet bei seinen Feinden ein und bürdete den besetzten Ländern Abgaben auf, immense Lieferungen beispielsweise an Weizen und Mais. Mit fortschreitendem Kriegsverlauf spitzte sich die Situation zu, das Millionenheer der Wehrmacht wollte ernährt und mit Nachschub versorgt werden. Und der deutsche Volksgenosse sollte im Reich durch den gut gedeckten Tisch bei der Stange gehalten werden. Auf einer Sitzung am 6. August 1942 verlangte Göring von den anwesenden Reichskommissaren und Militärbefehlshabern, aus den besetzten Ländern immer noch mehr herauszuholen. »Es ist mir dabei gleichgültig, ob Sie sagen, dass Ihre Leute wegen Hungers umfallen. Mögen sie das tun, solange nur ein Deutscher nicht wegen Hungers umfällt.«

Die vorrangigen Interessen galten dem Wirtschaftssektor, sowohl auf deutscher als auch auf belgischer Seite. Die politische Spitze, Industrie und Wirtschaft versuchten sich mit der Besatzungsmacht zu arrangieren. Aus ihrer Sicht sollte die Indienststellung der Wirtschaft für die deutsche Kriegsökonomie vor allem verhindern, dass die Besatzer wie im Ersten Weltkrieg in großem Stil Industrieanlagen außer Landes schleppten und auf Massendeportationen belgischer Arbeiter zurückgriffen. Doch weder das eine noch das andere konnten sie verhindern, die Mehrheit der Bevölkerung, auch Maria und Ady, mussten hilflos zusehen, wie das Land leer geräumt wurde.

Belgien zählte im Sommer 1940 etwa 8,3 Millionen Einwohner, die Arbeitslosenquote lag bei über 25 Prozent. Die Lebensmittelversorgung der Belgier war zu einem erheblichen Teil von Importen abhängig, dennoch sollte die Bevölkerung für die siegreichen Deutschen Opfer bringen. Alles wurde knapp: Lebensmittel, Kleidung, Kohlen und anderes Heizmaterial – Dinge, die kaum oder nur gegen Marken erhältlich waren. Die Preise stiegen drastisch an, wer etwas auf dem Schwarzmarkt verkaufen konnte, war im Vorteil.

Die Belgier litten unter der Okkupation und dabei hatte das Land noch Glück. Die Menschen, besonders die Flamen, gehörten nach dem faschistischen Rasseschema zu den Artverwandten. Sie waren den Nazis nützlich, sie wurden ausgeplündert, nicht aber in ihrer Physis vernichtet – zumindest solange sie sich nicht gegen die Deutschen auflehnten.

Die Fotos von Maria aus diesen Jahren zeigen eine Frau, die sichtbar unter der Belastung leidet. 1939 war sie fünfzig geworden, in ihrem 51. Jahr stehen die Deutschen erneut in ihrer Stadt und sagen ihr, was sie tun und lassen soll. Seit einiger Zeit trägt sie ihre Haare eng anliegend zurückgekämmt und hinten zu einem kleinen Knoten gebunden, sie wirkt verhärmt, ernst, unglücklich.

Die Antwerpener begegnen den Besatzern mit passivem Widerstand. Bei jedem Schritt, jeder Handlung ist Vorsicht geboten – überall auf den Straßen patrouillieren deutsche Soldaten. Anpassung, zumindest ein pragmatischer Umgang mit den ungeliebten Besatzern, scheint auch aus Gründen des persönlichen Vorankommens für die nächste Zeit geboten. Maria und Ady werden sich darüber unterhalten haben, werden nachgedacht haben, was in welchen Situationen angebracht ist. An Auflehnung ist kaum zu denken, das wissen sie. In der kurzen Zeit des 18-Tage-Krieges und in den ersten Monaten nach der Besetzung ist in ganz Belgien von einem organisierten Widerstand wenig zu spüren. Die meisten Menschen stehen unter dem Eindruck der gewaltigen deutschen Militärerfolge. Seit dem Zusammenbruch Frankreichs gehen viele gar von der baldigen Landung der Deutschen in England aus. Das deutsche Zeitalter scheint angebrochen, nichts und niemand kann es offenbar aufhalten.

Die besetzten Länder waren Raubgut, an dem sich alle bedienten, das Dritte Reich, die Politiker, die Industrie bis hin zum einfachen Soldaten. Die brachten ihren Müttern, Frauen und Freundinnen Wurst und Wodka aus Polen mit ins kriegsgraue Deutschland, Nylons und Parfum aus Paris sowie Schokolade und Spitze aus Brüssel. Krieg als Tourismusbüro. Heinrich Böll sehnte sich aus seinem stupiden Wehrmachts-Wachdienst nach Antwerpen mit seinen Schlemmerlokalen, Cafés und Geschäften und all den Dingen, die es dort zu kaufen gab: »Kaffee, Zigarren und Tuche« wolle er seiner Braut mitbringen, schrieb er ihr, sollte er doch dorthin versetzt werden. Keiner hatte ein schlechtes Gewissen, wieso auch, der deutsche Soldat hatte große Vorbilder: Hitler und Göring klauten sich schließlich beachtliche Kunstsammlungen zusammen, und der deutsche Staat bediente sich in fremden Etats.

Am 6. Februar 1941 wurde in Brüssel ein anonymes Flugblatt gefunden, das Informationen aus anscheinend gut informierter Quelle weitergab. Die deutsche Militärverwaltung übersetzte es ins Deutsche, und dank des Historikers Götz Aly gelangte es an die Öffentlichkeit: »Wenn das Aufkommen an Steuern und Zöllen von elf Milliarden (belgischen Francs) auf 16 Milliarden erhöht werden muss, wie dies Deutschland verlangt, so müssten wir im Jahre 1941

Ady in Brüssel, August 1942.

immer noch 25,5 Milliarden Francs leihen – und bei wem? –, um das Diktat Deutschlands zu erfüllen. Wenn man zu den genauen vorstehenden Zahlenangaben noch hinzufügt, was die Deutschen unseren Vorräten an Rohstoffen und Lebensmittelreserven entnommen haben (wir hatten für etwa zwei Jahre Lebensmittelreserven), dann gewinnt man ein ziemlich genaues Bild über die vom Dritten Reich unserem Land gegenüber befolgte Politik der Ausplünderung und der Aushungerung. Ja, Deutschland opfert unser Land völlig seinen imperialistischen Zielen. Es behandelt uns wie ein Sklavenvolk, das lediglich zum Nutzen des Reiches da ist.«

Die deutschen Behörden legten die Besatzungskosten in einer Höhe fest, die der belgische Staatsetat keinesfalls hergab. Darüber hinaus sollte Belgien für Quartierdienste aufkommen. Zusammengenommen sollte das Land, besetzt und noch immer von der Weltwirtschaftskrise geschwächt, an das Reich mehr als doppelt soviel abgeben, als die Bürger und Unternehmen monatlich an Steuern aufbrachten. In Zahlen ausgedrückt hieß das: 1941 betrugen die Besatzungskosten monatlich etwa 120 Millionen Reichsmark, 1942 wurden zusätzlich pro Monat acht Millionen Reichsmark für Einquartierungen fällig und 72 Millionen Vorschuss für Exporte nach Deutschland, so genannte »Clearing-Kosten«. Damit waren pro Jahr etwa 2,4 Milliarden Reichsmark an das Reich zu zahlen. Selbst nachdem etliche Verbände der Wehrmacht im Sommer 1941 an die Ostfront verlegt wurden, wurden die Besatzungskosten nicht nach unten korrigiert. Der Militärbefehlshaber von Falkenhausen begründete das in der den Siegern eigenen Logik, »dass alles, was hier im Lande für die Kriegsführung gegen England gebraucht wird, auch hier im Lande aufgebracht werden muss.« Dazu zählten die riesigen Befestigungsanlagen am Atlantik genauso wie der Ausbau von zusätzlichen Flughäfen.

Im Oktober 1941 warnten selbst deutsche Banker, das Land werde in einem Maße belastet, das dessen Leistungsfähigkeit bei weitem übersteige, es werde »ohne Rücksicht auf die Erhaltung seiner Währung von allen Seiten ausgeplündert.« Doch das änderte nichts, im Gegenteil: 1942, als das Kriegsglück sich für die Deutschen wendete, zogen sie die Schraube der Ausbeutung noch einmal an. Sie ließen sich nicht nur den belgischen Staatsetat komplett überweisen, sondern plünderten die belgische Industrie, und auch die wurde wiederum mit belgischem Geld bezahlt: Nach einer Übersicht von Falkenhausen, die Götz Aly veröffentlichte, bedienten sich die Deutschen allein im Jahr 1941 an 18 500 belgischen Kfz, die Reichsbahn beschaffte sich 1086 Lokomotiven und 22 120 Güterwagen. Außerdem gingen Tonnen an Kohle, Zement, Walzstahl, Schrott, Kupfer, Blei, Textilien, Industrieprodukte jeder Art ins Reich. Bis Ende Februar 1942 waren das allein Waren im Wert von 2,6 Milliarden Reichsmark.

1943 überstiegen die »Clearing-Kosten« sogar die Besatzungskosten in Belgien. Und mit Wissen und Genehmigung der deutschen Militärverwaltung langten nun auch private Investoren zu, halbseidene Schwarzmarkthändler und – nicht weniger halbseiden agierende Ministerien und deren Unterabteilungen: das Rüstungsministerium Albert Speers, die Aufkäufer von Göring, der Reichsführer SS Heinrich Himmler, die Kraftfahrzeugstelle des Heeres und auch der Heeressanitätspark konnte noch etwas gebrauchen. Doch es gab noch etwas zu holen: Belgien verfügte über einen Schatz von 41 Tonnen Gold, die hatte die belgische Regierung nach Dakar in Französisch-Westafrika in Sicherheit gebracht. Der Senegal, wie er erst später heißen sollte, war damals noch französische Kolonie, und die mit den Deutschen kollaborierende Vichy-Regierung in Frankreich ließ das Gold nach Marseille bringen und lieferte es an einen Vertreter der deutschen Reichsbank aus.

Verfolgung und Widerstand

Belgien war nach der Machtergreifung der Nationalsozialisten Zufluchtsort vieler Emigranten geworden. Vor allem nach Antwerpen mit seiner großen jüdischen Gemeinde zog es so wie Jean Améry Tausende jüdische Exilanten aus ganz Europa. 1940 lebten in Belgien etwa 115 000 Juden, die meisten waren erst seit kurzem im Land. Nur einige Tausend, weniger als sieben Prozent, besaßen die belgische Staatsangehörigkeit – was allen anderen in den nächsten Jahren noch weniger Schutz bescheren sollte, als wenn sie alteingesessen gewesen wären.

Unmittelbar nach der Besetzung hielten sich die deutschen Behörden mit Sanktionen gegen die Juden zurück. Man vermutet, dass sie fürchteten, die Belgier könnten antijüdischen Maßnahmen ablehnend gegenüberstehen. Zudem war Belgien dezentral strukturiert, die Entscheidungsgewalt lag also bei den kommunalen Verantwortlichen. Zum einen vereitelte das eine zentrale Organisation der »Endlösung«, zum anderen erlaubte es örtlichen Kommissariaten die Beteiligung an Verhaftungen, wie sie auf nationaler Ebene kaum durchsetzbar gewesen wären.

Im Herbst 1940 bereits gaben die Militärbehörden ihre Zurückhaltung auf. Zwischen dem 28. Oktober 1940 und dem 21. September 1942 drängten die Nazis die Juden durch eine Reihe von 17 diskriminierenden Verordnungen in eine Sonderrolle, beschränkten ihre Aufenthaltsorte auf Lüttich, Charleroi, Brüssel und Antwerpen und grenzten sie systematisch aus dem gesellschaftlichen Leben aus.

Über die Verfolgung der Juden in Europa ist an anderer Stelle und auf vielfältige Weise geschrieben und berichtet worden. Die Verfolgung der jüdischen Bevölkerung in Belgien geschah auf die gleiche diskriminierende und letztlich tödliche Weise wie überall in Europa, sie unterscheidet sich jedoch in dem Bild, das die Belgier von sich selbst in Erinnerung behalten haben. Wie die Deutschen – »wir haben das nicht gewusst!« –, so haben auch die Belgier einen Teil ihrer Vergangenheit aus dem kollektiven Gedächtnis getilgt. Man hat seit Kriegsende überwiegend ganz gut mit der Vorstellung gelebt, eine Vielzahl von jüdischen Verfolgten den Nazis entrissen zu haben.

Man war zu Recht stolz auf die Rettung der zahlreichen jüdischen Kinder, die von Belgiern aufgenommen worden waren; unverdächtige nichtjüdische Belgier gaben Kinder von verfolgten Freunden als ihre eigenen aus, ließen sie, nicht selten mit dem augenzwinkernden Wissen von Polizei oder Gemeindebehörden, als Adoptivkinder eintragen. Andere gaben an, man habe die Kinder »gefunden«, sie seien »vor die Tür gelegt« oder »abgegeben worden« und man wolle sie unbedingt behalten. Familien, Freundeskreise, sogar ein ganzes Dorf in den Ardennen bewahrte Stillschweigen, als einheimische Familien jüdische Kinder als ihre eigenen im Gemeinderegister nachtragen ließen. Auch Paul Spiegel, der spätere Präsident des Zentralrats der Juden in Deutschland, wurde durch Pflegeeltern in Belgien gerettet.

Postboten öffneten an die Gestapo gerichtete Briefe, um dem Widerstand mitzuteilen, wer denunziert wurde, oder ließen Briefe ganz verschwinden. Polizisten warnten vor dem bevorstehenden Besuch der Gestapo – was unmittelbar die Drohung nach sich zog, weiterer Verrat werde unverzüglich mit der Erschießung von Geiseln bezahlt werden. Nicht wenige Belgier haben Verfolgte versteckt: in ihrem Keller, in ihren Wohnungen, auf ihrem Dachboden, haben ihnen zur Flucht ins Ausland verholfen, sie mit gefälschten Papieren ausgestattet und mit Geld, Kleidung und Lebensmittelkarten versorgt.

Die Geschichten von wagemutigen und geglückten Rettungsaktionen wurden noch jahrzehntelang in Belgien kolportiert. Nicht zuletzt durch den oft lebensgefährlichen Einsatz vieler belgischer Bürger gelang es tatsächlich, etwa 30 000 der in Belgien registrierten Juden zu retten.

Der Widerstand in Belgien erschöpfte sich nicht in individuellen Aktionen. Gleich nach der Besetzung hatten sich in den südbelgischen Industrierevieren unabhängig voneinander agierende bewaffnete Untergrundgruppen gebildet. In den ausgedehnten Waldgebieten der Ardennen schlossen sich Partisanen zu größeren Gruppen zusammen. Die Front de L'independance oder Onafhankelijkheidsfront war die zahlenmäßig größte Vereinigung mit Beteiligung aller politischen und religiösen Richtungen, da ihr aber als einzige Partei die Kommunisten beitraten, galt sie als von dieser dominiert. Das führte dazu, dass sich konservative Gruppen der Front fernhielten und sie aus England wenig Waffenunterstützung erhielt. Ab 1942 schlossen sich dem Widerstand auch Männer und Frauen an, die der im selben Jahr eingeführten Zwangsverpflichtung zur Arbeit im Reich entkommen wollten. Das allen eigene Ziel war, das Besatzungsregime zu unterminieren. Das geschah in unterschiedlichen Formen: indem gefährdete Personen versteckt wurden, man sich an Sabotageakten und bewaffneten Aktionen beteiligte oder Attentate auf Kollaborateure verübte. Der Überfall auf den XX. Deportationszug nach Auschwitz, der von drei Aktivisten fast ohne fremde Hilfe durchgeführt wurde, war eine der meistbeachtetsten Aktionen des belgischen Widerstands.

Doch 2007 erschien eine Studie, die bereits im Titel ›Das gefügige Belgien‹ verriet, dass nicht alle nur »gute« Menschen gewesen sein konnten. Dass mitten unter ihnen Verräter, Kollaborateure, stille Mitläufer, Dulder und aktive Helfer gewesen waren, die sich mitschuldig gemacht hatten, dass während der Besatzung in Belgien rund 350 Sinti und Roma und knapp 25 000 Juden nach Auschwitz gebracht worden waren.

So wie es verschiedene Formen von Widerstand gegeben hatte, so gab es unterschiedliche Arten von Kollaboration. Die jüdische Bevölkerung sollte zur Zwangsarbeit in belgischen Rüstungsbetrieben und auf den Baustellen am Atlantikwall in Nordfrankreich eingesetzt werden. 10 000 Juden sollten, so hatte es Eichmann im Januar 1942 verfügt, aus Belgien zum Arbeitseinsatz »abbefordert« werden. Die von der Exilregierung bevollmächtigten Spitzenbeamten in den Ministerien protestierten förmlich. Vereinzelt wurden Kommunalbehörden angewiesen, die »Gestellungsbefehle« nicht abzuliefern. Da die Aufrufe nicht den gewünschten Erfolg brachten, nur etwa ein Drittel folgten den Arbeitseinsatzbefehlen – verlegte sich die Besatzungsmacht auf die Durchführung einer Reihe von Razzien. In mehreren Verhaftungswellen wurde Jagd auf die jüdischen Bürger gemacht.

Das Vorgehen bei diesen Razzien unterschied sich in Brüssel oder Lüttich stark von dem in Antwerpen. Der Brüsseler Bürgermeister Coelst hielt die ihm unterstellte Kommunalpolizei bei solchen Aktionen zurück. Nur durch den listigen Vorwand der Besatzer, es handele sich um eine Routinekontrolle, nahmen Brüsseler und Lütticher Polizisten im Sommer 1942 an der ersten großen Razzia in ihren Städten teil. Danach verboten die Bürgermeister dort weitere solche Einsätze. Der Antwerpener Bürgermeister, der katholische Politiker Leo Delwaide, war ein Anhänger der »neuen Ordnung«. Er ließ die Behörden rücksichtslos agieren. Obwohl durch die vorherige Vertreibung aus ihrem Wohnort mehr Juden in Brüssel lebten, als in der Hafenstadt, gab es mehr Durchsuchungen und Verhaftungen in Antwerpen als in Brüssel. Auch als die Deutschen im Sommer 1942 verfügten, die Juden hätten den gelben Stern zu tragen, verhielten sich die Kommunalbehörden unterschiedlich engagiert. Die meisten fügten sich. Die Bürgermeister von Brüssel und Lüttich weigerten sich jedoch, »an einer Maßnahme mitzuwirken, die einen Anschlag auf die Menschenwürde bedeutet«. Wenige Monate später wurden sie ihrer Ämter enthoben. Die Deutschen schufen »Groß-Brüssel« und »Groß-Lüttich« und besetzten die Posten mit ihnen genehmen Kollaborateuren.

Die Razzien trieben Tausende Juden in die Illegalität, sie tauchten unter, und auch eine zweite große Verhaftungswelle führte nicht zu den erwarteten 10 000 Festnahmen. ›L'Ami du peuple‹, das Sprachrohr der Antijüdischen Liga, rief seine Leser auf, Juden an die Gestapo zu verraten.

Die Untergrundpresse und illegale Rundfunksender dagegen ermutigten die Bevölkerung zu Solidarität und Widerstand gegen die deutschen Besatzer. Lokale Partisanengruppen versuchten, die Maßnahmen der Militärverwaltung zu sabotieren, und die Untergrundzeitung ›La Libre Belgique‹ schrieb polemisch: »Bürger, aus Hass für den Nationalsozialismus und aus Loyalität für euch selbst, tut, was ihr noch nie getan habt: Grüsst die Juden.«

Doch das half nichts mehr. In den zwei Jahren zwischen August 1942 und Juli 1944 deportierten die deutschen Besatzungsbehörden 25 000 Juden aus Belgien und Nordfrankreich über Mechelen nach Auschwitz, rund 15 700 Menschen starben direkt nach der Ankunft in den Gaskammern. 1200 überlebten bis zur Befreiung des Lagers.

Ady und Maria lebten mitten in der Antwerpener Altstadt, nur wenige Straßen vom Hafen entfernt. Sie begegneten auf ihren täglichen Wegen den Soldaten und Repräsentanten des Besatzungsregimes. Die Verhaftungen, die Verfolgungen werden den Frauen nicht entgangen sein. Ich konnte in der Biografie von Ady keine konkreten Hinweise finden, ob sie mit den Nazis sympathisierte. Außer einer Fotografie, die den namenlosen Verehrer von Ady auf der Terrasse eines Clubs, vielleicht eines Golfclubs, 1940 in Capellen neben Deutschen in Uniform zeigt, lässt sich durch nichts auf eine besondere Nähe von ihr zur Besatzungsmacht oder zu belgischen Faschisten schließen. Selbstverständlich kann ich sie aus den gleichen Gründen auch nicht ausschließen.

Wir wissen genauso wenig, ob Mutter und Tochter mit der Gegenseite, beispielsweise den Gewerkschaften der Schauerleute oder Matrosen im Hafen sympathisierten, oder mit einer der Untergrundgruppen in Verbindung standen. Unter Umständen waren Maria und Ady mutig, mutiger als wir es ihnen zutrauen, vielleicht betätigten sie sich als Kuriere, transportierten Nachrichten oder Flugblätter in ihren Einkaufstaschen. Oder sie wurden wie so viele Frauen aus Gründen der Menschlichkeit aktiv, nicht aus politischer Überzeugung. Politik wurde woanders verhandelt und gemacht, darauf hatten sie, speziell die Frauen, keinen Einfluss. Möglicherweise leisteten sie still Widerstand, hefteten sich selbst den »Judenstern« an, wie es Tausende Bürger taten, die erst spät, durch die Vorschrift für Juden, den Stern in der Öffentlichkeit zu tragen, alarmiert wurden.

Eventuell waren sie aber auch bereits lange aufgeschreckt, etwa durch den Vorfall im Rex-Kino am Ostermontag 1941. Nach der Vorführung des Propagandafilms ›Der ewige Jude‹ zogen etwa 200 Rechtsradikale, die sich aus der flämischen SS und anderen ultranationalistischen Bewegungen rekrutierten, Parolen wie »Juda verrecke!« grölend durch das jüdische Wohnviertel, zerschlugen Fensterscheiben und steckten die Synagoge in Brand. Möglicherweise sind Ady und Maria, so wie zuvor deutsche Frauen und Männer bei der Schändung der jüdischen Geschäfte und Synagogen am 9. November 1938, hinüber zum Judenviertel gelaufen, in einer Mischung aus Unglaube, Neugierde und Fassungslosigkeit über Glasscherben gestolpert, haben in Brände gestarrt, sich am Rand gehalten.

Das, was die belgischen Faschisten in Antwerpen bewirken wollten, die Bevölkerung in einer großen antijüdischen Bewegung nach dem Vorbild der deutschen Reichspogromnacht mitzureißen – das gelang ihnen nicht. Die örtliche Polizei schaute allerdings tatenlos zu und hielt sich heraus.

Es besteht die Möglichkeit, dass sich Maria und Ady an diesem Ostermontag den Giftfilm von Veit Harlan im Kino angesehen haben. Möglicherweise waren sie so naiv zu glauben, es handle sich um einen normalen Film, unterhaltsam, vielleicht informativ – gehen wir mal hin, wenn es nichts ist, gehen wir halt wieder. Es war Krieg, das Angebot an Unterhaltung war bescheiden, doch Filme im Kino liefen immer. Also waren sie möglicherweise neugierig gewesen, vielleicht tat der Film sogar seine Wirkung auch bei ihnen und sie haben sich infizieren lassen von den suggestiven Bildern, haben in Juden Lebewesen zweiter oder gar dritter Klasse gesehen.

Belege dafür gibt es nicht, doch ich kann mir Maria und Ady nicht vorstellen in einem Kino voller grölender Faschisten, die höhnisch Filmszenen kommentieren, in denen Menschen mit Ratten gleichgesetzt werden. Ich denke, spätestens an der Kinokasse wären die beiden umgekehrt. Sowohl Maria als auch Ady waren stille Personen, die solche lauten Zusammenkünfte nach Möglichkeit mieden.

Möglicherweise arrangierten sich Ady und Maria mit den Besatzern, mit ihren Bedingungen. Um zu leben, zu überleben. Natürlich stellt sich die Frage, wo liegt die Grenze, die nicht überschritten werden darf, wo lag sie für sie? Wo führt der Pragmatismus, der das Leben erleichtert, oder Überlegungen, die in einer anderen Situation völlig normal und verständlich wären, zu Opportunismus, zu allzu weitem Entgegenkommen gegenüber den Siegern? Wir urteilen heute aus völlig anderer Sicht, jener bequemen der Nachgeborenen, wir wissen, wie klein bisweilen der Schritt war vom passiven Zuschauen hin zur aktiven Kollaboration. Wie viele haben weggesehen und dann doch von den Machenschaften der Nazis profitiert. Wie weit verbreitet war nach dem Krieg in Deutschland der Satz »davon haben wir nichts gewusst« – und ist es bis heute. Und dabei haben alle wissen können, was geschah, weil es nicht übersehbar war. Aber bequemer war, wegzusehen.

Sicher, die Nazis haben den Antisemitismus nicht erfunden. Und wären die Deutschen nicht ohnehin bereits für Antisemitismus empfänglich gewesen, hätten die Nationalsozialisten nicht ein solch leichtes Spiel gehabt. Das gleiche gilt, das untermauerte die Publikation von 2007, für Belgien. Antisemitismus war vorhanden – selbst in der Stadt, in der seit Jahrhunderten eine der größten jüdischen Gemeinden lebte, die nicht unerheblich zu deren Reichtum beigetragen hatte. ›Das gefügige Belgien‹ riss die belgische Öffentlichkeit aus ihrer jahrzehntelangen Selbstberuhigung. Das Buch legte offen, dass es unterschwelligen Antisemitismus bereits lange vor den Nazis gegeben hatte, er habe erst eine aktive Beteiligung an der Menschenjagd ermöglicht. Der belgische Staat habe mit den deutschen Besatzern »aus wirtschaftlichen wie ideologischen und juristisch-administrativen« Gründen kollaboriert. Etlichen Belgiern, Teilen der gesellschaftlichen Elite und der belgischen Verwaltung wurde bescheinigt, sie haben sich während der Okkupation verleiten lassen, die deutschen Besatzer tatkräftig bei der Verfolgung der Juden zu unterstützen.

Die flämische Tageszeitung ›De Morgen‹ fasste die Ergebnisse der Studie ernüchtert mit dem Satz zusammen: »Das gelobte Land lag nicht zwischen Maas und Schelde.«

Arbeitspflicht für alle

Lange hing das Gespenst der Deportation nur über »den andern«.
Im März 1942 sollte sich das mit der Einführung der allgemeinen
Arbeitspflicht ändern. Nun waren alle gemeint: Jeder Mann in Belgien zwischen 18 und fünfzig Jahren und jede unverheiratete Frau
zwischen 21 – später sogar 18 – und 35 Jahren wurde zwangsverpflichtet zur »Arbeit im Reich«.

Zuerst traf es die Arbeitslosen. Formal wurde ihnen zwar freigestellt, ob sie in Belgien oder im Reich arbeiten wollten, doch wer
sich der Aufforderung verweigerte, nach Deutschland zu gehen, den
stuften die deutschen Werbestellen als »asozial« ein und schickten
ihn in eines der belgischen Arbeitslager.

Die Sensibilisierung auch unter den nicht-jüdischen Belgiern
erreichte einen kritischen Punkt. Die zahlreichen Festnahmen während der Razzien gegen jüdische Bürger in den größeren Städten
hatten viele als empörend empfunden und alarmiert. Als nun die
Verpflichtungen belgischer Staatsangehöriger zur Zwangsarbeit bekannt wurden – nun waren ja nicht mehr nur die Juden gemeint –,
kam es im Sommer 1942 zu offenen Widerstandsaktionen im Land.
Nach einer Reihe von Sprengstoffanschlägen, die sich zumeist gegen
Kollaborateure richteten, reagierte die deutsche Militärverwaltung
mit der Erschießung von Geiseln.

Im nördlichen Nachbarland Niederlande zwangen die deutschen Besatzer bereits seit Jahren mit immer schärferen Maßnahmen Zivilisten zum Arbeitseinsatz, in Belgien hatten die Deutschen
zunächst auf Freiwilligkeit gesetzt. Noch 1940 wurde mit den belgischen Behörden eine Vereinbarung getroffen, dass ihre Staatsbürger nicht zum Arbeitseinsatz gezwungen würden und die, die sich
freiwillig meldeten, nicht in der Rüstungsindustrie eingesetzt werden sollten.

1942 wurde diese Abmachung einseitig aufgekündigt, zu viele
Arbeitsplätze in Deutschland waren durch den Krieg vakant. Also
wurde Druck ausgeübt und zusätzlich bemühte sich die deutsche
Führung, den Arbeitseinsatz möglichst vorteilhaft zu verkaufen.
In der belgischen Presse erschienen Anzeigen deutscher Rekrutie-

rungsstellen mit propagandistisch geschönten Berichten glücklicher »Deutschlandfahrer«, die besonders den vergleichsweise hohen Lebensstandard und die zuvorkommenden Bedingungen im Reich betonten. Unter dem Titel: ›Europa arbeitet in Deutschland. Sauckel mobilisiert die Leistungsreserven‹ erschien eine Propagandaschrift des Generalbevollmächtigten für den Arbeitseinsatz, Fritz Sauckel. 150 schöne Bilder sollten zeigen, welch angenehmes Leben »fremdvölkische« Arbeiter in Deutschland führten und wie ausgezeichnet sie versorgt würden.

Sauckels Erfolg beruhte nicht zuletzt darauf, dass die deutsche Arbeitseinsatzverwaltung in den besetzten Ländern »günstige« Bedingungen für die Rekrutierung schuf. Durch wirtschafts- und arbeitsmarktpolitische Entscheidungen wurden einerseits systematisch Arbeitsplätze vernichtet, andererseits ein deutliches Lohngefälle im Vergleich zum Reich hergestellt beziehungsweise aufrechterhalten.

· Sauckel, 1942 von Hitler zum Generalbevollmächtigten für den Arbeitseinsatz ernannt, blieb bis zuletzt treuer Anhänger Hitlers. Er war in den Jahren 1942/43 vor allem erfolgreich, indem er die Anwerbung von Arbeitskräften in den besetzten Gebieten systematisch auf Zwangsmaßnahmen umstellte. Als Mitverantwortlicher für den Zwangsarbeitereinsatz stufte ihn der Internationale Militärgerichtshof in Nürnberg als Kriegsverbrecher ein und verurteilte ihn zum Tode. Im Oktober 1946 wurde er gehängt.

Im besetzten Belgien waren die Arbeitseinsatzdienststellen mit etwa 400 Angestellten bestückt. Bis zum Frühjahr 1941 hatten sie etwa 190 000 Belgier, die sich »freiwillig« zur Arbeit nach Deutschland gemeldet hatten, ins Reich geschickt. Einer von ihnen war Renées Vater. Er ging dorthin, um seine Familie zu ernähren. Anschließend erfuhr die Familie monatelang nicht, wo er war.

Renées Vater war nicht der Einzige, der der Arbeitslosigkeit und Aussichtslosigkeit in Belgien entfliehen wollte und den Versprechungen der Deutschen erlag. Den belgischen und speziell den flämischen Arbeitern – vor allem sie wollte man gewinnen – wurde zugesichert, sie würden im Reich zu den gleichen Bedingungen arbeiten wie ihre deutschen Kollegen, sie erhielten die gleichen Lohn- und Sozialleistungen. Es stand dann sogar ein höherer Betrag auf dem Lohnzettel als bei ihren deutschen Kollegen, wenn die Arbeiter Anspruch auf Trennungszulagen hatten, wenn sie zuhause Frau und Kinder zurückließen. Diese Regelung galt allerdings nur für die Arbeitskräfte aus den befreundeten Staaten und für jene, die auf der Rasseskala der Nazis weit oben standen wie die Skandinavier und die Flamen. Bei den deutschen Kollegen stieß diese Regelung im Übrigen oftmals auf Unverständnis.

Der Lohn, der Renées Vater und den anderen belgischen Arbeitern zustehen sollte, nahm jedoch einen eigenwilligen Weg. Die deutschen Unternehmen bezahlten den vereinbarten vollen Lohn. Anschließend jedoch wanderten sowohl Lohnsteuer als auch die Sozialabgaben in die Reichskasse und die Kassen der jeweils zuständigen Ämter. Auch der Teil, den die Arbeiter als Un-

Foto aus Adys Werksausweis von Daimler-Benz in Antwerpen.

terhalt an ihre Familien überwiesen, erreichte diese nicht sofort, sondern ging auf ein Sammelkonto des deutschen Staates. Das Geld, das die Angehörigen schließlich in Belgien erhielten, wurde ihnen in belgischen Franc aus dem Besatzungskostenhaushalt ausgezahlt. Das heißt, das Geld, das die Familien erreichte, bezahlte wiederum die belgische Volkswirtschaft.

Diese staatliche Unterschlagung von Lohngeldern wurde nicht nur in Belgien praktiziert. Genauso wurde verfahren gegenüber Holland, Frankreich, Kroatien, Serbien, Böhmen und Mähren und der Slowakei, später auch gegenüber Italien. Die besetzten Länder bezahlten also nicht allein mit ihrer Wirtschaft. Sie bezahlten die Besatzung auch durch ihre eigenen Arbeitskräfte, die in und für Deutschland arbeiteten – und die dadurch der heimischen Wirtschaft fehlten.

Offiziell wurden die einbehaltenen Gelder zwar auf einem speziellen Konto in Belgien gutgeschrieben, jedoch wurde wohl niemals ernsthaft die Begleichung dieser Schulden erwogen.

Die 190 000 »Freiwilligen«, die nach Deutschland gegangen waren, waren zu wenige. Also wurde im Frühjahr 1942 die Arbeitspflicht eingeführt, und als das nicht reichte, wurden ganze Jahrgänge zur Arbeit eingezogen. Weil sich so mancher der Dienstverpflichtung entzog, gingen die Behörden mit Razzien gegen die »Drückeberger« vor, etwa mit der großen »Osterfahndungsaktion« im Mai 1943.

Bis zum Ende des Zweiten Weltkriegs wurden auf diese Weise 375 000 belgische Männer und Frauen zwangsweise zur Arbeit ins Reich deportiert.

Arbeit bei den Deutschen

Biografien, besonders deutsche Biografien, enden noch immer nicht selten 1933 und beginnen, als sei es das Normalste der Welt, wieder im Jahr 1945 nach Kriegsende. Einer Schuppung ähnlich, einer Häutung aus den Trümmern des zurückliegenden Lebens und des moralisch zerschlagenen und verbrannten Landes. Adrianas Nachlass machte mich auch deshalb neugierig, weil er die Jahre 1940 bis 1945 nicht aussparte, sondern leise Spuren legte.

»Das deutsche Volk muss ein Volk von Fliegern werden«, tönte Hermann Göring, und die Spuren, die ich in Adys Koffer fand, erzählten von deutschen Flugmotoren. Doch dass einmal deutsche Jagdflugzeuge und nicht etwa ein Mann ihren Lebensweg bestimmen würden, das ahnte Ady damals, Anfang der vierziger Jahre, nicht.

Ady schafft sich, als es so aussieht, als ob die Deutschen erst einmal dablieben, ganz pragmatisch Wörterbücher an: niederländisch – deutsch, niederländisch – englisch, englisch – deutsch. Viele Firmen sind geschlossen oder gehören jetzt Deutschen oder werden von ihnen geleitet. Der Arbeitsmarkt für Belgier ist mager, für teure Friseurbesuche fehlt den Frauen das Geld. Ady muss sich nach einer anderen Arbeit umsehen. Sich arbeitslos zu melden hieß, unmittelbar zur Arbeit im Reich gezwungen zu sein. Ady ist, als 1942 das Gesetz zur allgemeinen Arbeitspflicht erlassen wird, 28 Jahre alt. Jeden Tag könnte der Einsatzbefehl zur Arbeit irgendwo im Deutschen Reich im Briefkasten liegen.

Maria näht, sofern sie Aufträge bekommt – mal eine Ausbesserung hier, eine Änderung da, meistens muss sie Kleidungsstücke umarbeiten, an Kinder anpassen oder enger machen, in Röcke und Blusen Abnäher einnähen. Die Kleider sind zu weit geworden, die Hungermonate machen sich bemerkbar. Es ist nicht viel, aber so kann Maria zumindest ein wenig zur Haushaltskasse beitragen. Wer kann es sich schon leisten, jetzt einer Schneiderin lukrative Aufträge zu erteilen, wer verfügt über die dafür nötige Menge Stoff?

Viel brauchen die beiden nicht zum Leben, sie sind zu zweit, nur sie und Ady, Firmin ist nicht da.

Renée, zehn Jahre jünger als Ady, soll eigentlich 1942 ihren Schulabschluss machen, doch eine Augenoperation kommt dazwischen. Ein Fremdkörper hat sich hinter ihren Augapfel geschmuggelt, so schreiben die Kolleginnen ihr Examen, während Renée im Krankenhaus liegt. Sie hat vier Schuljahre hinter sich und steht ohne Abschluss da, die Situation ist zum Verzweifeln.

Der Vater ist bereits seit zwei Jahren in Deutschland, lange weiß die Familie nicht, wo er sich aufhält. Schließlich erhalten sie Nachricht von ihm aus Dessau. Doch es sollte sechs Monate dauern, bis der Mutter wenigstens ein Teil seines Lohns ausgezahlt wird. Es ist eine harte Zeit für die Familie, zwei jugendliche Kinder gehen noch zur Schule und die Mutter kann kaum arbeiten gehen, weil sie oft stundenlang vor Lebensmittelgeschäften anstehen muss, um etwas Essbares zu ergattern.

Über die Wege, die das Geld aus dem Reich nimmt, weiß die Familie nichts, sie kann sich das nicht erklären, warum es so lange dauert. Ihnen bleibt nichts anderes übrig, als zu warten. »Glücklicherweise hatten wir einen kleinen Garten und anstelle von Blumen wurde er genutzt für Kartoffeln und Gemüse.« Renées Mutter muss in diesen Tagen wie so viele Frauen erfinderisch sein, um ein anständiges Essen auf den Tisch zu stellen.

Auch Maria steht an, oft stundenlang und nicht selten vergeb-

Werksausweis von Ady für den Front-Reparatur-Betrieb (F. R. B.-GL.) Daimler-Benz Flugmotoren. Ausgestellt am 2.5.1944.

lich. Im Garten an der Zonnewijzer Straße, wohin sie Ende der dreißiger Jahre umgezogen waren, werden ebenfalls Kartoffeln und Gemüse angebaut.

Nachdem Renée genesen ist, sitzt sie wieder in der Klasse, sie soll das Schuljahr wiederholen. Eines Tages kommt jemand von der Stadt in die Klasse und fragt, ob eines der Mädchen Interesse hätte zu arbeiten, anstatt weiter zur Schule zu gehen. Es gäbe Betriebe, die dringend Leute suchten. Renée hebt spontan die Hand. Sie will nicht länger der Mutter auf der Tasche liegen und entschließt sich, ihre Schulkarriere zu beenden.

Renée wird zu einer deutschen Firma vermittelt, dort soll sie im Büro arbeiten. Deutsch oder nicht deutsch spielt erst einmal für sie keine Rolle – Hauptsache, sie verdient Geld. Die Firma ist Daimler-Benz. Der Name ist ihr nicht fremd, sie kennt Autos der Marke und vor allem die Lastwagen, mit denen die deutschen Soldaten in Belgien herumfahren. Sie soll in Mortsel arbeiten, einem südlichen Vorort Antwerpens. In dem Werk dort, so sagt man ihr, würden Motoren repariert.

Sie sind zu siebt, als sie dort anfangen, Renée ist die älteste. Zuerst müssen sie eine Prüfung ablegen und kommen ins Schwitzen, die Schreibmaschine ist eine andere, als die, auf der sie bisher gelernt haben, die Buchstaben sind völlig anders angeordnet. Renée weiß noch heute, wie schwierig das zu Beginn war. Sie hatten auf den in Belgien gebräuchlichen Azerty-Maschinen gelernt, die Deutschen jedoch benutzten das sogenannte Qwertz-System, das häufig gebrauchte Buchstaben möglichst weit auseinanderliegend anordnet, damit sich die Metallbeinchen nicht ineinander verhakten.

Renée schafft die Aufnahmeprüfung trotzdem. Kurz darauf beginnt sie bei Daimler. Jeden Morgen fährt sie nun mit der Straßenbahn vom äußersten Norden bis in den Süden nach Mortsel quer durch die Stadt zur Arbeit.

Im Koffer von Ady lag ein Foto aus einem Werksausweis mit dem Stempelausschnitt »Benz« und ein Werksausweis für einen Front-Reparatur-Betrieb (F.R.B.-GL.) Daimler-Benz vom Mai 1944. Also hat auch Ady für Daimler-Benz gearbeitet. Unwillkürlich stieg in mir der Gedanke auf: Wie konnte sie nur?

Aber steht es mir zu, sie zu verurteilen? Mache ich es mir damit nicht sehr einfach? Wir wollen uns nichts vormachen, es hat in allen Kriegen Kontakte zwischen der besiegten Bevölkerung und den siegreichen Soldaten gegeben. In das Bild, das Historiker und Schriftsteller gern von solchen Zeiten malten, passten solche Kontakte oft nicht hinein. Sollte doch die eine Seite eindeutig gut und die andere möglichst eindeutig böse sein. Doch »die Besatzungszeit war täglich«, wie Jean-Paul Sartre zu bedenken gab, und in der Wirklichkeit gibt es viel Raum für Zwischentöne.

Ady musste sehen, dass sie eine Arbeitsstelle in Antwerpen fand, sonst drohte die Deportation nach Deutschland. Die materiellen Lebensumstände und ihre Chancen auf dem Arbeitsmarkt ließen nicht viele Skrupel zu. Sie suchte in erster Linie für sich und ihre Mutter ein Auskommen, das ein anständiges Leben ermöglichen sollte. Wir wissen nicht, ob sie politische Erwägungen in ihre Entscheidungen einbezog. Möglich, dass in ihren Überlegungen dabei das »Fressen vor der Moral« kam – aber war es nicht objektiv besser, wenn sie schon keine Wahl hatte, in Belgien für die Deutschen zu arbeiten, als im Reich, allein und weit weg von Maria?

Auf meine Frage, ob es kein Problem für sie gewesen war, für die Deutschen zu arbeiten, antwortete Renée mir, das sei nicht wichtig gewesen. Sie wären froh gewesen, Arbeit zu haben, saubere Büroarbeit. Es war Krieg, sie waren jung und wollten leben – und nicht zuletzt wollten sie Spaß haben. Der Anschein von Leichtfertigkeit täuscht. Sie lebten unter Besatzern, die ihre eigenen Ziele rigoros verfolgten. Die Nazis wussten sich die Arbeitskräfte zu beschaffen, die sie benötigten.

Daimler-Benz in Antwerpen

Renée lernte Ady bei Daimler am Telefon kennen. Die Firma, für die sie tätig waren, reparierte Motoren von Jagdflugzeugen. Jeden Nachmittag telefonierten die beiden Frauen miteinander, wenn Renée die Handakten der Motoren vervollständigte. »Ady arbeitete bei Daimler-Benz im Büro 4, mein Bruder Paul war in D-B 3 in der Montage-Halle und ich war im Büro im Haupthaus, das ›Mutterhaus‹ genannt wurde, in der technischen Abteilung«, berichtete Renée, als wir in ihrem Wohnzimmer in Antwerpen saßen. »Ady war dichter bei den Hallen und kannte die Arbeiter viel besser, Deutsche und Belgier. Ihr Chef war der Karl-Heinz. Er war ein Einzelgänger, ich glaube aus der Gegend von Nürnberg. Ich musste jeden Tag Ady anrufen, um die Nummern der Motoren zu erfragen, die fertig repariert waren. Anschließend musste ich im Keller die entsprechende Akte heraussuchen und jedes Detail eintragen, das durchgesehen oder ersetzt war. Jeden Tag kam ein Kurier, der mir die Texte brachte, die ich in die Akten einarbeiten musste, Ady gab nur die Nummern durch.«

An den Zeitpunkt, wann Ady zum ersten Mal am anderen Ende der Leitung saß, kann sich Renée nicht erinnern. Adys Werksausweis für das Daimler-Benz Reparaturwerk für Flugzeugmotoren, den wir im Koffer fanden, wird ihr am 2. Mai 1944 ausgestellt. Ein Foto in ihren Alben besagt jedoch, dass sie Personen aus dem Umkreis von Daimler bereits zwei Jahre früher, im Sommer 1942, kannte. Also können wir mit hoher Wahrscheinlichkeit davon ausgehen, dass Ady ebenso wie Renée etwa 1942 bei Daimler anfing. Vermutlich, nachdem das Gesetz zum Reichseinsatz belgischer Arbeitskräfte im Frühjahr 1942 verschärft worden war.

Ady (Mitte) mit Freundinnen, 1942.

Ady eignet sich Bürokenntnisse an, absolviert eine Zusatzausbildung, wahrscheinlich einen Schreibmaschinenkurs. Sie ist froh, die Stelle ergattert zu haben. Vermutlich wird ihr sogar der gleiche Lohn angeboten, den ihre deutschen Kolleginnen bekommen. Generell galten für Zivilarbeiter, mit Ausnahme der Polen, der sogenannten »Ostarbeiter«, im Prinzip die gleichen Arbeitsbedingungen wie für die deutschen Kollegen. Jedoch hatten die Firmen, auch Daimler-Benz, bei der konkreten Ausgestaltung, etwa bei der Einstufung der belgischen Arbeiter in Lohngruppen und der Verteilung von Sonderprämien, einen gewissen Spielraum.

Das Vorgehen der Besatzer bei der industriellen Ausbeutung reichte von der dreisten Plünderung von Sachwerten bis zur Einverleibung gesamter Ökonomien wie im Falle Polens. Der gängige Weg war die Gründung von Niederlassungen deutscher Firmen in den besetzten Gebieten, womit sie zu einheimischen Firmen in ungleiche Konkurrenz traten, genauso wie die »kommissarische« Verwaltung einheimischer Betriebe oder deren Schließung. Selbst wenn der Aufbau einheimischer neuer Werke genehmigt oder forciert wurde, dann geschah das zu den Konditionen der Deutschen.

Daimler-Benz hat als einer der größten Rüstungsproduzenten während des Krieges in ganz Europa Zweigwerke betrieben, wo vom Fahrzeugbau bis zur Reparatur seiner Flugzeugmotoren alles stattfand. Der Untertürkheimer Konzern hat in großem Maßstab ausländische Arbeitskräfte angefordert und eingesetzt – Zivilarbeiter genauso wie Kriegsgefangene und KZ-Häftlinge – und sich durch die Übernahme fremder Werke massiv Kapital angeeignet. Die Nachforschungen nach den Aktivitäten von Daimler-Benz während des Krieges füllen mittlerweile einige Regalmeter und sind noch immer nicht abgeschlossen. Vieles ist erforscht, so mancher kleinere Standort allerdings noch recht vage oder gar nicht, und bisweilen bleibt der Eindruck, dass der Konzern nur so viel über seine vielfältigen Betätigungen während des Dritten Reichs preisgibt, wie bereits bekannt ist. Nicht in allen Fällen existieren noch Belege, Personalakten, Lohnzettel, Verträge, die darüber Aufschluss geben, was und in welchem Umfang die deutschen Betriebe in den besetzten Städten damals taten. Zum einen, weil die Firmen ihr Kapital, ihre Maschinen und die deutschen Mitarbeiter vor den herannahenden Alliierten in Sicherheit brachten und zurück ins Reich verlagerten. Zum anderen war die Anzahl der Betriebe zu beträchtlich und nur in Fällen grober Menschenrechtsverletzungen letztlich von ausreichendem Interesse, allen Einzelheiten nachzuforschen. Auch über die Aktivitäten des Konzerns mit dem Stern in Antwerpen gab es erst mal keine Hinweise in den Archiven.

Antwerpen Mortsel war ein kleines Werk, ein Reparaturbetrieb mit vielleicht Hunderten Beschäftigten. Erst die Recherchen des Antwerpener Autors Jean Dillen über die ERLA-Werke in Mortsel brachten mehr Licht in dieses Kapitel.

Die ERLA Maschinenwerke GmbH bauten in Leipzig für die Firma Messerschmidt Jagdflugzeuge, etwa den Standardjäger der Luftwaffe, die Bf 109. Während des Krieges konnten defekte Flugzeuge aus naheliegenden Gründen nicht immer zur Reparatur in weit entfernte Werke transportiert werden. Für Wartungen, die nicht mehr vom Luftwaffenpersonal an den Flugplätzen vorgenommen werden konnten, wurden sogenannte Front-Reparaturbetriebe, abgekürzt FRB, eingerichtet. Der Entstehungshintergrund der FRB war offenbar eine von BMW im spanischen Bürgerkrieg für die Legion Condor eingerichtete Motorenwerkstatt. In den Spitzenzeiten des

Renée vor dem Tor in Mortsel. Hinter ihr der Standort des »Mutterhauses« von Daimler-Benz.

Krieges waren im gesamten Reichsgebiet und in den besetzten Ländern etwa hundert solcher Betriebe im Einsatz, in denen manchmal einige Hundert, aber auch bis zu einigen Tausend Angestellten arbeiteten. Die Betriebe waren in den Händen ziviler Ingenieure und Mechaniker, sie wurden unterhalten von Herstellerfirmen wie Junkers, Heinkel, Messerschmitt, Daimler-Benz und deren Vertragspartnern.

Daimler-Benz war eine der Firmen, die während des Zweiten Weltkriegs am erfolgreichsten im Bau von Motoren für Jagdflieger waren. Unser Bild der Wehrmacht ist geprägt von den endlosen Reihen von Panzern und gepanzerten Wagen, die sich durch die ausgedehnten Weiten der Sowjetunion kämpfen. Es ist ein bodenorientiertes Bild. Die Luft gehörte den Alliierten, dem Feind, er flog die Angriffe

auf die deutschen Städte und verursachte die noch lange anhaltenden Traumata der Kriegsgeneration.

Mit dieser Sichtweise sitzen wir noch heute der Propaganda der
Nazis auf. Dass die Wehrmacht Tausende von Flugzeugen gegen
feindliche Zentren und Verbände einsetzte, hat sich im deutschen
Kollektivbewusstsein nicht so festgesetzt. Die militärische Expansi-
onspolitik der Nazis hätte ohne Luftwaffe nicht funktioniert, wes-
halb bereits in den Vorkriegsjahren – anfangs aufgrund der Verbote
durch den Versailler Vertrag illegal und unter falschen Vorgaben,
später offen kriegsvorbereitend – kaum ein Sektor der Rüstungsproduktion so vorangetrieben wurde wie die Flugzeugtechnik. Große Automobilkonzerne wie BMW und die Daimler-Benz AG wit-
terten den aussichtsreichen Markt und bauten ihre Produktion von
Flugzeugmotoren in großem Maßstab aus.

1943, es war die Hochzeit der Luftangriffe auf Industrieanlagen
und Städte im Reich und die Ausfälle waren hoch, wurden 26 600
Zerstörer und Jagdflugzeuge, Kampf- und Schlachtflugzeuge und
sonstige Kriegsflugzeuge produziert. 1944 betrug der Ausstoß im
Schnitt dann 2150 Jäger – im Monat. Über das gesamte Jahr 1944
gingen 39 300 Zerstörer und Jagdflugzeuge, Kampf- und Schlachtflugzeuge in Dienst. Die Hälfte aller Flugmotoren für die Luftwaffe kamen von den Untertürkheimern. Sie waren beim deutschen
Überfall auf Polen im September 1939 dabei, ebenfalls bei der West-
offensive gegen Frankreich und Belgien im Frühjahr 1940 und für
die Invasion Englands vorgesehen. Die Flugmotoren von Daimler-
Benz mehrten den Ruhm der Luftwaffe an allen Fronten.

Die ERLA Maschinenwerke aus Leipzig suchten in Antwerpen
ein Gelände, groß genug, um Flugzeuge zu demontieren, zu reparieren und wieder zu montieren. Es sollte genügend Platz vorhanden sein, um sich auszubreiten, die Luftwaffe hatte große Pläne, außerdem sollte ausreichend Gelände in unmittelbarer Nähe für den
Motorenhersteller Daimler-Benz vorhanden sein, der die defekten
Motoren der Flugzeuge instand setzen sollte.

Man wurde in Mortsel, wenige Kilometer westlich vom Flughafen Deurne, auf dem Gelände der legendären Autofabrik »Minerva«
fündig. Minerva war einst Belgiens stolzeste Automarke gewesen, sie
zählte Filmstars und Könige zu ihren Kunden und war in Qualität

und Ausstattung eine ernste Konkurrenz für Rolls Royce. Die Werke waren bereits während der Besetzung Belgiens durch die deutschen Truppen im Ersten Weltkrieg ausgeräumt worden. Nun schlug das Schicksal erneut zu, als die deutschen Besatzer sie wieder für sich beanspruchten. Die Betreiber von ERLA konnten wählen zwischen leeren Magazinen im Antwerpener Hafen, den stillgelegten Werken von General Motors und Ford, zuletzt sagten ihnen jedoch in Mortsel die verlassenen Hallen des beschlagnahmten Autoherstellers am ehesten zu. Die belgische Armee hatte hier zwischenzeitlich ein Depot angelegt und im Chaos des Rückzugs alles liegen lassen.

Die Deutschen setzten die Hallen wieder instand und so wurde die Minerva-Fabrik in Mortsel zum »Front Reparaturbetrieb ERLA VII«.

Daimler-Benz erhielt die Genehmigung, im besetzten Belgien einen »Front-Reparaturbetrieb« zu errichten. Ende November 1940 reiste der erste Vertreter der Firma nach Mortsel, ein Mann namens Franz Ewalt, und inspizierte die an ERLA angrenzende ehemalige Parkettfabrik »La Chapelle«. Offensichtlich sagte ihm das Gelände zu, die Hallen waren ausreichend groß. Wenig später kamen die Meister und die ersten Arbeiter aus den deutschen Betrieben, zusätzlich wurden einheimische Arbeiter eingestellt. Im Januar 1941 ging der Front-Reparaturbetrieb von Daimler an den Start.

Renée brauchte nicht überredet zu werden, mit mir nach Mortsel zu fahren, dahin, wo sie im Krieg gearbeitet hatte. Wir bestiegen die Straßenbahn und ließen uns hinauskutschieren. Unterwegs erzählte mir Renée, dass sie damals den gleichen Weg zurücklegte, jeden Tag von Ekeren-Donk bis nach Mortsel. Morgens hin und abends wieder zurück. Das muss gedauert haben, damals. Wir waren in Antwerpens Mitte zugestiegen, und noch immer benötigten wir für die Fahrt etwa eine Dreiviertelstunde. Der Weg von der Haltestelle, an der wir aussteigen mussten, bis zum ehemaligen Daimler-Werk war recht lang. Aber Renée mit ihrem Stock beruhigte mich: Damals habe sie die Strecke mühelos zurückgelegt.

An einer Ecke deutete Renée mit ihrem Stock auf das Straßenschild und fragte mich, ob ich wüsste, was das auf Deutsch bedeute. Vredebaan stand darauf, so lautete die Adresse des Front-Reparaturbetriebs F.R.B.-GL. Ausgerechnet an der Vredebaan, der Frie-

densstraße, wurden während des Krieges die Jäger wieder hergerichtet, damit sie ihrem mörderischen Auftrag erneut nachkommen
konnten.

Das Gelände, die Hallen existieren noch. Das Haupttor, durch
das Renée damals täglich zur Arbeit ging, war verschlossen. Rechts
davon steht noch immer das Hauptgebäude, das sogenannte »Mutterhaus« von Daimler. Wir konnten nur durch das Gitter spähen.
Das Gelände, die Gebäude, die Hallen, alles stand leer.

»Die großen Bosse waren Deutsche, die Belegschaft, das waren
Belgier. Selbstverständlich lief alles auf Deutsch«, beschrieb Renée
die Situation. Man engagierte eine Vielzahl flämischer Arbeiter, die
Erfahrung mit Motoren mitbrachten, das Weitere wurde ihnen in
Schulungen vermittelt. Auch Jugendliche direkt von der Schulbank
wurden eingestellt und ausgebildet. »Die deutschen Mitarbeiter waren keine Soldaten, aber alle waren Spezialisten in Mechanik.« Sie
waren zumeist in zivil, nur selten trugen einige Uniformen. In der
Eingangshalle, nicht zu übersehen und nicht zu vermeiden, stand
die obligate Hitlerbüste.

»Die belgischen Mitarbeiter hatten ihre Kantine, die deutschen
ihre eigene, und die Chefs hatten eine sehr schöne Kantine«, erinnert sich Renée. Dennoch hatte man ständig miteinander Kontakt.

Die defekten Flugzeuge kamen mit mehr oder weniger deut-
lichen Spuren der zurückliegenden Luftkämpfe per Bahn nach
Mortsel. Die Jäger wurden geprüft, Ersatzteile eingebaut oder Flugzeuge in Gänze vom Rumpf bis zum Motor neu aufgebaut. Neben der Bf 109 wurden auch die legendären Stukas eingeliefert, die
Sturzkampfbomber Ju 87, bis Junker im April 1941 ein eigenes Reparaturwerk in Courcelles, südlich von Brüssel, errichtete.

Besonders der Motor DB 601 hatte sich durchgesetzt, er gehörte
zu den zuverlässigsten und robustesten deutschen Flugmotoren des
Zweiten Weltkriegs. Er arbeitete mit Benzineinspritzung, was Vor-
teile bei extremen Fluglagen bot und war hängend angeordnet, um
dem Piloten eine bessere Sicht zu geben. Er war in den Jägern Me
109 genauso eingebaut wie in den sogenannten »Schnellbombern«
He 111, mit denen die Legion Condor 1936 Schrecken und Tod nach
Guernica und in andere spanische Städte gebracht hatte. Über ein

Tor gelangten die ausgebauten Motoren von ERLA zu Daimler. Die Jägermotoren wurden gereinigt, defekte Teile ausgetauscht, durchgemessen und getestet. Das Geheul der Motoren auf den Prüfstän-

Weihnachtsfeier bei Daimlers – nur für die Herren (vorne, 2. v. li. Jupp Kocyan).

den war noch 15 Kilometer entfernt zu hören. Anschließend wurden die Motoren wieder in die reparierten Jagdflugzeuge eingebaut und von Testpiloten Probe geflogen.

Ein Logbuch gab Auskunft über den Lebenslauf des jeweiligen Motors, über die gelaufenen Betriebsstunden, durchgeführte Wartungen oder bereits ausgetauschte Ersatzteile. Eine derjenigen, die die Logbücher verwaltete, war Renée.

Egon Ewald war Chef der technischen Abteilung, Chef der kaufmännischen Abteilung war Herr Rehmet, schrieb mir Renée, als ich wieder zuhause war. Daneben gab es noch die unabhängig arbeitende Sektion »Kontrolle«, die bei den deutschen Männern nicht sonderlich beliebt war. Sie stand am Ende der Prüfung und hier war die letzte Instanz, der Ingenieur Günther Heinz.

Trotz aller Kontrollen passierten Unfälle, erwähnte Renée. Dann fuhr sie grinsend fort: »Die meisten Schäden entstanden durch

Bauchlandung.« Allerdings gingen die Zwischenfälle nicht immer glimpflich ab. »Es war ein schwarzer Tag, als ein Testpilot von ERLA bei einem Absturz starb, der Fehler lag am Motor. Der Supervisor der Kontrollsektion, ein Mann aus Bayern, wurde an die Front nach Russland strafversetzt. Der neue war ein Herr Eiser aus Berlin-Spandau. Es war wirklich eine Schande für das Werk, denn normalerweise waren die deutschen Männer sehr gute Mechaniker.«

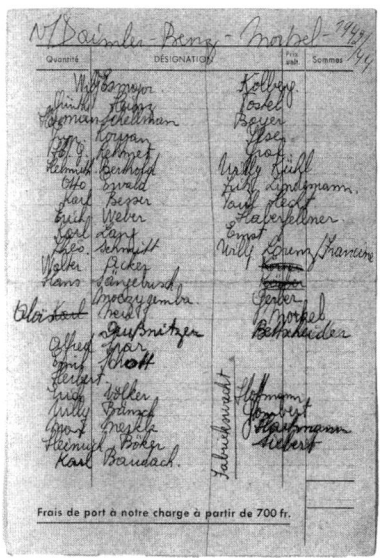

Renée fertigte diese Liste an mit den Namen der deutschen Mitarbeiter in Mortsel 1942 bis 44. In der linken Spalte die Namen von Willy Esmajor, Jupp Kocyan und Helmuth Berthold, ihrem Chef.

Dieser Herr Eiser aus Berlin-Spandau blieb Renée noch aus einem anderen Grund im Gedächtnis. Eines Tages machte er ihr ein Angebot: Er fahre nach Hause nach Spandau und er könne für ihren Vater etwas mitnehmen. Seit einiger Zeit wusste Renées Familie, dass der Vater in Bitterfeld war. Eiser bat sie jedoch, sie dürfe ihrem Vater auf keinen Fall vorher schreiben. Briefe aus dem besetzten Ausland wurden kontrolliert und Hinweisen auf mögliche Kumpanei mit Zwangsarbeitern wurde nachgegangen.

Der Winter 1943 stand vor der Tür, und Renées Mutter suchte einen Wintermantel heraus, den der Vater gut würde brauchen können. Eiser schickte den Mantel mit seiner deutschen Adresse als Absender an Renées Vater, und dieser bedankte sich erfreut für die gelungene Überraschung.

Nach erfolgreicher Reparatur bekamen Ady und ihre Kolleginnen die Reparaturzettel auf den Tisch und ergänzten die Nummern der eingebauten Ersatzteile bei den jeweiligen Motoren. Abends gaben sie dann die Liste der reparierten Motoren inklusive aller Nummern per Telefon weiter, Adys Ansprechpartnerin war wie schon er-

wähnt Renée. Anfangs war die Führung der Logbücher eine Sache
großer Geheimnistuerei, erzählte Renée, als wir in Mortsel vor dem
Tor standen, nur Deutsche durften sie in die Hände bekommen. Die
Akten lagerten im Keller des »Mutterhauses«. Nach und nach ließ
das Misstrauen nach, und auch Flamen wurde zugetraut, die Einträge exakt vorzunehmen. Anscheinend erschien den Besatzern Renée
vertrauenswürdig genug für diese Aufgabe.

Sie sprach einmal davon, dass sie aus Sicherheitsgründen eine
Zeitlang sogar im Keller arbeiten musste, die Logbücher also gar
nicht nach oben holen durfte.

Das Misstrauen war nicht unbegründet. Immer wieder kam es zu
Sabotageakten. Mechaniker, die unter Umständen zwar die deutsche Technik bewunderten, aber die Nazis verachteten, setzten kleine oder größere Nadelstiche: Mal löste sich das Glas eines Cockpits
beim Start – Renée erinnert sich, dass es ein ganz junger Arbeiter
verschuldet haben sollte –, ein andermal verschwand bei Daimler
ein ganzer Satz geheimer Dokumente und musste aus Berlin erneut
eingeflogen werden. Bei der Vorstellung daran wird die Erklärungs-
not der Verantwortlichen geradezu körperlich spürbar.

Renée war kontaktfreudig und in positivem Sinne neugierig. Sie
bewegte sich auf dem Gelände, soweit sie das durfte, und erfuhr
wegen ihrer Nähe zu den Mechanikern und Ingenieuren sowohl einiges aus deren Privatleben als auch über die Abläufe im Betrieb.
Ady war da anders, zurückhaltender. Aber sie arbeitete in größerer
Nähe zu den Mechanikern und hat daher auch einiges gesehen und
gehört. Und Ahndungen von Verfehlungen von Arbeitern oder gar
Sabotageakte sprachen sich schnell herum.

Jedoch nicht alles, was nach Sabotage aussah, war auch eine. Die
belgischen Arbeiter wurden nicht immer genügend angelernt. Wenn
sie sich unverschuldet aus Unkenntnis verletzten, wurde nicht selten
solch ein Unfall als Versuch geahndet, sich aus dem Arbeitsverhältnis zu mogeln. Beschädigten Arbeiter aus Versehen ein Werkstück,
konnte es passieren, dass sie der Sabotage verdächtigt wurden. Sowohl das eine als auch das andere »Vergehen« wurde hart bestraft.

Aufgebockt warteten in großen Hallen die Jagdflugzeuge in Reihen auf ihre Fertigstellung. Ein Depot hielt Ersatzteile auf Lager,

von der Benzinleitung bis zu den 300-Liter-Brennstofftanks und den 250-Kilo-Bomben, mit denen die Bf 109 bestückt wurden, wenn sie den Reparaturbetrieb wieder verließen. Im Juni 1943 meldete

Jupp (2. v. li.) in Mortsel neben aufgehängtem Motorblock.

ERLA Mortsel stolz an das Heimatwerk Leipzig, dass seit Juli 1940 der 2000-ste Flieger nach der Überprüfung abgeliefert worden sei. Acht Monate später rollte bereits die 3000-ste Maschine fertig aus den Werkstätten an der Vredebaan.

Mit fortschreitender Kriegsdauer stieg die Nervosität, es schien immer wahrscheinlicher, dass bei einem Luftangriff der Alliierten oder durch Sabotage reihenweise flugbereite Jäger in Flammen aufgehen würden. Der Front-Reparaturbetrieb unterhielt eine eigene Jägerstaffel, um feindliche Flugzeuge bei ihren Angriffen auf Antwerpen abzuschießen. Auch am Boden reagierte man. Irgendwann, die Beunruhigung war wohl zu groß geworden, erwähnte Renée, wurde der bisherige Wachschutz ausgetauscht. SS-Männer übernahmen dessen Aufgaben.

Der Deutsche Jupp

Jeden Tag stellte sich für die Belgier die Frage, wie viel sozialer Umgang mit dem Feind opportun war und ob dies mit dem eigenen Patriotismus zu vereinbaren war. Die Flamen galten als »rasserein«, also wurden sie als Arbeitskräfte im Großeuropa nationalsozialistischer Planung speziell umworben.

Jedes Zusammentreffen mit den Deutschen, ob Soldat irgendwo in der Stadt oder ziviler Angestellter bei Daimler, erforderte eine eindeutige und bewusste Haltung, und die zu finden war oft schwierig. Die einfachsten Gespräche, menschlichen Gesten konnten zum Gegenstand moralischer Entscheidungen werden: Sollte man auf eine Frage offen und ehrlich antworten, den Weg weisen, wo er erfragt wurde oder Auskunft über den Gesundheitszustand der Mutter geben – konnte daraus am Ende nicht abgeleitet werden, ob sie sich um Arbeit drückte? Sollte man auf ein ungelenkes »Goedemorgen!« ebenso freundlich antworten? Sollte man den Kollegen mittags »smakelijk!« wünschen, wenn sie in ihre Kantine gingen, oder besser schweigen?

Nachdem die Deutschen mit Fahndungsaktionen gegen Zwangsarbeitsverweigerer vorgingen, lautete vielerorts die oberste Verhaltensregel: »Kein anständiger Mensch hat etwas mit dem Feind zu tun!« Doch neben allem Patriotismus ging es selbstverständlich darum, Krieg und Besatzung unbeschadet zu überleben. Anders als in Frankreich, das als »la France muette«, das schweigende Frankreich, auf die Besatzer reagierte, war das Verhältnis der Belgier zu den Deutschen individueller. So wie es der verbliebenen Staatsspitze darum ging, die eigene Industrie vor Demontagen und die eigenen Bewohner vor Massendeportationen zu schützen, so ging es vielen Belgiern vor allem darum, die Besatzung zu überstehen, ohne die eigene Würde zu verlieren.

Mancher mag sich in der Nähe der Deutschen sicherer gefühlt haben als in größerer Entfernung. Möglicherweise ging es auch Ady, Renée und ihren Kolleginnen so. Nähe lässt Vertrauen wachsen – wie sich noch erweisen sollte. Und jungen Leuten wie Renée und Ady ging es auch darum zu leben, trotz alledem. Sie waren jung,

Renée noch keine zwanzig, sie wollten sich amüsieren, flirten, ausgehen. Als wir in Antwerpen von unserem Ausflug nach Mortsel in ihre Wohnung zurückkehrten und darüber sprachen, sagte ich so

Picknick in Mechelen. Auf der Rückseite vermerkte Ady (li. im Bild) das Datum, den 20.8.1942 – und den Namen des Mannes im Bild vorne rechts: Juppi.

etwas wie »na ja, wie Backfische eben so sind«, einen veralteten Begriff gebrauchend. Renée verstand das Wort nicht und schlug eine Volte in eine ganz andere Richtung: »Backfische!« rief sie aus, »1943, als es so wenig zu essen gab, kamen Tausende Fische an die Küste und es gab wieder Backfisch. Das war ein Wunder!«

In einem von Adys Alben stolperte ich über eine Serie von Bildern, aufgenommen an einem Tag im Jahr 1942. Sie zeigt eine Gruppe junger Frauen und Männer bei einem Picknick in Mechelen, so hat es Ady daneben notiert. Das Wetter war schön und man sitzt und fläzt im Gras auf einer Decke. Was die Personen auf den Bildern nach Mechelen geführt hat, wissen wir nicht. Genauso wenig konnten wir über die Personen selbst in Erfahrung bringen, mit Ausnahme von zwei von ihnen: Die eine ist Ady, die andere ist ein Mann, den wir schließlich identifizieren konnten. Er war Deutscher und sein Name war Jupp Kocyan. Vielleicht hat eine der Personen auf den Bildern in Mechelen gewohnt und die anderen haben ihr einen Besuch abgestattet. Im alten Festungsgemäuer der Dossin-Kaserne in Mechelen hielt die SS die in Belgien verhafteten Juden, Sinti und Roma gefangen. Von hier aus gingen die Transporte in die Vernichtungslager. Sofort stellten sich Fragen ein: Wusste Ady von dem Lager oder war das Sammellager womöglich der eigentliche Grund für die Gruppe in Mechelen? Diente das Picknick nur als Vorwand oder war es der Abschluss einer ganz anderen Aktion? Die Zustände in Mechelen waren ähnlich wie in anderen Lagern der Nazis: am unteren Ende der Hygiene-Skala, entwürdigende Behandlungen, mit denen die Gefangenen überzogen wurden, Menschen verachtend. Haben Ady und ihre Begleitung womöglich Pakete nach Mechelen gebracht – Angehörigen war es erlaubt, Pakete zu schicken –, Lebensmittel und Kleidung für die Gefangenen? Oder haben diese harmlos scheinenden Ausflügler gar Chancen ausgelotet, Gefangene zu befreien?

Vielleicht war der Ausflug aber auch einfach nur harmlos, ohne Hintergrund, ohne politisches, ohne humanitäres Ziel. Einfach nur ein Ausflug, zum Spaß an einem schönen Sonntagnachmittag.

Für Ady war die Landpartie aus einem ganz anderen Grund höchst spannend. Auf der Rückseite eines der Bilder notierte sie den Namen des Mannes, der neben ihr sitzt: Juppi. Die Bilder waren mir aufgefallen, weil eines in der Mitte entzweigerissen ist und eine Hälfte fehlt. Das zerrissene Bild ist noch einmal komplett vorhanden, es zeigt Ady, zwei weitere Frauen und zwei Männer. Einer davon war der blonde Jupp.

Ady lernte Juppi etwa um diese Zeit kennen. Von Renée wissen wir, dass Jupp ebenfalls bei Daimler arbeitete, und dort werden sich die beiden das erste Mal begegnet sein. Jupp ist groß, sieht gut aus und er hat Arbeit, was in diesen Zeiten nicht unwichtig ist. Aber es gibt einen kleinen Haken: Er ist Deutscher. Was er bei Daimler genau macht, weiß Ady zu Anfang nicht, sie sieht ihn immer dann, wenn er etwas in ihrer Abteilung abzuholen oder zu liefern hat. Er fährt einen Lkw und transportiert Fuhren vom Flughafen Deurne nach Mortsel und von der Vredebaan sonst wohin. Die anderen Deutschen rufen ihn Jupp, Jupp Kocyan.

In Adys Koffer fanden wir einige Unterlagen, die etwas über

Juppi erzählen, einige wenige Briefe, Fotos und seinen Führerschein, der auch sein Geburtsdatum verrät: Jupp ist als Josef Kocyan in Bottrop geboren, am 7. November 1913. Auch sein Zeugnis

Vermutlich schenkte Jupp dieses Bild Ady. Auf der Rückseite notierte er seine Heimatadresse. Die Feldpostnummer 19583 ordnet ihn dem Front-Reparaturbetriebs-Generalluftzeugmeister (GL.) Antwerpen zu. Luftgaupostamt Brüssel.

von der Gesellenprüfung als Feinmechaniker vom 14. März 1932 lag dabei. Anscheinend war er kein besonders guter Schüler. Seine allgemeinen Kenntnisse wurden mit »genügend« bewertet, seine Fachkenntnisse allerdings mit »fast gut«, das gleiche Ergebnis erzielte sein Gesellenstück.

Diese Bilder und Jupps Anwesenheit auf den Fotos gaben den entscheidenden Hinweis, dass Ady nicht erst 1944, wie das ihr Werksausweis belegt, bei Daimler anfing zu arbeiten, sondern bereits zwei Jahre zuvor. Vermutlich hatte sie vorher einen anderen Werksausweis besessen, im Jahr 1944 wurde ihr ein neuer ausgestellt.

Was ist mit der Möglichkeit, dass die Gruppe in Mechelen den Plan verfolgte, Gefangene zu befreien? Hätte Jupps Anwesenheit solch einen Plan ausgeschlossen? Nicht unbedingt. Natürlich war die Frage, ob sie ihn, den Deutschen, dann mitgenommen hätten, ob sie ihm trauen konnten. Wahrscheinlich nicht – wie schnell, wie gut lernt man Arbeitskollegen wirklich kennen, schon gar unter diesen Bedingungen? Aber wären sie am Ende nicht sogar unverdächtiger in Begleitung eines Deutschen gewesen?

Die Frage bleibt unbeantwortet. Aber mir scheint trotz aller Möglichkeit Ady die Falsche für solch einen Plan gewesen zu sein. Anscheinend wollte sie den Mann näher kennenlernen, der da mit dem Rücken zu ihr sitzt und doch ihr stärker zugewandt scheint als den anderen auf der Decke.

Doch als Widerstandskämpferin kann ich sie mir beim besten Willen nicht vorstellen – alles Wagemutige, Kaltblütige, ausschließlich auf das eine Ziel Orientierte, scheint ihr zu fehlen. Und doch: Waren nicht immer wieder Menschen für andere eingetreten, denen man es zuvor nie zugetraut hätte, geleitet allein von ihrem christlichen oder humanitären Wertekanon, nach dem es in der entscheidenden Stunde keine Fragen, kein Überlegen mehr gibt?

Bommen op Mortsel

Zum Reparaturbetrieb in Mortsel gehörte ein eigener Jägerschwarm, der angreifende Feindflugzeuge der Briten und Amerikaner attackieren und in die Flucht schlagen sollte. Mit dem Kampfflieger Bf 109 wurden Experimente als Abfangjäger gegen hochfliegende US-Bomber durchgeführt. Durch Einspritzen von flüssigem Sauerstoff in den Motor ließen sich die Steigleistung und die Einsatzhöhe entscheidend verbessern. Der ERLA-Chefpilot Hans Fay erzielte am 11. März 1943 mit einer Bf 109 eine Flughöhe von circa 14 Kilometern, wie Jean Dillen in Antwerpen recherchierte.

Im November 1943 beglückwünschte Generalfeldmarschall Milch den ERLA-Industrie-Jägerschwarm, eine Spitfire und zwei viermotorige Feindbomber abgeschossen zu haben, und sprach den erfolgreichen Piloten seine besondere Anerkennung aus.

Am Sonntag, dem 4. April 1943, verabredete sich Ady im Zoo. Anfangs war sie nicht sicher, ob sie wirklich zu einer Veranstaltung anlässlich des Tages der Wehrmacht gehen sollte. Eine Freundin sagte aus diesem Grund ab, nej, dahin gehe sie nicht. Aber Jupp hat gebettelt, es sei doch egal, es sei doch nur Musik, und also gab Ady nach. Sie wählte das leichte graue Kostüm und die dünnen Schuhe aus und hoffte, dass das Wetter hält. Nun scheint die Sonne, es ist ein klarer, lichter Tag. Viele Menschen sind in den Tierpark gekommen, alle in Frühlingslaune, die Kinder zum ersten Mal in diesem Jahr in kurzen Strümpfen. Es scheint, als solle die helle Kleidung, die Sonne und die leichten Schritte der Spaziergänger auf den Wegen den Gram des Krieges zumindest an diesem herrlichen Tag für diese wenigen Stunden übertünchen. Die Erwachsenen plaudern mit Bekannten, die Kinder nutzen die Momente und jagen sich zwischen den Grüppchen der Großen, die mit sich beschäftigt sind.

Jugendliche sammeln für das Winterhilfswerk und ein Redner vorne neben dem Podium ruft zum Gedenken an die gefallenen Helden auf. Die Deutschen haben extra zum heutigen Tag eine Briefmarke herausgebracht mit einem der Zeit entsprechenden Motiv – Jagdbomber stürzen sich halsbrecherisch auf eine feindliche Industrieanlage.

Während des Platzkonzerts verweht leichter Wind die Töne, Schals und Schleifen flattern über den Köpfen, Strohhüte werden im letzten Moment festgehalten. Ady hört nur mit einem halben Ohr zu. Jupp neben ihr neigt sich zu ihr herüber und bietet ihr Konfekt aus einer Papiertüte an, sie ist eingerissen und Jupp klaubt die klebrige Schokolade einzeln aus seiner Jacketttasche. Als sie immer lauter kichern, ernten sie Gezische von den Umsitzenden.

Draußen in Mortsel findet ohne sie eine andere Gedenk-Veranstaltung statt. Der Todestag von Carl Benz jährt sich zum 24. Mal. Und später werden sie hören, dass bei einem britischen Luftangriff auf die Renault-Werke in Billancourt bei Paris 228 Menschen umgekommen sind.

Jupp verabredet sich mit Ady auch für den nächsten Tag, nach der Arbeit. Auch der verspricht wieder ein wunderbarer Frühlingstag zu werden. Ady besteigt in aller Früh die Straßenbahn nach Mortsel, ganz hinten im Wagen trifft sie wie jeden Morgen Renée und andere Kolleginnen von Daimler. In Mortsel laufen sie tratschend durch die morgendliche Straße zu ihren Büros und Werkstätten. Den ganzen Tag über scheint die Sonne, es ist warm und die

Silvesterfest, Jupp Kocyan (Mitte) an der Bar.

Frauen und jungen Mädchen setzen sich auch während ihrer Nachmittagspause nach draußen auf die Bänke.

»Plötzlich kamen die Chefs, alles Deutsche natürlich, angerannt und schrien, das wäre ein Angriff.« Renée schrieb das auf, als sie mir den ersten Brief schickte. »Wir liefen zum Bunker. Zuerst haben wir einige Flugzeuge gesehen, die weiße Ringe am Himmel machten, wir wunderten uns, warum sie das taten, wir dachten, es seien die Testpiloten. Aber mittlerweile hatte der Wind aufgefrischt und die weißen Ringe wehten mehr zur Ortschaft Mortsel hinüber, wo mehrere Schulen waren. Die amerikanischen Bomber wurden durch deutsche Kampfflugzeuge angegriffen und die Bomben fielen ein, zwei Sekunden zu spät, sodass nicht Daimler und ERLA, die das Ziel waren, getroffen wurden, sondern Mortsel.«

Das Zentrum von Mortsel liegt nur wenige hundert Meter vom Betriebsgelände entfernt, am Ende der Vredebaan. Die Nähe wird den Bewohnern von Mortsel an diesem Montag, dem 5. April 1943, zum Verhängnis.

Das eigentliche Ziel, die Luftwaffen-Front-Reparaturbetriebe von ERLA und Daimler-Benz und die dort aufgereihten Jagdflugzeuge bleiben verschont. Nur dank des Windes entkommen Renée und Ady und all die anderen Mitarbeiter dem Tod. Die 223 Tonnen – andere Quellen sprechen von 245 Tonnen – Bomben gehen auf das Zentrum von Mortsel nieder. Es wird komplett zerstört, 936 Zivilisten finden den Tod, darunter 209 Schulkinder. Es ist eine der großen Tragödien des Zweiten Weltkrieges.

Den ganzen Tag über werden Verwundete versorgt und Leichen geborgen. Jedes Auto, selbst die Straßenbahn wird requiriert als Krankenfahrzeug. Renée muss auf dem Heimweg bis weit hinter Merksem laufen, bis sie eine Tram erwischt, die sie in den Norden nach Ekeren-Donk bringt. Die Mutter hat noch nichts von dem Angriff gehört, sie hat den Keller geputzt.

Ady hat es nicht ganz so weit, aber auch sie muss bis zur Zonnewijzerstraat in Berchem laufen. Maria ist erlöst. In Berchem waren die Flugzeuge nicht nur zu sehen, sie hat die Bomben gehört und das Schlimmste befürchtet. Sie schließt Ady erleichtert in die Arme.

Die Chefs von ERLA und Daimler ziehen aus dem Angriff Konsequenzen: Teile der Werke werden dezentral an verschiedenen Stellen in der Stadt untergebracht. Auch Ady muss die Arbeitsstelle wechseln. Sie wird ins wenige Kilometer entfernte Werk II nach Wilrijk versetzt. Vermutlich stammt der Werksausweis von 1944, den wir kennen, daher. Renée blieb im Mutterhaus an der Vredebaan.

Zensierte Post

Meine liebste Adyke

man hat mir den Tod deiner Großmutter mitgeteilt und ich möchte deinen Eltern und dir mein herzliches Beileid ausdrücken.

Ich entschuldige mich für die ungewollte Verspätung, da Madame Thalheim, die Besitzerin [des Hotels] mir erst heute den Brief gegeben hat. Ich hätte sehr gerne an der Beerdigung teilgenommen, aber da ich nichts davon gewusst habe, musst du bitte für meine Abwesenheit Verständnis haben. Ich frage mich übrigens, warum du diesen Brief nicht hierher an mich in Renaix geschickt hast.

Ich verstehe so wenig von dir in der letzten Zeit und ich frage mich manchmal, wie das zu dir passt.

So vieles hatte sich verändert in den vergangenen Jahren, auch Ady. Gus-Suske-Jefke, Adys früherer Verehrer, schrieb zweimal an Ady, 1942 und 1943 aus Renaix, flämisch Ronse, einer Kleinstadt hinter Gent gelegen. Als Adresse gibt er das Hotel »Elite« an der Place de la Gare in Renaix an. Heute existiert dort nur noch eine Bahnhofstraße, der Bahnhof ist wie überall längst nicht mehr die erste Adresse für ein Hotel.

Anscheinend hatte Ady zuvor wieder Kontakt zu ihm aufgenommen. Er erklärt sich bereit, sie zu treffen, sein Ton ist jedoch distanziert. Ein Jahr später, wiederum im November, schreibt Gus-Suske-Jefke einen weiteren Brief an Ady.

Sie hatte Arbeit bei einer deutschen Firma, davon hat sie Gus-Suske-Jefke nichts erzählt, und sie ist mit einem Deutschen zusammen, auch davon erzählt sie ihm lieber nichts.

Adys Großmutter war gestorben. Das war der Anlass für Gus' Brief. Einem Brief von Netje aus Schweden wenige Monate später können wir entnehmen, dass die Verstorbene Netjes und Marias Mutter gewesen war. Netje schreibt an Ady etliche Briefe aus Nässjö, später aus Göteborg. Die Schreiben sind schwer zu entziffern, sie schreibt ohne Punkt und Komma und sehr assoziativ. So kommt Netje auch hier vom Tod zum Leben und zum Heiraten.

Ady ich denke auch dass du zum Grab gehst und ein Blümchen dort-
hin bringst das ist jetzt schon ein Jahr her dass sie tot ist ich kann das
beinahe nicht glauben ein Jahr ist doch gar nichts mehr nun wirst du
dich wohl zurechtfinden Ady aber jetzt beginnst du noch mal in der
Blüte deines Lebens 31 Jahre ist noch nichts du siehst aus wie 20 du hast
noch Zeit genug zu heiraten du verdienst doch Geld dann kannst du
tun was du willst, denn irgendwie zuhause zu sitzen und nichts zu tun
aber Ady heirate nie einen Seemann

warnt sie ihre Nichte, »denn dann hast du nie etwas von deinem Leben Jetzt bin ich wieder vier Jahre allein das ist doch nichts.«

Der Brief ist datiert auf den 28. März 1944.

Netje fügt noch an, dass sie Diphtherie hatte, aber nun sei sie
wieder gesund, und sie beklagt sich über den Preis von Schuhen, die
sie Ady schicken wollte und es dann doch nicht tut, sie seien zu teuer.

Der Brief trägt ein eigenartiges Merkmal, die Seiten sind jeweils auf-
fällig mit einem blauen Pinselstrich überzogen. Und in den oberen
Ecken wurden mit Bleistift kleine Zahlen notiert: »1573«.

In ihren Memoiren ›Schlage die Trommel und fürchte dich
nicht‹ beschreibt die streitbare Maria Gräfin von Maltzan ihre Arbeit bei der Postprüfstelle in Berlin: »Noch bevor Hitler am 1. September 1939 den Angriff auf Polen eröffnen ließ, wurde die Briefzen-
sur eingeführt. Aufgrund meiner Sprachkenntnisse wurde ich wie
viele andere Frauen und Mädchen auch dazu eingezogen. Acht und
mehr Stunden saß ich nun pro Tag im Kaisersaal am Zoo und las
peinlich berührt anderer Leute Post. Ein jeder von uns war für ganz
bestimmte Buchstabenreihen und innerhalb derer wiederum für
eine ganze Reihe kartei- und listenmäßig erfasster Namen zuständig. Die ein- und ausgehende Korrespondenz eines davon Betrof-
fenen gelangte damit zur Gänze immer zwangsläufig in die Hände
seines ›Prüfers‹. Was gemäß der Richtlinien, die wir hatten, von
uns als unverfänglich eingestuft wurde, durfte weiter seinen posta-
lischen Weg gehen. Alles andere mussten wir melden.«

Ady, auch Renée, gerieten ins Visier der Prüfstellen. Bis auf wenige Ausnahmen wurde von Beginn des Krieges an Auslandspost
zensiert. Die Zensurstellen nannten sich daher in bestem Verwal-

tungsdeutsch »Auslandsbriefprüfstellen«, kurz ABP. Anfangs, bereits 1938, waren zwei Zensurstellen installiert worden, doch bald folgten weitere nach, der Kontrollzwang war zu groß, erst recht, als

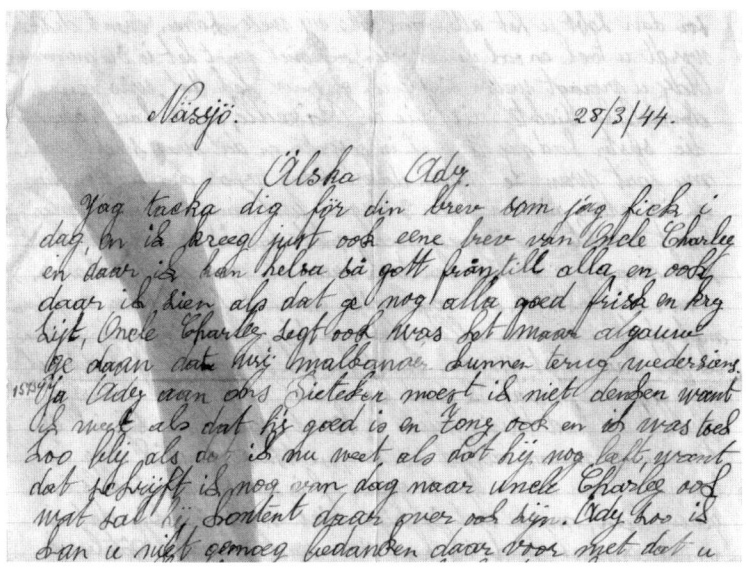

Netjes Brief vom 28. 3. 1944 – blaue Pinselstriche gehen diagonal über die Schrift.

die Postberge anwuchsen mit immer mehr Postteilnehmern in den besetzten Ländern.

Die ABP waren militärische Dienststellen des Abwehrdienstes der Wehrmacht. Jede ABP erhielt eine spezielle Nummer und war für Post aus und nach bestimmten Ländern zuständig. Druckschriften wurden gesondert von Gestapo-Zensurstellen bearbeitet.

Für Post aus Schweden war die Postzensurstelle Berlin zuständig. Sie war die größte in Deutschland und beschäftigte auch etliche Spezialisten. Es gab eine ganze Reihe von Vorschriften für den Auslandsbriefverkehr, die der Entwicklung des Krieges jeweils angepasst wurden. Briefwechsel mit dem feindlichen Ausland wie Großbritannien oder dem unbesetzten Frankreich waren verboten. Italien war zuerst befreundet und daher erlaubt, später nicht mehr. Ansichtskarten und gefütterte Umschläge waren verboten, Innenfutter konnten geheime Nachrichten enthalten und wurden bei der

Prüfung herausgerissen. Private Briefe duften nicht mehr als vier Seiten umfassen, die Schrift hatte deutlich zu sein. Kurz- und Geheimschriften waren selbstverständlich verboten.

Vermutlich hat Netjes Art zu schreiben den Verdacht des Zensors erregt, verwundern würde es nicht.

Bereits kontrollierte Briefseiten und Umschläge wurden mit Pinselstrichen in grauer, bräunlicher oder blauer Farbe gekennzeichnet. Bisweilen wurden Lösungen verwendet, die auf dem Papier als Striche unsichtbar blieben und erst später sichtbar wurden, wenn man den Bogen schräg gegen das Licht hielt. Meist blieben aber auch in diesen Fällen graue, braune oder bläuliche Striche erkennbar.

Bei Netjes Brief wurde erst gar nicht der Versuch unternommen, den Strich, also die Kontrolle, zu verheimlichen.

Der Brief weist noch eine weitere Besonderheit auf: dreimal wurde auf den beiden Bögen am oberen linken Rand mit Bleistift die Zahl 1573 vermerkt. Möglicherweise das persönliche Kürzel des Zensors?

Über den harmlosen Inhalt wird der Prüfer oder die Prüferin enttäuscht gewesen sein. Schwer entschlüsselbar, wie alle Briefe Netjes, musste sich der Prüfer durch eine Endlosschleife verwandtschaftlichen Räsonierens kämpfen. Seine Ausdauer wurde nicht belohnt. Netjes Brief beschäftigt sich ausschließlich mit den alltäglichen Banalitäten einer Familie und Netjes ganz speziellen Klagen über die Wahl ihres Wohnortes, den sie gegen ihre Geburtsstadt Antwerpen eingetauscht hatte.

Nein Ady ich kann mich da [in der schwedischen Kleinstadt Nässjö] nicht eingewöhnen denn wenn ich es gewusst hätte wäre ich nie weggegangen aber ich tat es hauptsächlich für Onkel Charley Mir fehlte es zuhause an nichts jetzt bin ich auch die ganze Zeit alleine und zuhause ist man manchmal doch jemandem begegnet oder hat mal im Laden jemanden gesehen Aber das ist hier nicht so Es ist hier ganz tot Ich hätte mal zuerst nach Göteborg oder nach Stockholm gehen sollen Da ist es ganz anders da ist es eher so wie bei uns.

Abschied von Antwerpen

»Ich mache Sie, meine Arbeitseinsatzmänner, mit größtem Ernst darauf aufmerksam: Der Führer erwartet von uns und ich erwarte von Ihnen, dass die Transporte rollen. Von jetzt ab wird Ihre Arbeit nur noch gemessen und Ihre Bewährung nur noch gesehen an der Zahl der Tausenden Arbeiter, die täglich neu ins Reich kommen, denn das Reich hat sie notwendig.« Das sagte Fritz Sauckel, der Generalbevollmächtigte für den Arbeitseinsatz, in einer Rede vor Referenten und Arbeitseinsatz-Stableitern in Paris am 18.3.1944. Das Reich erhöhte den Druck auf die besetzten Länder, auch auf Belgien. »Wenn man 21 wurde, musste man zur Kommandantur. Und dann wurden wir angeschrieben, um nach Deutschland zum Arbeiten zu gehen.« Renée war in das Alter gekommen, ab dem sie unter die allgemeine Zwangsarbeitsverpflichtung im Reich fiel. 1944 hatte sich der Kriegsverlauf für die Deutschen längst zum Negativen verändert, Stalingrad ein gutes Jahr zuvor war ein Desaster, von Westen her drohte die Invasion der Briten und Amerikaner, und die Nervosität bei den Nazis nahm zu. Die Strategie des »Blitzkriegs« hatte sich überholt, nun sollte es der »totale« Abnutzungskrieg richten. Und der ließ sich nur mit Hilfe einer brutalen Arbeitskräftepolitik verwirklichen.

Im Mai 1939 waren rund 4400 Belgier in Deutschland, im September 1941 bereits 121500. Im Jahr 1942 wurde die allgemeine Arbeitspflicht eingeführt und schließlich ganze Jahrgänge eingezogen. Trotzdem konnten die Forderungen der deutschen Stellen und die Nachfragen der Rüstungswirtschaft im Reich nicht annähernd erfüllt werden. Im ersten Quartal 1943 wurden aus Belgien 111000 Arbeitskräfte angefordert, doch lediglich etwa die Hälfte, nur 59000 kamen an den deutschen Arbeitsstellen an.

1944 soll Renée im September 21 Jahre alt werden, Ady wird 31, beide sind nicht verheiratet. Die beiden Frauen haben zwar feste Stellen bei Daimler-Benz in Antwerpen, aber schützte der Arbeitsplatz sie wirklich vor der Verschickung ins Reich?

Die Ausländer sollten die deutsche Wirtschaft und vor allem die an allen Fronten permanent sich selbst verbrauchende Rüstungsproduktion aufrechterhalten. Der Krieg fraß die deutschen Männer, und alle im Reich verlangten immer mehr Arbeitssklaven. Noch der kleinste Bauer, jeder Betrieb, vom Handwerker bis zur Reichsbahn, konnte ausländische Arbeitskräfte anfordern; die privaten Haushalte, in denen die billigen russischen Dienstmädchen schufteten, genauso wie die großen Rüstungsbetriebe, die auf Kosten Tausender ausländischer Arbeitskräfte Gewinn machten, den sie dann so erfolgreich in die Nachkriegsjahre retteten. Etwa 9,5 Millionen, andere Quellen nennen 13,5 Millionen, ausländische Zivilarbeiter, Kriegsgefangene und KZ-Häftlinge arbeiteten während des Zweiten Weltkrieges im Deutschen Reich.

In welchem Umfang und mit welcher Rücksichtslosigkeit dies geschah, mögen manche Deutsche nur geahnt haben. Gänzlich verborgen geblieben ist es ihnen nicht – arbeiteten doch genügend in den Betrieben mit Ausländern zusammen, waren ihre Vorgesetzten, ihre Meister oder Kollegen und Kolleginnen.

Im Frühsommer 1944 wurde den belgischen Angestellten und Mitarbeitern des Front-Reparaturbetriebs eröffnet, dass Daimler-Benz Antwerpen verlassen werde. Der Betrieb werde verlagert nach Deutschland. Damit war offensichtlich, dass Renée und Ady und all die anderen um Zwangsarbeit im Reich nicht herumkommen würden.

Wenig später wurde einigen Belgiern angeboten, dass sie mit Daimler ins Reich gehen könnten. »Ich musste mich beim ›big chief‹ melden und er versprach mir, würde ich bei Daimler bleiben, würden sie immer auf mich aufpassen – was sie auch taten.« So wie Renée erging es auch Ady. Renée entschied sich ziemlich bald für Daimler, sie nahm die Entscheidung sportlich. Ins Reich zu gehen, bedeutete für sie auch, herauszukommen von zuhause, etwas Neues zu erleben.

Auch Ady wird zum Chef bestellt, auch ihr wird das Angebot gemacht, wenn sie mit nach Deutschland komme, werde man auf sie aufpassen. Ady kann sich nicht gleich entscheiden und bittet um Bedenkzeit bis zum nächsten Tag. Sie ist entsetzt, will ihre Mutter nicht verlassen, Antwerpen nicht und auch ihre Freunde nicht. Kaum getraut sie sich, am Abend Maria davon zu berichten.

Doch Maria geht die Sache pragmatisch an. So schwer es für sie beide werde, ist es bestimmt besser, mit Daimler mitzugehen. Andere ihrer Kolleginnen werden vermutlich dasselbe machen, so wäre sie zumindest nicht allein.

Es gibt keine gute Alternative. In Antwerpen wird Ady nicht bleiben können, geht sie nicht mit Daimler mit, wird sie über kurz oder lang allein irgendwohin ins Reich geschickt werden. Und dann ist alles möglich, Berichte von anderen »Deutschlandfahrern« verhießen nichts Gutes.

Und schließlich wird dieser Jupp, der Deutsche, doch sicherlich auch mitgehen. Vielleicht kann er sich für Ady verwenden, wenn es mal hart auf hart kommen sollte.

Es lag im Interesse des Betriebs, die Arbeitskräfte zu halten, die eingearbeitet waren. In der Untertürkheimer Konzernzentrale von Daimler-Benz waren bereits seit einiger Zeit Planspiele darüber angestellt worden, wie sich die Werke in Belgien und Nordfrank-

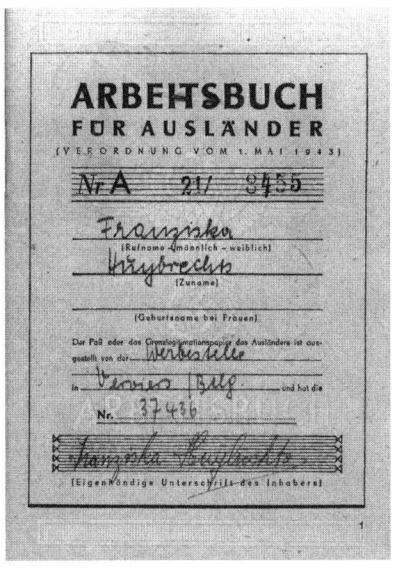

Arbeitsbuch von Renée mit dem Vermerk: »Der Paß oder das Grenzlegitimationspapier des Ausländers ist ausgestellt von der Werbestelle Verviers / Belg.«.

reich im Falle der erwarteten Invasion der Alliierten an der Atlantikküste verhalten sollten. Es wurden Fragen durchgespielt wie: Sollte man die Maschinen, die Prüfstände, Kräne, Motoren und die Beschäftigten, allen voran die deutschen, für die man eine besondere Verantwortung spürte, in Sicherheit bringen, indem man das Werk nach Osten ins Kernreich verlagerte? Oberstes Ziel der Konzernspitze war, weder Produktionsmittel noch Kapital zu verlieren. Oder sollte man sich überrollen lassen, Maschinen und Motoren den Briten und Amerikanern überlassen und hoffen, dieses Kapital nach dem Krieg zurückzubekommen?

Die Entscheidung konnten die Untertürkheimer jedoch nicht allein fällen. Solche Überlegungen geschahen in der Regel in Abstimmung mit der Luftwaffe, dem Jägerstab, der die Luftrüstung koordinierte, dem Reichssicherheitshauptamt RSHA und den Beamten

Ady (li) mit Freundinnen oder Kolleginnen, Antwerpen 1942.

von Speers Rüstungsministerium. Auch ein Front-Reparaturbetrieb hatte seine Aufgabe zu erfüllen – und gar, wenn es sich bei den zu reparierenden Teilen um die Motoren der in dieser Phase des Krieges für die Luftwaffe so wichtigen Kampfflieger handelte.

Die Parallelität der nun folgenden Abläufe ist schier unglaublich und lässt sich nur dadurch erklären, dass der Nachrichtenfluss so stark eingeschränkt war und die entscheidenden Informationen die Bevölkerung nicht erreichten.

Anfang Juni 1944 landeten die Alliierten mit ihrer Invasion »Overlord« in der Normandie und kämpften sich ins Landesinnere vor. Für Antwerpen kam die Befreiung in Sicht, doch in der Stadt schien niemand davon zu wissen.

In ihrem ersten Brief an mich schrieb Renée – ich übersetze ihr Englisch wieder ins Deutsche: »Wir wussten 1944 nicht, dass die Alliierten den belgischen Grenzen so nah waren – im Radio sagten sie kein Wort darüber und meine Mutter beschwor uns, meinen Bruder und mich, auf keinen Fall ›English Broadcast‹ zu hören, sie wolle uns nicht im Gefängnis sehen. Mein Vater war bereits in Deutschland zum Arbeitseinsatz.« Später präzisierte Renée die Entwicklung im Reparaturbetrieb in einem anderen Brief: »Wir sahen die deutschen Männer nur noch in Uniform, an wenigen Tagen mit Waffe. Wir waren alle überrascht, denn im Radio war nichts zu hören gewesen, dass die Invasion gestartet hatte. Nach einigen Tagen waren sie wieder in zivil.«

Der Schein wird gewahrt, aber unter Hochdruck löst Daimler den Reparaturbetrieb in Antwerpen auf. Die Bestandteile des Werks, die seit der Angriffe auf Antwerpen verteilt über die Stadt und den Flughafen Deurne lagen, werden verpackt und auf Güterzüge und Lkws verladen und nach Verviers, das Zentrum für Textilindustrie in der Provinz Lüttich, gebracht. Renée kommentierte das in ihrer pragmatischen Art: »Der Betrieb wurde aufgeteilt: Ein Teil kam nach Verviers and Köln, ein anderer nach Frankfurt. I had to join them.«

Zur gleichen Zeit, nur wenige Tage nach Beginn der Invasion, startete die deutsche Luftwaffe mit ihrer »Vergeltung«. Im Raum Antwerpen wurden Abschussanlagen für die düsengetriebenen Flugbomben V1 aufgestellt. Zunächst wurden mit der V1 verstreute militärische Ziele in Nordfrankreich und Belgien angegriffen. Propagandaminister Goebbels wollte bereits einen Freudentaumel in der deutschen Bevölkerung registriert haben, die unter den Angriffen alliierter Bomberflotten schwer zu leiden hatte und die Vergeltung mit der »Wunderwaffe« nur als gerecht ansah. Die V1 erwies sich unterdessen eher als lahme Ente. Längst nicht die angepeilten 10 000 Bomben erreichten ihr Ziel, London, ein großer Teil fiel wegen technischer Mängel aus, eine große Zahl wurde von der britischen Abwehr abgeschossen. Und wegen des schnellen alliierten Vormarsches konnten die Abschussanlagen bei Antwerpen nur kurz benutzt werden.

Auf der anderen Seite verstärkten die Alliierten ihre Luftangriffe auf deutsche Städte. Bevorzugte Ziele waren das Saarland, die Großstädte Hamburg und Berlin, das Ruhrgebiet, Köln und die Industrielandschaft um Leipzig, wo Renées Vater eingesetzt war.

Zur gleichen Zeit begann die Sommer-Offensive der Sowjetischen Armee im Osten. Rommel, der »Wüstenfuchs« und einstige Liebling des Führers, war hellsichtig und forderte im Juli 1944 Hitler in einem Brief auf, aus der Lage die Konsequenzen zu ziehen und den Krieg zu beenden. Die Antwort kennen wir, sie hat Deutschland in ein Trümmerfeld verwandelt und mehr Menschenleben gefordert, als während des Krieges bisher gestorben waren.

Für die Frauen in Antwerpen heißt es zu packen. Neben der Frage, wohin sie kommen werden, nach Verviers, Köln oder Frankfurt am Main, beschäftigt sie in diesen prekären Zeiten, in denen es nichts zu kaufen gibt, die Frage, was sollen sie mitnehmen. Wie lange wird ihre Abwesenheit dauern? Die normale Verpflichtungsdauer war ein Jahr. Renées Vater war jedoch bereits an der dritten Station eingesetzt und seit bald drei Jahren nicht mehr zuhause. Urlaub war nicht garantiert, also würde es kaum eine Gelegenheit geben, später noch wärmere Kleidung für den Winter nachzuholen.

Die Mütter helfen, die benötigte Kleidung in Ordnung zu bringen. Blusen und Röcke werden noch schnell enger gemacht, ein Jackett von Firmin zum Jäckchen für Ady umgearbeitet. Jedes Stück wird kontrolliert, Knöpfe neu angenäht und Säume nachgebügelt. Es will gut überlegt sein, wie viel man mitnimmt. Von solch federleichten Materialien für Jacken und Mäntel wie es sie heute gibt, konnten die Frauen damals nur träumen. Allein die Taschen und Koffer waren keine Leichtgewichte, sie wogen bereits etliches und waren sperrig und ohne Rollen zu transportieren. Was man also mitnahm, musste man tragen – und ein Wintermantel aus schwerem Wollstoff wog einige Kilo. Renée beschließt dennoch, ihn gleich mitzunehmen. Sie kennt das durch ihren Vater: Wer weiß, ob sie später Gelegenheit haben wird, an ihren Mantel zu kommen. Auch Ady packt warme Sachen ein, auf Anraten von Maria auch den warmen Mantel.

Verviers

Renée kann sich an das Datum der Abreise nicht mehr erinnern, nur noch daran, dass es ein Sommertag war. Durch die Stadt weht ein laues Lüftchen schon am frühen Morgen, doch der Tag der Abreise ist ein trauriger Tag. Maria bringt Ady zum Bahnhof. Sie trägt eine Tasche zur Straßenbahn, Ady einen großen Rucksack, zwei Koffer hat Jupp bereits früh am Morgen mit seinem Laster abgeholt und am Bahnhof deponiert. Maria ist gefasst, Ady lehnt wie gläsern neben ihr im Sitz.

Am vereinbarten Bahnsteig sammeln sich die Daimler-Mitarbeiter. Ein ganzer Zug ist reserviert und wartet am Bahnhof. Was noch nicht im großen Maßstab verschickt werden konnte, wird nun in die Abteile verladen: Büromaterialien, Kisten und Truhen mit Firmeneigentum. Es ist alles organisiert: wo Fracht untergebracht wird, wer darauf achtet und wer mit wem ein Abteil teilt.

Jupp ist bereits mit seinem Lkw unterwegs, Ady hat ihn in der Früh ein letztes Mal umarmt. Die Gruppen finden sich zusammen, die Männer und Frauen verstauen ihr Privatgepäck im Gang und in den Abteilen, richten sich ein.

Dann ist alles untergebracht, die letzten Minuten vor der Abfahrt wollen fast nicht vergehen und sind mit einem Mal vorbei. Ady halst und streichelt ihre »kleine Mutter«, sie will sie schier nicht loslassen. Renée hat sich bereits zuhause von ihrer Mutter verabschiedet, ihr Bruder ist bei ihr, auch er reist mit nach Verviers. Überall am Bahnsteig Tränen, letzte Abschiedsworte.

Ady war alles andere als eine Abenteurerin, sie brauchte die Sicherheit, die ihr das vertraute Umfeld verlieh. Vielleicht wäre sie ohne Jupp nicht gegangen. Nicht unbedingt aus Antipathie gegenüber den Deutschen oder den Nazis, sondern weil ihr der Mut fehlte, ins Unbekannte aufzubrechen.

Ob sich Jupp damals vorstellen konnte, welche Verantwortung er auf sich nahm? Beide konnten im Sommer 1944 nicht ahnen, wie sehr sie die folgenden Monate aneinander binden sollten und was auf sie zukam.

Unsere Gespräche bei meinem Besuch bei Renée in Antwerpen nahm ich mit meinem Bandgerät auf, damit wir uns in Ruhe unterhalten konnten. Es war schwierig, Renée zu verstehen, da sie stark

Verviers in den 30er-Jahren.

erkältet und sehr heiser war. Immer wieder blieb ihr einfach die Stimme weg. Trotzdem sprach sie unentwegt weiter, wenn sie sich an etwas erinnerte. »Das war dort in Verviers ganz außerhalb der Stadt.« Ich verstand nicht gleich und fragte: »Wegen der Luftangriffe?« »Nei,« antwortete Renée, »die mussten Platz haben.«

In Verviers richtete sich der Front-Reparaturbetrieb erst einmal ein.

Kaum waren sie angekommen, erkrankte Renée an Angina. »Mein Chef in Verviers, er war Belgier, war von der Partei. Seine Frau war eine Deutsche, sie hatten sich 1936 kennengelernt. Die haben den Doktor geholt und ich bekam Medikamente. Es waren gute Medikamente, mir ging es schnell besser.«

Doch Renée musste zur Apotheke, um die Medikamente zu besorgen, und die Apothekerin fragte sie unfreundlich: »Sind Sie auch bei ›les Boches‹?« Renée war krank, angeschlagen und daher vielleicht besonders empfindlich, aber in Flandern hatten sie »so eine grimmige Atmosphäre wie in der Wallonie, in Lüttich und Verviers« nicht gekannt. Die Atmosphäre dort sei entspannt gewesen, Animositäten gegen Deutsche oder Belgier, die für Deutsche arbeiteten, hatte sie nicht erlebt. Doch bereits als die Deutschen 1940 einmarschierten, hatten die Einwohner von Verviers die Fenster und Türen verrammelt und die Eroberer mit Nichtachtung gestraft.

Eines Tages kam ihr Vorgesetzter aus Antwerpen, Herr Berthold, mit der Nachricht zu ihr, er habe ihren Bruder gesehen. »›Sie gehen heute Nacht. Sie versuchen, nach Hause zu flüchten‹. Der Deutsche wusste das. Ja, die waren vier Jahre bald hier, die kannten die Sprache. Und er sagte, ›wenn Sie mit zurück nach Antwerpen gehen und es ist noch nicht eingenommen, das wissen wir nicht, dann werden Sie doch noch nach Deutschland geschickt. Ich schlage vor, sie bleiben bei uns und wir passen auf.‹ Und das habe ich dann gemacht.«

Renées Bruder Paul schlug sich, zusammen mit anderen, drei, vier Tage lang zu Fuß nach Antwerpen durch. Das erfuhr Renée aber erst viel später, als sie wieder zuhause war. Der Weg von Paul war nicht ungefährlich. Im Falle, dass er geschnappt würde, konnte ihm, dem »Arbeitsunwilligen«, wegen Vertragsbruch zumindest die Berechtigung für Lebensmittelmarken entzogen werden, er konnte verhaftet oder umgehend ins Reich deportiert werden. Renée sagte, sie wäre vielleicht mit ihm gegangen, aber sie sei zu krank gewesen. Zu krank, um zu fliehen, würden wir heute sagen, doch Flucht wäre für Renée ein zu großes Wort, zu dramatisch. Sie sagte an anderer Stelle einmal, »ich war zu krank, um mich aus dem Staub zu machen«.

Doch es wäre Flucht gewesen und die würde, im Fall ihrer Entdeckung, geahndet. Herr Berthold hielt dicht. In anderen Fällen wie dem eines jungen Polen in Kotzenau hatten die Daimler-Benz-Verantwortlichen die Liste mit den Namen der Verpflichteten vorab an die Gendarmerie übergeben, und die suchte die Leute zusammen, die sich »aus dem Staub machen« wollten – mit allen erdenklichen Konsequenzen.

»Ich ging in Verviers in die Stadt und habe mir noch ein paar Kleider gekauft. Wir hatten Geld bekommen, Vorschuss. Ich kam vorbei an dem Lager von der Eisenbahn und da kam einer heraus, den ich kannte. »Ah, was machen Sie hier, sind Sie jetzt Eisenbahner?«»Nei,« sagt er, »wir müssen alles leer machen, die Eisenbahn geht nach Deutschland.« Das ganze Zeug ging weg, die wollten das nicht so den Amerikanern überlassen. Da sagte ich, »da kann ich auch gehen.« Fragte er: »Sind Sie Deutsche?«»Nei, aber ich arbeite bei Deutschen!«

Es sollte nicht lange dauern, dann trat das ein, was Renée in dem Moment allenfalls ahnte. Verviers wurde aufgegeben, auch der Osten Belgiens schien nicht mehr sicher. Der Front-Reparaturbetrieb sollte noch weiter nach Osten umziehen, ein Teil des Werkes war bereits nach Frankfurt am Main verlagert.

Im Reich

1944 wurde eine Vielzahl von Betrieben aus den von Luftangriffen bedrohten Zentren in sicherere Regionen des Reiches verlegt. Unter Aufbietung unglaublicher Kosten und Energien wurden ganze Rüstungsschmieden umgesiedelt. Werk- und Montagehallen inklusive aller Maschinen, aller Menschen wurden nicht selten unter Tage eingegraben, neu installiert in Eisenbahntunnels, aufgelassenen Stollen oder Bergwerken. Letztlich wurden unter unglaublichen Verlusten an Kriegsgefangenen, Zwangsarbeitern und KZ-Häftlingen ganze Werke für wenige Monate, oft nur Wochen verlagert – dann war der Krieg vorbei.

Von unterirdischen Anlagen wussten die Frauen damals noch nichts. Sie erfuhren überhaupt wenig. Renée erinnert sich nicht mehr, wann ihnen das Ziel ihrer Reise schließlich unterbreitet wurde. Zu diesem Zeitpunkt wussten sie definitiv noch nicht, wohin sie unterwegs waren.

Die Hallen in Verviers wurden wieder leer geräumt, alles erneut verladen. Ady musste sich wieder von Jupp verabschieden, der seinen Lkw mit seiner Fracht nach Osten steuern sollte.

In der Regel wurden die angeworbenen oder zwangsweise verschickten westeuropäischen Zivilarbeiter von Sammelbahnhöfen aus mit Sonderzügen nach Deutschland gebracht, wo sie bis zur Verteilung auf die Arbeitsamtsbezirke in Durchgangslagern einquartiert wurden. Die Westarbeiter fuhren zumeist in normalen Personenzügen – anders als die polnischen Arbeitskräfte oder »Ostarbeiter«, die in Güterwaggons transportiert wurden.

Die Frauen aus Antwerpen reisten ab Verviers mit normalen Personenzügen. Das Equipment wurde getrennt von ihnen transportiert.

In Adys Nachlass lag zwischen den Papieren ein Zettel mit einer Liste von Ortsnamen. Manche Namen waren nur schwer zu entziffern, andere waren ihr offensichtlich fremd, sie hat sie falsch geschrieben, damit waren sie für mich anfangs nicht entzifferbar. Erst nach und nach ergaben die Namen einen Sinn – sie spiegelten die Route wieder, auf der die Frauen durch das kriegszerstörte Reich nach Osten fuhren. Immer tiefer ins Reich.

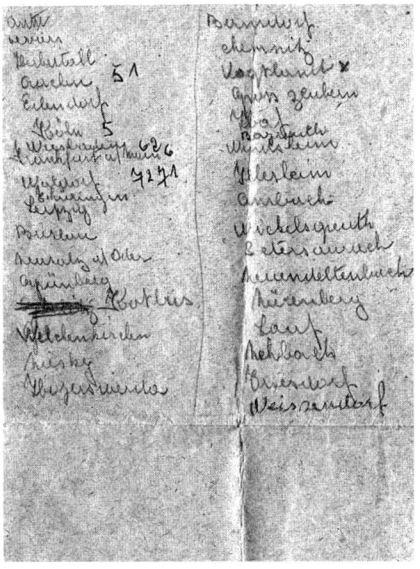

Auf der Rückseite eines Briefes notierte Ady nach dem Krieg die Stationen ihrer Reise. Im Sommer 1944 ahnt sie nicht, welche Odyssee noch vor ihr liegt.

In Herbesthal überquerten sie die Grenze, dann waren sie im Land der Sieger. Was mag in den Frauen vorgegangen sein? Damals waren junge Mädchen, junge Frauen nicht so selbstverständlich allein unterwegs, wie wir das heute gewöhnt sind. Ady war immerhin schon über dreißig, Renée und einige der anderen jedoch erst etwa zwanzig Jahre alt. Es sollte sich zwar herausstellen, dass Renée die kompetentere, pragmatischere war, jedoch war sie genauso wenig wie die anderen bisher ohne Begleitung ihrer Eltern, ihres Bruders oder von Verwandten verreist gewesen. Nun reisten sie nicht allein, sie waren eine Gruppe von sieben jungen Frauen, sowohl aus der Wallonie als auch aus Flandern, unter ihnen Renée und Ady. Sie wurden der Obhut eines Daimler-Mitarbeiters anvertraut, Wil-

Bei Herbesthal nahe Eupen verlief die Grenze nach Deutschland. Der Ort ist eng mit der europäischen Geschichte und der Eisenbahn verbunden. Auf der Strecke von Antwerpen nach Köln war Herbesthal mit dem Bau der Eisenbahnlinie im 19. Jahrhundert zum ersten Grenzbahnhof Europas geworden.

ly Esmajor aus Aachen. Er sollte auf sie Acht geben – im doppelten Wortsinn. Renées Bruder und seine Kumpane waren bereits abgehauen und das sollte sich nicht wiederholen. Und zugleich standen die Daimler-Chefs von Mortsel bei den flämischen Frauen im Wort, dass sie, sollten sie mit nach Deutschland gehen, auf sie aufpassen würden.

Das Leben im Krieg war keiner der Frauen neu, Hunger und Lebensmittel auf Marken, nächtliche Verdunkelungen und Luftangriffe, Angst vor Gestapo und der SS – all das kannten sie seit Jahren. Aber nun waren sie auf unbekanntem Terrain.

Ihre erste Station nach der Grenze ist Aachen. Durch die Grenzstadt waren Zehntausende, die in Belgien interniert waren, transportiert worden, um von hier aus mit der Reichsbahn in die KZs gebracht zu werden.

Aachen ist bereits stark zerstört. Willy Esmajor macht sich zusammen mit den sieben belgischen Frauen auf den Weg zu seiner Frau. Viele Einwohner sind bereits aus der Stadt geflüchtet, Willy will seine Frau abholen, sie bei sich haben, sie mitnehmen. In der Wohnung von Käthe Esmajor machen sie es sich für die Nacht auf dem Fußboden bequem.

Aachen wurde bald darauf zwangsevakuiert und am 21. Oktober, nach sechswöchigem Kampf, als erste deutsche Stadt von den Alliierten eingenommen. Doch da sind die Frauen und ihr Begleiter längst nicht mehr da.

Bereits am nächsten Tag besteigen sie den Zug nach Frankfurt am Main. Sie sind nun, Käthe inklusive, acht junge Frauen und Willy. »Willy und sein Harem«, Renée lachte, als sie mir davon erzählte.

Maria, 1942.

Die Frauen richten sich so bequem wie möglich ein, unterhalten sich, spielen Ratespiele. Nur wenn sie zusammen singen, in ihrer Sprache, bemerken sie die Blicke der anderen Reisenden. Willy und Käthe bringen ihnen deutsche Lieder bei, alle wollen dabei nicht mitmachen. Renée erinnerte sich, dass es während der Reise bald Grüppchenbildung und Reibungen gab. Die Fläminnen und Walloninnen waren sich nicht unbedingt grün.

Renée denkt an zuhause, an ihren Bruder, Ady an Maria. Während sie durch Deutschland fahren, befinden sich die deutschen Truppen bereits auf dem schnellen Rückzug aus Nordfrankreich. Ende August sollten die Alliierten Paris einnehmen. Dennoch hält Hitler die Stellung Antwerpens für so sicher, dass er am 12. Juli die Ablösung der Militärverwaltung von Alexander von Falkenhausen in Belgien durch eine Zivilverwaltung unter dem Gauleiter von Köln, Josef Grohé, befiehlt. Von der darauf folgenden Schreckensherrschaft der SS in Antwerpen erfuhren die Frauen nichts mehr. Glücklicherweise sollte sie nur von kurzer Dauer sein.

Grohé war überzeugter Nationalsozialist der ersten Stunde, 1922 hatte er die NSDAP in Köln mitbegründet, 1931 wurde er zum Gauleiter von Köln-Aachen ernannt. Nach seiner Zeit in Belgien organisierte er vor Kriegsende den Kölner Volkssturm und veranlasste die Sprengung der fünf großen Rheinbrücken. 1946 verhafteten ihn die Alliierten; 1950 wurde er zu viereinhalb Jahren Haft verurteilt.

Deutschland ist Kriegsland. Hatten die Frauen sich vorstellen können, in welchem Zustand das Land ist, durch das sie fahren werden? Zerbombte Städte, beschädigte Bahngleise, zerstörte Bahnhöfe. Züge werden umgeleitet über intakte Strecken, die entsprechend überlastet sind. Die Züge fahren quälend langsam, wegen der drohenden Luftangriffe tagsüber häufig gar nicht, sie warten auf die Nacht, um ungesehen weiterzurollen. Es herrscht alles andere als ein geregelter Fahrbetrieb.

Entsetzen in Frankfurt

In Frankfurt am Main sollen Ady, Renée und die anderen wieder Station machen. Sie werden am Bahnhof von Daimler-Mitarbeitern abgeholt und etwas außerhalb zu einem Barackenlager gebracht, wo sie einige Tage warten sollen. Dort treffen auch die Lkws von Daimler ein, beladen mit Technikern und Material.

Ob Jupp dabei war, wissen wir nicht, etwas anderes wurde am letzten Abend in Frankfurt so prägend, dass Renée sich nicht an Jupp erinnerte.

Wir waren in Baracken untergebracht im Wald und wir waren die einzigen Zivilisten. Die anderen waren Soldaten oder Wächter in einem Camp. Wir wussten nicht, welches. Es war schönes Wetter. Eines

Abends hörten wir aus der Ferne Musik und machten uns in einer Gruppe auf den Weg, etwas zu trinken zu finden, ein Bier vielleicht. Es waren so kleine Landwege. Wir fanden eine winzige Kneipe voller

O.U., den............1944

Dienststelle
L 19 583 "A" LgpA. Brüssel.

B e s c h e i n i g u n g .

Der Inhaber dieser Bescheinigung..Frl. Huybrechts..Franzisca,.........
wird durch die Verlegung unserer Dienststelle L 19 583 "A" LgpA.
Brüssel, aus dem Arbeitsgau HESSEN/FRANKFURT, nach dem endgültigen
Arbeitsgau obiger Dienststelle ...N e u s a l z ..a/ Oder.............
versetzt.
Der Genannte ist zum Arbeitseinsatz bei ob. Dienststelle in den
neuen Arbeitsgau dienstverpflichtet.
Kennkarte Nr. 37436.

Dienststellenleiter.

Bescheinigung von Renée über die Verlegung ihrer Dienststelle L 19 583 »A« LgpA. Brüssel, aus dem Arbeitsgau Hessen/Frankfurt, nach dem endgültigen Arbeitsgau Neusalz a/ Oder.

Menschen, die meisten waren Soldaten. Es war etwa 11 Uhr, als wir uns auf den Heimweg machten. Es war stockdunkel draußen, nirgends ein Licht und wir hatten keine Lampe mitgenommen. Wir wussten unseren Weg nicht und irgendwo war eine Ecke in hellem Licht. Mit einem Mal waren wir umstellt von einer Gruppe Soldaten mit allen Sorten Waffen im Anschlag. Ich versichere, wir lachten in dem Moment nicht mehr. Wir mussten uns ausweisen und sie fragten uns alles Mögliche. Wir erklärten, dass wir uns verlaufen hatten und unsere Baracken wieder finden müssten. Wir erreichten, dass wir nach einer Weile unsere Pässe zurückbekamen und einige Soldaten begleiteten uns zu unseren Baracken, die Waffen immer im Anschlag.

Am nächsten Morgen sind wir früh geweckt worden, weil wir in Frankfurt den Zug nehmen mussten ... Und da sahen wir in dem

Camp eine große Kolonne von Männern, ganz abgemagert, mit Strei-
fenkleidern an – und jeder schaute zu uns mit Augen voller Hass. Auf
der Zugreise sind wir ganz still gewesen, jeder mit seinen eigenen Ge-
danken, und im Nachhinein realisierten wir, dass das ein Konzentra-
tionslager gewesen war. Wir waren ganz bestürzt und begriffen, warum
es die Soldaten und Wächter gab.

Es ist schwierig zu rekonstruieren, wo die Frauen hingeraten wa-
ren. Daimler-Benz unterhielt in der Frankfurter Innenstadt eine
Niederlassung und beschäftigte dort sowohl sowjetische als auch
»Westarbeiter« aus Frankreich, den Niederlanden und Flandern.
Die sowjetischen Zwangsarbeiter waren auf dem Gelände der Nie-
derlassung kaserniert, die »Westarbeiter« in der Frankenallee im
Gallusviertel. Für die Jahre 1942 und 1943 waren dort maximal 41
Männer registriert.

Die Frankenallee, gelegen zwischen den Gleisen nahe am Hauptbahnhof, fiel als Zwischenstation für die belgischen Frauen im Sommer 1944 bereits aus, das gesamte innerstädtische Gebiet war bei
Luftangriffen im März 44 zerstört worden. Es liegt also nahe, dass
die Frauen – ganz abgesehen davon, dass es unüblich war, Frauen
inmitten von Männern unterzubringen – an einem anderen Ort
einquartiert wurden.

Renée erinnert sich deutlich an das Barackenlager mitten im
Wald. Auf Adys Ortsliste stehen die Namen von Wiesbaden, Frankfurt und Walldorf. Südlich der Stadt, am Rand des Flughafens, lag
im Wald von Mörfelden eine Eisenbahnstrecke, ein Bahnhof und
das Konzentrationslager Walldorf, ein Außenlager des KZ Natz-
weiler-Struthof im Elsass. Ab dem 22. August, also etwa zu dem
Zeitpunkt, als die belgischen Frauen im Wald bei Frankfurt waren, verrichteten 1700 jüdische Mädchen und Frauen aus Ungarn
am Frankfurter Flughafen Ausbau- und Reparaturarbeiten an den
Rollbahnen. Die Sommerkleider, mit denen die jüdischen Häftlinge in Frankfurt ankamen, wurden während der gesamten Zeit nicht
durch angemessene Bekleidung ersetzt, eine der Häftlingsfrauen berichtete, sie hätten sich, da sie nichts anderes hatten, aus Zements-
äcken einen Schutz gegen den Wind genäht.

Am 24. November 1944 wurde das Lager in Walldorf aufgelöst

und die überlebenden etwa 1650 Frauen ins KZ Ravensbrück überstellt. Die meisten von ihnen erlebten das Kriegsende nicht.

Renée erinnert sich an männliche Häftlinge. Die Frauen aus dem Lager Walldorf konnten es also nicht gewesen sein, die ihnen am Morgen begegnet waren. In und um Frankfurt gab es noch weitere Lager, verschiedene Arbeitslager und ein weiteres Außenlager des KZ Natzweiler, das zu den Adler-Werken gehörte.

Es ist jedoch auch möglich, dass ihre Erinnerung Renée einen Streich gespielt hat. Das Wort »Konzentrationslager« funktioniert wie ein Codewort, es löst bei jedem im 20. Jahrhundert geborenen Europäer spezifische Assoziationen aus. Im Lauf der Jahre mögen sich diese Bilder mit dem schockierenden Erlebnis im Wald vermischt haben. Bilder von erbarmungswürdigen Gestalten in Häftlingskleidern und schlechten Schuhen.

Von Frankfurt nach Schlesien

Ady und die verirrte Bierrunde am Abend zuvor schwebten in größerer Gefahr, als ihnen bewusst war. Seit Stalingrad und der sich verschlechternden militärischen Lage ging unter Deutschlands Sicherheitsorganen die Angst um. Man befürchtete ein »Losschlagen« der Fremdarbeiter am Tag der Invasion. Ab dem Sommer 1944 wurde die Situation zunehmend unübersichtlicher. Die Luftangriffe der Alliierten trafen häufig auch die in der Nähe von Industrieanlagen errichteten Lager der ausländischen Arbeitskräfte, wodurch oftmals der Arbeitsplatz und die Unterkunft verloren gingen. Dadurch wuchs die Zahl der obdachlosen und unversorgten Fremdarbeiter in den Städten ständig an. SD und Gestapo fürchteten organisierte Aufstände der Fremdarbeiter, selbst dann noch, als sie zum Zeitpunkt der Invasion ausblieben.

Die Alliierten forderten in Rundfunkansprachen die Fremdarbeiter auf, ihre Arbeitsstätten zu verlassen und aufs Land zu gehen, um sich vor den Luftangriffen in Sicherheit zu bringen, aber auch, weil sie vereinzelt den Nachstellungen der deutschen Sicherheitsdienste leichter entgehen konnten. Bei den deutschen Behörden führte dies keineswegs zu einer Beruhigung, sondern zu erhöhter Wachsamkeit und hysterischen Reaktionen. In den letzten Kriegsmonaten kam es zu einer sich ständig radikalisierenden Verfolgungswelle von ausländischen Arbeitskräften und Kriegsgefangenen. Es kam zu pausenlosen Absperrmaßnahmen, Überprüfungen und Razzien, an denen schließlich auch niedere Gestapochargen, Werkschutz und bewaffnete Volkssturmleute oder gar Zivilisten aus der Bevölkerung teilnahmen – das heißt, deren Einschüchterungsaktionen wurden gezielt mit eingeplant. Man suchte nach »Plünderern« und »Saboteuren«, vermutete »Terrorgruppen«, in denen sich untergetauchte Deutsche, die aus verschiedenen Gründen in der Illegalität lebten, und Ausländer, die auf sich allein gestellt waren, zusammengeschlossen haben.

Dass der Ausflug ein glimpfliches Ende nahm, hatte die belgische Gruppe vermutlich dem Umstand zu verdanken, dass sie sich als im Lohnverhältnis bei Daimler-Benz stehend ausweisen konnten. Wäre allerdings den wachhabenden Soldaten bekannt gewesen, dass Renées Bruder in Verviers geflohen war, hätte es für Renée zumindest ernst werden können.

Von Frankfurt ging es wieder im Zug weiter. In der Innenstadt waren nach den Bombenangriffen nur 50 Gebäude unzerstört, die Gleisanlagen zum Hauptbahnhof zerbombt. Möglicherweise waren die Gleise bis zum Sommer zumindest teilweise soweit hergestellt, dass vereinzelt Züge fahren konnten. Möglicherweise bestiegen sie ihren Zug an einem der Vorortbahnhöfe.

»Zu dem Zeitpunkt wussten wir überhaupt nicht, wohin wir unterwegs waren.« Ich fragte Renée in Antwerpen, ob das für sie nicht beunruhigend war, nicht zu wissen, wohin sie kommen würden oder was sie erwartete. Und Renée antwortete entwaffnend: »Wir hatten Willy!«

Willy Esmajor muss ein angenehmer Mensch gewesen sein, mit ihm und auch seiner Frau Käthe blieb Renée über viele Jahrzehnte befreundet. Auch Ady wurde stets über Veränderungen in der Familie Esmajor auf dem Laufenden gehalten. Erst vor wenigen Jahren hörte der Kontakt auf.

Wie muss es sich – trotz der beruhigenden Anwesenheit von Willy Esmajor – angefühlt haben, weder zu wissen, wann man wo sein würde, noch letztlich das Reiseziel zu kennen? Heute überlassen wir uns bisweilen bewusst diesem Gefühl, suchen den Zen-Bitzel, wollen uns an unserem eigenen Entspannungsvermögen messen und sind stolz, wenn es uns gelingt, uns treiben zu lassen, ohne Ziel, entspannt im Hier und Jetzt.

Die Frauen durchlebten den Zustand gezwungenermaßen. Sie wurden in Züge gesetzt, aus anderen geholt, wechselten die Richtung, weil Strecken bombardiert und außer Funktion waren, wurden hierhin und dorthin geschickt, warteten auf freier Strecke oder an Bahnhöfen in Städten, von denen sie zuvor nie gehört hatten, auf die Weiterfahrt.

Für die patente Renée war dieser schwebende Zustand zwischen Fahren und Halten, sich nach einem unbekannten Plan zu richten und scheinbar ziellos zu reisen verkraftbar, sie war jung und unternehmungslustig und mag den Unwägbarkeiten schon damals nach der Devise begegnet sein: Lebe jetzt und mache das Beste daraus.

Ady jedoch, die ängstlichere, die weniger zu solcher Haltung befähigte, die von äußeren Umständen viel stärker abhängige, für sie ist es notwendiger denn je, in ihrer Begleitung Unterstützung zu finden, sich anderen überantworten zu können. Will oder soll sie für sich selbst entscheiden und ihre Angelegenheiten selbst in die Hand nehmen, muss sie schier verzweifeln. Gut, dass sie in der Gruppe aufgehoben ist.

Renée hat einen guten Sinn für Witze und erzählt sie noch immer, in ihrem vorgerückten Alter, mit gut gesetzter Pointe. Sie haben sich damals auch unterwegs Witze erzählt, heimlich und in ihrer Sprache, haben gelacht. Sie waren zwar keine durch und durch homogene Gruppe, aber die Stimmung sei dennoch gut gewesen, sagt Renée. Ob sie damals auch Flüsterwitze kannten, welche wie diesen, der ihnen Schauer den Rücken hinuntergejagt haben mag? Hofften sie doch inständig, an Weihnachten zuhause bei ihren Familien zu sein. »Wie sieht Weihnachten 1944 aus? – Es regnet Christbäume vom Himmel, die Flak liefert Kugeln, Goebbels erzählt Märchen, das deutsche Volk zündet Kerzen im Keller an und erwartet die Bescherung von oben.«

Ihre nächste Station soll Berlin sein, die Hauptstadt und der Sitz von zwei großen Werken für Flugzeugmotoren im unmittelbaren Umland. Wieder ging es im Personenzug weiter, aber »wir hatten

Neusalz von der Oderbrücke aus gesehen.

nur fünf Sitzplätze für uns, also durfte jede von uns immer nur eine Stunde sitzen, dann wurde gewechselt.« Die, die sitzen durfte, döste vor sich hin, sie plauderten, erzählten von zuhause und starrten stundenlang in die sich verändernde Landschaft. Tagsüber hielt der Zug oft an, es ging nur langsam vorwärts, aus Angst vor Luftangriffen. Nachts fuhr er schneller. Sie wussten nicht, wo sie waren, welche Städte oder Orte sie gerade passierten. Renée scheint es heute so, als ob die Ortsschilder allesamt nicht lesbar gewesen wären. Anhand von Erinnerungsbruchstücken und durch Adys Liste lässt sich rekonstruieren, dass sie über Thüringen und Leipzig nach Berlin fuhren.

Dort wurden sie erneut eine Zeit lang in Baracken untergebracht.

Irgendwann unterwegs erfahren sie, dass auch Berlin nicht ihr letztes Ziel sein wird, sondern Neusalz, eine Stadt an der Oder in Niederschlesien.

Und wieder mussten sie weiter. Der Tross aus dem Front-Reparaturbetrieb von Daimler-Benz bewegte sich unaufhörlich in Richtung Osten, dahin, wo binnen weniger Monate die Rote Armee stehen würde. Aber das ist der Blickwinkel von heute. Damals muss es den reisenden Frauen erschienen sein, als ob sich das Reich unermesslich weit nach Osten erstreckt und sie waren da irgendwo mittendrin.

Schließlich kam Breslau und dort erlebten sie am späten Abend eine Überraschung. Überall war es dunkel gewesen, wenn der Zug einmal stoppte. Deutschland um diese Zeit war Dunkelland. Sie erreichten Breslau am Abend und die Stadt war hell erleuchtet, »zu unserer großen Überraschung strahlten die Laternen – etwas, das in Belgien seit 1940 verboten war«.

Neusalz am deutschen Strom

Sie waren im Frühsommer in Antwerpen aufgebrochen, als sie in Neusalz an der Oder eintreffen, ist es Ende August, Anfang September. Renée erinnerte sich nicht mehr an das genaue Datum ihrer Ankunft.

Jupp ist im Konvoi der Trucks gefahren und bereits da. »Als wir am Morgen in Neusalz ankamen, mussten wir aus dem Zug raus. Jupp war draußen, ich war draußen. Doch mit einem Mal fuhr der Zug an und Ady stand drinnen am Fenster! Der Zug fuhr schon schneller, sie öffnete das Fenster und warf noch etwas heraus, das waren vier Pferdedecken, aber die waren gar nicht von uns. Aber ihr Antlitz, als der Zug abfuhr, so voller Schrecken!« Renée lachte in ihrem Wohnzimmer in Antwerpen, als sähe sie das verdutzte Gesicht von Ady noch immer vor sich.

Jupp ruft Ady noch etwas zu, er gestikuliert und bedeutet ihr ruhig zu bleiben, dann rennt er weg. Und der Zug dampft erbarmungslos aus dem Bahnhof. Ady ist auf sich allein gestellt. Was soll sie jetzt tun? Hat sie Jupp richtig verstanden? Sie soll an der nächsten Station aussteigen – aber welche nächste Station? Und kommt sie von dort zurück nach Neusalz? Wann wird der nächste Zug zurückfahren? Die Unwägbarkeiten der Eisenbahn hat sie in den letzten Wochen kennengelernt. Was, wenn kein Zug fährt? Kommt Jupp sie dann holen? Sicher wird er das tun, aber nur, wenn er weg kann.

Furcht und Panik wechseln sich bei Ady mit der Ermahnung ab, ruhig zu bleiben, es wird schon alles gut werden.

»Jupp ist zum Bahnhofsvorstand gegangen und hat ihm gesagt, ›sie muss an der nächsten Station aussteigen!‹ Das haben die gemacht und Ady ist mit einem Zug, der nach Cottbus zurückfuhr, wieder zurückgekommen.«

Renée hat ihren Bestimmungsort erreicht und muss sehen, was als Nächstes zu tun und zu organisieren ist. Der Geschichte mit Ady musste sie keine größere Bedeutung mehr beimessen. Für sie war nun Jupp zuständig, er würde sich um sie kümmern. »Zuerst wurden wir in neu errichteten Gebäuden untergebracht, es waren Baracken aus Stein, nicht aus Holz. Ich mochte sie nicht, Ady ebenso wenig.« Aber noch war Ady nicht da.

Es dauert Stunden, bis Ady endlich in Neusalz ankommt. Jupp steht tatsächlich wieder am Bahnsteig und nimmt sie in Empfang. Ady ist aufgelöst, erschöpft, den Tränen nah.

Dies wird einer der Momente gewesen sein, in denen Jupp endgültig zu Adys Beschützer wurde. Ruhig, besonnen und fürsorglich – so wird er ab jetzt für sie da sein.

Ady war glücklich, als sie endlich in den Armen von Jupp festen Boden unter den Füßen hatte. Wer wäre das nicht, nach einer wochenlangen Odyssee quer durch ein Land im Daueralarm und mit der Krönung eines verpassten Ausstiegs am Zielbahnhof. Dabei tat Ady etwas, das eigentlich nicht zu ihr zu passen schien: Als sie feststellte, dass der Zug wieder losfuhr, sah sie sich im Abteil um, packte die Decken und warf sie kurzerhand aus dem Fenster. Sie war nicht nur die Passive – als die sie auch in den Erinnerungen von Renée erschien. Sie war zwar klein, schutzbedürftig, aber sie konnte zupacken, sie war zäh, sie griff sich die Decken – die halten warm, taugen als weiche Unterlage genauso wie als Material, um etwas einzupacken oder als Vorhang. Ady ergriff die Gelegenheit beim Schopf, und das wird sie wieder tun.

Nun also waren sie an der Oder. Dahinter kam nur noch das Generalgouvernement und Polen, oder wie die Nazis das sahen, die Weiten Asiens. Davon trennte sie der Fluss. Anfang des 20. Jahrhunderts hatte die Oder ihre Unschuld als Wirtschaftsstrom und Ausflugsziel verloren. Nach dem Ersten Weltkrieg – Polen hatte wieder einen Platz in der Geschichte und auf der europäischen Landkarte gefunden – wurde er mit dem Friedensschluss von Versailles zum »internationalisierten Fluss« und, obwohl längst nicht Grenzfluss, so doch zur gefühlten Grenze zwischen Deutschland und Polen. Für Nationalisten und Militaristen von »Stahlhelm« und »Reichsbanner Schwarz-Rot-Gold« wurde der »slawische Osten« zum ideologischen Kampfbegriff und die Oder zum Symbol der Grenze, zum »Fluss des deutschen Ostens« und »Träger des deutschen Geistes«.

Die Städte entlang der Oder mutierten zu schwer bewaffneten Brückenköpfen, und an den Ufern entstanden in den zwanziger Jahren die kilometerlangen Bunkeranlagen und Schützengräben der »Pommernstellung« im Norden, dem »Ostwall« am Oder-Warthe-Bogen und der »Oderstellung« im Süden.

Es galt, die »urgermanische Geisteswelt der schlesischen Stammeskultur« gegen den »slawischen Osten« zu verteidigen, der »allzeit drohend im Hintergrund« stand.

Die Nazis hatten die Regionen östlich der Oder zum zu erobernden Lebensraum erklärt, und die Wehrmacht war weit nach Osten eingedrungen. Längst hatte ihr Rückzug begonnen, doch die Gegend um Neusalz schien noch sicher genug, einen Front-Reparaturbetrieb für Flugzeugmotoren hierher umzusiedeln.

Bei Neusalz mäandert die Oder träge von Süden kommend in lässigen Schleifen an der Stadt vorbei. An einem frühen Morgen sind Willy und sein Harem endlich am Ziel. Sie waren etwa drei Monate unterwegs. Mit allen Umwegen haben sie gute 1500 Kilometer in zahlreichen Zügen zurückgelegt.

»Wir waren zu zehnt in einem Raum. Mit den vielen Decken habe ich eine Abscheidung gemacht. Ich bin überall hin und habe Nägel und einen Hammer gesucht. Zum Schluss habe ich es mit meinem Schuh gemacht. So waren wir ein bisschen separat.«

Es ist sommerlich, doch in der Stadt herrscht eine eigentümliche, betriebsame Stimmung. Laster rollen schwer beladen durch die Straßen, der Geruch nach erhitztem Metall liegt in der Luft. Aber viele Einwohner haben das Städtchen bereits verlassen, ihre Wohnungen stehen leer. Die Menschen haben der Propaganda nicht

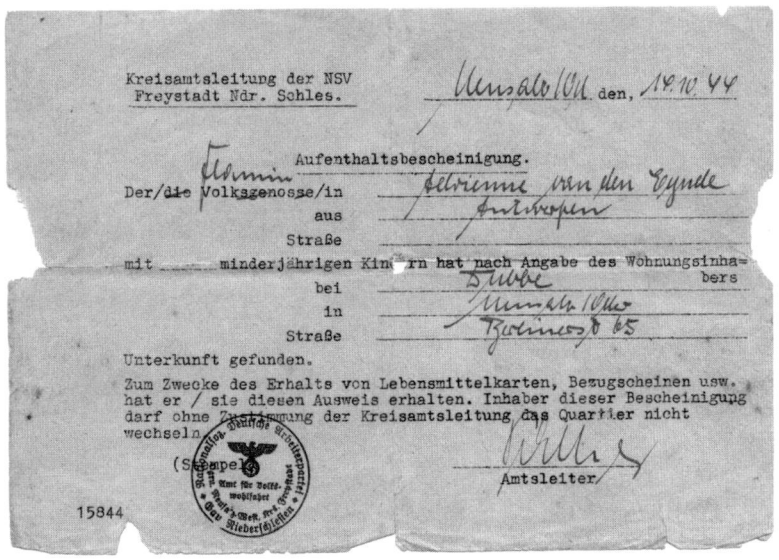

Am 14. Oktober 1944 erhält Ady ihre Aufenthaltsbescheinigung für Neusalz: Unterkunft bei Dubbe, Berliner Straße 65.

mehr glauben wollen, die Wehrmacht würde den Vormarsch der sowjetischen Divisionen aufhalten können. Andere bereiten sich auf ihren Aufbruch vor. In den nächsten Monaten wird sich die Stadt ständig weiter leeren.

In die verfügbaren Wohnungen werden Arbeitskräfte von außerhalb einquartiert, auch die von Daimler. Willy Esmajor kann zusammen mit Käthe eine Etagenwohnung beziehen, und Jupp gelingt es ebenfalls nach einiger Zeit, eine Wohnung für sich und Ady zu besorgen. Der Herbst naht und Ady hatte Angst gehabt, den Winter in der Baracke verbringen zu müssen. Die Wohnung unterm Dach ist kaum mehr als ein Zimmer mit einer Kochgelegenheit, einem Waschbecken und einem Ofen. Sie liegt in der Berliner Straße 65 und wird Adys und Jupps erstes gemeinsames Zuhause. Die Vermieter heißen Dubbe.

An die Vermieter mit Namen Dubbe kann sich Renée nicht erinnern, wohl aber daran, dass sie selbst froh war, nach einer Zeit ebenfalls die Baracke verlassen zu können und das Zimmer neben Ady und Jupp zu bekommen.

Renée hat nicht so viel Glück mit ihrer Vermieterin, sie ist »eine schlechte Dame«. Die Leute in Neusalz waren überhaupt eher nicht so Renées Fall, »die waren mehrheitlich unlustig bis unfreundlich. Ja die Leute sind da stur. Ich weiß nicht, ob die da geboren waren, ob sie das da bevölkern mussten.«

Renée schrieb in ihrer kurzen Biografie während eines Antwerpener Englisch-Sprachkurses für Senioren über Neusalz:

Hübsche kleine Stadt am Ufer der Oder, aber mit einer großen Fabrik, wo Munition hergestellt wurde. Die Arbeiter hatten die verschiedensten Nationalitäten – die meisten waren Kriegsgefangene, die am anderen Ende der Stadt in Baracken wohnten, die scharf bewacht waren. Die Einwohner der Stadt waren sehr ernsthafte Leute, die selten lachten, das war nicht so unser Fall.

Renées erster Arbeitstag in Neusalz ist der 4. September 1944, ihr Arbeitgeber nennt sich nun F. R. B. 10 GmbH in Neusalz/Oder. Adys Arbeitsbeginn wird vermutlich ebenfalls am 4.9. gewesen sein, in ihren Papieren ist der Betrieb identisch.

Am gleichen Tag marschieren 900 Kilometer weiter westlich die ersten britischen Soldaten unter dem Jubel der Einwohner in Antwerpen ein. Davon aber erfahren die Frauen erst einmal nichts.

Der Reparaturbetrieb hat in der ersten Woche für die Frauen nichts zu tun, »sie mussten erst noch alles in Ordnung bringen«, wie sich Renée erinnert. Renée organisiert sich ein Fahrrad, erkundet das Städtchen. Die Hauptstraße hinauf, die Berliner Straße, die die Stadt von Süden nach Norden durchquert, ein Stück hinauf Richtung Kusser am südlichen Ende, an der »Alten Hütte« vorbei und durch die Oderniederung zurück. Manchmal radelt sie durch die engen Straßen der Innenstadt zwischen Bahnhof, »Neuer-Hütte« und Getreide-Markt. Dort soll sie eigentlich schon arbeiten. Bei schlechtem Wetter fährt sie in die Bibliothek oder ins Stadtbad, bei schönem hinaus zur Flussbadeanstalt, die gleich neben der Werft und in Rufnähe zum Hafen liegt.

Neusalz war im Vergleich zu Antwerpen ein Nest: Ein paar Stra-

Die Bahnhofstraße am Schmuckplatz, noch mit Denkmal für die Helden des Ersten Weltkriegs.

ßen in die eine, ein paar in die andere Richtung, das wars. 1939 verzeichneten die Volkszähler gerade mal 17 113 Einwohner.

Trotz der geringen Größe war Neusalz das bedeutendste Industriezentrum im Norden Schlesiens. Mitten in der Stadt standen auf einem riesigen Firmengelände die Gebäude der »Gruschwitz Textilwerke AG«, die Garne und Zwirne aus Baumwolle und Flachs herstellte, mit Beteiligungen an mehreren Nähfaden- und Leinenwebereien im ganzen Reich. Ihr Markenzeichen, der Zwirn auf grüner Sternkarte, fehlte in kaum einem Nähkästchen in deutschen Haushalten. Der ›Diercke-Atlas‹ von 1969, in dem das heutige Nowa Sól noch immer Neusalz heißt und der westliche Teil Polens standhaft »unter polnischer Verwaltung« blieb, weist die Gegend westlich der Oder als Region für Leinen- und Wollindustrie aus.

Daneben gab es eine vielfältige Industrie: eine Möbel-, eine

Leimfabrik, Betriebe für Kartonagen und Dachpappen. Mit den im Schlachthof anfallenden Schweineborsten machten drei Borstenzurichtereien gute Geschäfte und exportierten Bürsten, Pinsel und Borstenbüschel bis nach Übersee. Zwei Eisenhütten und Emaillierwerke fertigten Heizöfen und Kochgeschirre, Gebrauchsgegenstände für den ländlichen und städtischen Haushalt, Ofenverzierungen und Medaillen und preiswerte Geschenkartikel. Den Rohstoff lieferten phosphorhaltige Raseneisenstein-Vorkommen in der Umgebung.

»Schornstein reihte sich bald an Schornstein, und die überall emporsteigenden Rauchfahnen erzählten den Schiffern, die auf ihren Kähnen vorüberglitten, und den Reisenden, die auf der neu erbauten Eisenbahnstrecke vorbeifuhren, vom Gewerbefleiß der Neusalzer Einwohner.« Der Stolz auf das einst Geschaffene ist nicht überhörbar – auch deshalb, weil Friedrich Eckert, der Autor des Bandes ›Das war der Kreis Freystadt‹ nicht nur Vergangenes beschreibt, sondern mit der Wehmut der Ehemaligen unwiderruflich Verlorenes beschwört.

Tausende Arbeiter aus der Stadt und der Umgebung hatten Arbeit in den verschiedenen Betrieben. Bei den Reichstagswahlen im März 1933 hielten sich die Anhänger der Braunen und der Roten ungefähr die Waage. 11 000 Neusalzer Stimmberechtigte gaben ihre Stimme ab, davon wählten 4930 die NSDAP, 3100 die SPD, der Rest entfiel auf Zentrum, KPD, Kampffront Schwarz-Weiß-Rot und andere. Bald war politische Vielfalt nicht mehr gefragt, die Roten, die nicht hatten klein beigeben wollen, saßen im Lager oder in Gefängnissen oder standen als Kanonenfutter an den ungemütlichsten Orten der Fronten.

Für die Kinder gab es neben den Volksschulen ein Reformrealgymnasium, eine Höhere Mädchenschule der Herrnhuter Brüdergemeinde, Berufsschule, Sonderschule. Die meisten Gläubigen in der Gegend waren evangelisch, nur wenige katholisch – auch darin unterschied sich Neusalz von Antwerpen –, 63 sonstige Christen lebten in der Stadt und man zählte 1939 noch neun Juden.

Die dürften 1944, als Ady und Renée nach Neusalz kamen, kaum noch in der Stadt gewesen sein.

Rüstungsschmiede mit Arbeitslagern

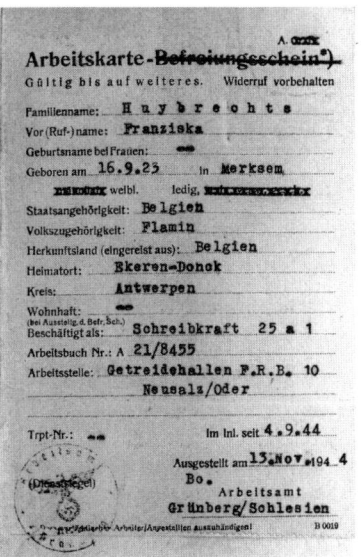

Arbeitskarte-Befreiungsschein').
Gültig bis auf weiteres. Widerruf vorbehalten
Familienname: **Huybrechts**
Vor(Ruf-)name: **Franziska**
Geburtsname bei Frauen:
Geboren am **16.9.23** in **Merksem**
männlich weibl. ledig,
Staatsangehörigkeit: **Belgien**
Volkszugehörigkeit: **Flamin**
Herkunftsland (eingereist aus): **Belgien**
Heimatort: **Ekeren-Donck**
Kreis: **Antwerpen**
Wohnhaft:
(bei Ausstellg.d. Befr.Sch.)
Beschäftigt als: **Schreibkraft 25 a 1**
Arbeitsbuch Nr.: A **21/8455**
Arbeitsstelle: **Getreidehallen F.R.B. 10**
Neusalz/Oder

Trpt-Nr.: Im Inl. seit **4.9.44**
Ausgestellt am **13.NOV.194 4**
Bo.
Arbeitsamt
Grünberg/Schlesien

Renées Arbeitskarte mit der Angabe ihrer Arbeitsstelle: Getreidehallen F.R.B. 10, Neusalz/Oder.

Nach einer Weile waren die Büros von Renée und Ady eingerichtet. Die Frauen arbeiteten in der Nähe des Bahnhofs, mitten in der Stadt. »Der Name Daimler-Benz ist geblieben, nur benutzten sie die leer stehenden Gebäude von anderen Firmen. Als Büro diente ein Wohnhaus in der Bahnhofstraße, das angemietet war. Ein paar Häuser weiter, Richtung Bahnhof, war in einem anderen Haus das Sekretariat. Die Hallen für die Reparatur waren weiter draußen, in der Breslauer Straße.«

Sowohl in Renées als auch in Adys Papieren wird der Name »Getreidehallen« im Zusammenhang mit der F.R.B. 10 GmbH erwähnt. In einem von Adys Dokumenten wurde das Wort »Getreidehallen« gestrichen. In der Bahnhofstraße, Ecke Breslauer Straße direkt am Markt in Neusalz, verzeichnet der Stadtplan von 1939 den städtischen Getreidemarkt. Daimler ist offensichtlich in dessen Gebäude eingezogen.

Dort haben Ady und Renée das Gleiche zu tun wie in Antwerpen: Sie arbeiten in den verschiedenen Büros und erledigen den Papierkram für die Werkhallen. Renée trägt wieder wie zuvor akribisch die Daten der reparierten Teile in die Handakten der Flugzeugmotoren ein. Sie hat Glück und sitzt zusammen mit Käthe Esmajor in einem Zimmer. »Die Sekretärin aus Antwerpen ist nicht mit, sie blieb in Antwerpen. Die ist auch nicht in Verviers gewesen, die war verheiratet. Die eine Deutsche war sehr freundlich, aber da saß noch eine dabei, richtig von Neusalz, das war Conny. Wir durften nicht lachen, wir durften nicht laut sprechen.« Renée lacht, als sie mir das erzählt, »aber wir haben nicht darauf gehört. Mit Käthe war das nicht möglich. Wir haben oft gelacht. Ich saß mit dem Rücken zu dem Glasfenster zwischen den Büros und da hieß es dann immer: ›och, der Conny kommt wieder.‹ Die war am tüchtigsten bei der Arbeit, sie war sehr tüchtig.«

Eine eigene Kantine baut Daimler nicht wieder auf. Jene im Textilwerk Gruschwitz wird auch die für die belgischen Arbeitskräfte. »Frühstück war zuhause. Dafür bekamen wir einige Brotmarken und Fleischmarken. Bei Gruschwitz Werke im ersten Stock mussten wir essen, Mittag und Abend. Dinner und Lunch im Textilwerk, das war jetzt eine Panzerreparatur. Und da haben wir zum ersten Mal den Tiger gesehen – den Panzer, den ganz großen, und die waren groß! Wir mussten eine kleine Treppe zum ersten Stock, upstairs war die Messe und da bekamen wir dann Essen.«

Unter dem massiven Druck der alliierten Luftoffensive ergriff die deutsche Wirtschaftsführung Maßnahmen zur Sicherung der Rüstungsproduktion. Ab 1943 wurden neuralgische Industriezweige in Gebiete verlegt, die nicht durch Bombardierung gefährdet waren. Es wurde zum einen ein unterirdisches Netz von Fabriken aufgebaut und zum anderen wurde die Produktion dezentralisiert. Mehrere Tausend kleine Betriebe in Mittelosteuropa wurden in riesigem Maßstab für die Produktion von Kriegsmaterial umbeziehungsweise ausgebaut. Auch in zahlreichen kleineren deutschen Städten dienten in den letzten Kriegsmonaten bisher zivile Industrieanlagen der Rüstungsproduktion. Heute finden sich in den Selbstdarstellungen der Kommunen häufig keinerlei Hinweise darauf. Die zwölf Jahre des Tausendjährigen Reiches sind noch immer ein stark vermintes Terrain.

In Neusalz waren binnen kurzer Zeit aus den zivilen großen und kleinen Industriebetrieben Rüstungsfirmen geworden. Die Kriegsgeschichte der Stadt und die Entwicklung der Betriebe erforschte vor allem der Leiter des örtlichen Museums Miejskiego, Tomasz Andrzejewski. Er zählte für das Jahr 1939 in Neusalz 26 metallverarbeitende Fabriken, drei Eisen- und Stahlgießereien, vier Maschinenbaubetriebe, 15 elektrotechnische und feinmechanische Betriebe, drei chemische, 13 Papier verarbeitende und grafische Betriebe, neun Leder und Gummi verarbeitende Anlagen sowie 53 Werke der

Bauwirtschaft, Tischlereien und Möbelfirmen. So gut wie alle wurden schließlich direkt oder indirekt zur Kriegsproduktion herangezogen. Die Baubetriebe stellten die Baracken für die Lager her, die

Gruschwitz-Textilwerke. Frühe Ansicht, etwa 1918.

Möbelfirmen Bänke und Tische und die Hautleim-Fabrik der Gebrüder Garve produzierte nun unter anderem Gelatine, die für die Herstellung von sortenreichen Klebern für die Luftwaffenindustrie bestimmt waren.

Die größten Zulieferer des Militärs waren die beiden großen Hütten, das Krausewerk und die Paulinenhütte. Die an die Front einberufenen Mitarbeiter waren durch Arbeiter aus den besetzten Ländern ersetzt worden, und innerhalb kurzer Zeit wurden anstelle von Artikeln für den privaten Hausgebrauch Artilleriemunition und Handgranaten, Sockel für Mörser und Kanonenläufe hergestellt, Kettenglieder für Panzerraupen gegossen, Elemente von Fliegerbomben und gepanzerte Platten für Panzer und U-Boote gebaut.

In der Endphase des Krieges wurden im »Krausewerk«, unter strikter Geheimhaltung, Teile des Rumpfes der Fliegerbombe V-1 gegossen. Möglicherweise gelangten die fertigen Bomben direkt in den Einsatz nach Antwerpen. Davon, dass von Herbst 1944 bis in den Februar 1945 Antwerpen massiv mit Flugbomben und Raketen beschossen wurde, wusste Ady zu diesem Zeitpunkt noch nichts.

In der Mehrzahl hatten die Firmen und Fabriken Anfang des Krieges jeweils weniger als fünfzig Personen beschäftigt. Mit fortschreitendem Kriegsverlauf und zunehmender Nachfrage stieg die Zahl. Ab 1944 waren in den Betrieben rund 3500 Personen ständig beschäftigt. Dazu kamen Zwangsarbeiter – 1500 wurden offiziell als bezahlte Arbeitskräfte registriert; zu ihnen zählten Ady und Renée –, zahllose Kriegsgefangene und die jüdischen Frauen aus dem KZ-Außenlager.

Im Stadtgebiet wurden systematisch Zentren für Zwangsarbeit eingerichtet: ein Arbeitslager für Juden und später eine Außenstelle des KZ Groß-Rosen, drei Lager für Zwangsarbeiter, Lager für Kriegsgefangene, Arbeitskommandos und diverse Lager bei einzelnen Betrieben. Ein größeres Barackenlager, das sogenannte »Ausländerlager« für ausländische Zwangsarbeiter, befand sich an der Ackerstraße, heute Wiejska, und bestand aus mehr als zehn Baracken.

Die ersten Lager waren bereits im Herbst 1939 beim Krausewerk und den Gruschwitz Textilwerken entstanden. Die ersten Arbeiter waren Polen, dann kamen Franzosen, Belgier, Russen, Ukrainer, Tschechen und Juden. Im Herbst 1944 wurden auch Warschauer Aufständische in die Neusalzer Arbeitslager eingeliefert, die zum Teil im Spätherbst wegen angeblicher konspirativer Tätigkeit an ihren Aufenthaltsorten in Gefängnisse in Deutschland und in KZ geschickt wurden.

Es ist schwierig, heute die genaue Zahl der Arbeiter und Arbeiterinnen festzustellen, die die Lager in Neusalz durchliefen. Es ist anzunehmen, dass es einige Tausend waren. Anfang 1945 wurde die Mehrzahl der Lager aufgelöst, die dort befindlichen Arbeiter wurden ins Innere des Reiches evakuiert. Einen großen Teil der Zwangsarbeiter befreiten Mitte Februar die Russen.

Neusalz geriet in die historischen Annalen vor allem durch das Lager, das den Gruschwitz-Textilwerken angeschlossen war. Etwa Januar 1942 wurde dort ein Zwangsarbeitslager der »Organisation Schmelt« für jüdische Frauen aus dem Osten Oberschlesiens eingerichtet. 1944 wurde es in ein Außenlager des Konzentrationslagers Groß-Rosen umgewandelt.

Albrecht Schmelt war ein Weltkriegsveteran, der sich 1930 den Nazis anschloss und rasch zum SS-Oberführer aufstieg. Durch die Protektion Himmlers wurde er zum »Sonderbeauftragten des Reichsführers SS für fremdvölkischen Arbeitseinsatz in Oberschlesien« ernannt. Er baute ein äußerst lukratives Sklavensystem mit etwa 50 000 Arbeitskräften auf, vornehmlich Juden aus Polen, die in der Rüstungsproduktion in diversen Firmen eingesetzt wurden. Das Lagersystem von Schmelt umfasste in seinen besten Zeiten 177 Arbeitslager. Auch jenes, das im Zusammenhang mit Oskar Schindler bekannt wurde, war ein Schmelt-Lager gewesen.

Die Gruschwitz Textilwerke AG war der zweitgrößte Neusalzer Betrieb. Er führte die Produktion, Spinnerei und Weberei, durch die Kriegszeit hindurch ohne Unterbrechung fort. Zwangsarbeiter und KZ-Häftlinge produzierten Zwirn aus Flachs und Hanf sowie Leinen für Fallschirme. Aus den 700 Frauen aus dem Schmelt-Lager wurden nach der Übernahme durch die SS schnell etwa tausend Häftlinge durch Transporte mit ungarischen, deutschen, niederländischen, tschechischen und slowakischen Jüdinnen aus Auschwitz-Birkenau. Die Frauen aus dem Lager waren in der Spinnerei eingesetzt, wo sie in zwei Schichten von neun bis elf Stunden täglich die schwersten Arbeiten zu verrichten hatten, mehrere Berichte sprechen von dramatischen Unfällen. In den Untergeschossen der Fabrik verluden die Frauen darüber hinaus Munition.

Regelmäßig wurden die Frauen Röntgenuntersuchungen unterzogen, ein Verdacht auf Tuberkulose reichte aus, um die betreffenden Frauen nach Auschwitz zu deportieren. »Das Lager befand sich in der Breslauer Straße 43, auf dem Gelände der Meierei der ›Gruschwitz Textilwerke AG‹«, recherchierte die Historikerin Andrea Rudorff, »ungefähr zwanzig Meter von der Fabrik entfernt, und bestand aus 14 Holzbaracken und einem gemauerten Küchengebäude. Es war mit Stacheldraht und Wachtürmen umgeben und grenzte unmittelbar an die Sumpfufer der Oder.«

Das, was Ady erlebte 1944, war in keiner Weise vergleichbar mit dem unmenschlichen Leben in diesem oder anderen Konzentrationslagern. Ady und Renée konnten in Privatunterkünften wohnen, sie waren weder kaserniert noch unterstanden sie einer permanenten Überwachung.

Neusalz (Oder) — Friedrich-Ebert-Straße

Die Friedrich-Ebert-Straße wurde zur Adolf-Hitler-Straße. In Nummer 10 fand Renée bei der netten Dame ihr warmes Zimmer.

Renée in der Adolf-Hitler-Straße

In Antwerpen hatte jede der Frauen in ihrem eigenen Familien- und Freundeskreis gelebt. Durch Daimler hatte es wohl Überschneidungen gegeben, aber nun, fern von daheim, schloss man sich stärker mit denen zusammen, die man kannte. Doch man musste sich verabreden oder gegenseitig besuchen, die Frauen arbeiteten wie in Antwerpen zuvor zwar im selben Betrieb, doch an verschiedenen Stellen in der Stadt. Und das, was sich bereits auf der Fahrt ange-

155

kündigt hatte, festigte sich nun: Walloninnen und Fläminnen blieben jeweils unter sich, der Harem fiel auseinander. Vor allem Renée war oft allein unterwegs, »ich schließe mich nicht so direkt an, ich muss Zeit für mich haben«.

Nach einigen Wochen, es war bereits Herbst, konnte Renée ihre Dachwohnung und die ungeliebte Vermieterin verlassen. Ein Tipp der Bäckersfrau verhalf ihr zu einem möblierten Zimmer, ausgerechnet in der Adolf-Hitler-Straße. Hier, in der Nummer 10, war eine Frau ihre Vermieterin, diesmal allerdings »eine richtige Dame. Dort waren nach meiner Meinung sehr schöne Möbel. Ihr Mann, er war Ingenieur, war in Russland als Offizier.« Die neue Wohnung machte sich vor allem im herannahenden Winter bezahlt. »Ich hatte mein Zimmer, es war die Bibliothek mit einem Ziegel-Kamin, es war schön warm. Mein Bett war ein großes Sofa-Bett. Ich hatte von der Gemeindeverwaltung eine Genehmigung bekommen für 800 Kilo Kohlen. Bekannte von meiner Vermieterin haben dafür gesorgt, dass ich die Säcke im Keller ausschütten konnte.« Renée las sich im Winter 44/45, die Füße am warmen Ofen, in ihrer Freizeit durch die Bücher des Ingenieurs und seiner Frau.

Ein Teil ihrer guten Deutschkenntnisse wird wohl in diesen Monaten ihren Ursprung haben.

Trotz allen bescheidenen Komforts vermissten die Frauen die Leichtigkeit, die Unbeschwertheit und die Lebenslust der Antwerpener. Neusalz war grau und das nicht nur wegen der vielen rauchenden Schornsteine. »Eine deutsche Frau schminkt sich nicht!« – malten sie sich die Lippen an, fielen sie aus der Reihe, und sich schön zu machen war schon deshalb nicht einfach, weil ihre Kleidung längst nicht mehr neu war und manche Bluse, mancher Rock lang schon dringender Reparatur bedurft hätte. Besonders deutlich wurde das Renée, wenn sie andere Antwerpener traf. »Ich habe da jemand gesehen, der mich erkannt hat von Belgien. Ich stand in der Reihe für ein Kinoticket. Da waren drei Lazarette in Neusalz und er kam zu mir und sagte, ›ich kenne Sie, sind Sie nicht von Ekeren-Donk?‹ Wer um Himmels willen kennt Ekeren-Donk? Er hatte immer die Straßenbahn genommen. Ich dachte erst, ob er die gefahren hat. Er aber sagte, ›nee, ich habe die Bekanntschaft von einem Mädchen gemacht, das in Ekeren-Donk lebte. Wir haben uns in der Straßen-

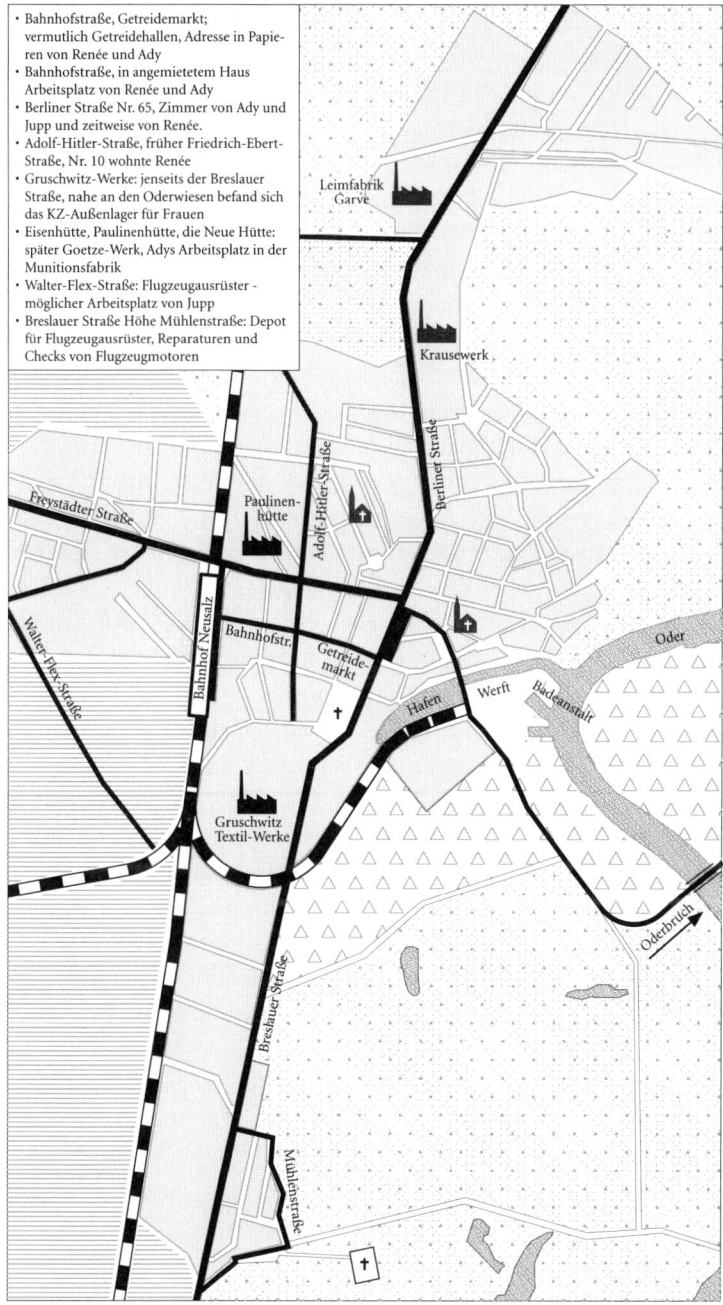

- Bahnhofstraße, Getreidemarkt; vermutlich Getreidehallen, Adresse in Papieren von Renée und Ady
- Bahnhofstraße, in angemietetem Haus Arbeitsplatz von Renée und Ady
- Berliner Straße Nr. 65, Zimmer von Ady und Jupp und zeitweise von Renée.
- Adolf-Hitler-Straße, früher Friedrich-Ebert-Straße, Nr. 10 wohnte Renée
- Gruschwitz-Werke: jenseits der Breslauer Straße, nahe an den Oderwiesen befand sich das KZ-Außenlager für Frauen
- Eisenhütte, Paulinenhütte, die Neue Hütte: später Goetze-Werk, Adys Arbeitsplatz in der Munitionsfabrik
- Walter-Flex-Straße: Flugzeugausrüster - möglicher Arbeitsplatz von Jupp
- Breslauer Straße Höhe Mühlenstraße: Depot für Flugzeugausrüster, Reparaturen und Checks von Flugzeugmotoren

Leimfabrik Garve

Krausewerk

Berliner Straße

Freystädter Straße

Paulinen-hütte

Adolf-Hitler-Straße

Walter-Flex-Straße

Bahnhof Neusalz

Bahnhofstr.

Getreide-markt

Hafen

Werft

Badeanstalt

Oder

Gruschwitz Textil-Werke

Oderbruch

Breslauer Straße

Mühlenstraße

bahn verabredet.‹ Sie stand immer vorne und wir standen immer hinten. So habe ich ihn nie gesehen, aber er mich. Und er sagte, ›jeden Sonntag!‹ Ich sagte, ›ja, ich ging jeden Sonntag nach Antwerpen‹. Denn unsere Mutter hatte eine gewonnene Monatskarte. Obwohl unsere Karte erlaubte, zur Arbeit zu fahren, durften wir sie nicht am Wochenende benutzen. Da mussten wir bezahlen.«

Ady und Jupp führen ein Leben wie ein Ehepaar. Morgens frühstücken sie zusammen, dann gehen sie gemeinsam zur Arbeit, am Büro an den Getreidehallen verabschiedet sich Jupp und geht zu seiner Arbeitsstelle, im Norden von Neusalz. Am Abend treffen sie sich wieder in der gemeinsamen Wohnung oder machen zusammen Besorgungen, hauptsächlich Lebensmittel auf Marken. Renée und Jupp lernen sich erst als Nachbarn in Neusalz näher kennen. »Jupp war ziemlich zurückgezogen. Wenn man ihn besser kannte, freute er sich und war ein sehr angenehmer Mensch. Er war kein großer Redner. Er war bestimmt Adys Beschützer.« Jupp gibt auf Ady acht, doch er will, sobald es geht, zurück zu seiner Familie in Bottrop. Wenn sie das alles hinter sich haben. Ady sehnt sich nach Antwerpen zurück, nach ihrer Mutter, nach dem trotz allem freieren Leben dort. Renée erinnert sich: »Sie hat gern gelacht, aber sie konnte sehr schwermütig sein. Ich glaube, das war ihre Art. Zum Beispiel, ich habe nie Heimweh, ich kenne das nicht. Und sie hatte Heimweh, nach der Mutter, dem Vater und der Umgebung. Oder wenn ein Lied spielte im Radio, und es war sehr emotional, dann weinte sie.« Trotz allem planen Jupp und Ady eine gemeinsame Zukunft, sie sprechen darüber zu heiraten, Jupp will Kinder haben. Das aber schließt Ady kategorisch aus – zumindest vorerst. Auch mit Renée spricht sie darüber, nein, sie wolle jetzt keine Kinder, in diesen Zeiten könne man keine Kinder in die Welt setzen.

Ein Witz: Urlaub und Rentenanspruch

Man hielt sich im nationalsozialistischen Deutschland Zwangsarbeiter und gestand ihnen – wenn auch oft widerwillig – gewisse Freiheiten zu. Die waren jedoch für die verschiedenen Gruppen
der Zwangsarbeiter in fein abgestufter Form jeweils durch Vorschriften und Befehle geregelt. Flämische sowie dänische und niederländische Arbeiter und Arbeiterinnen, oftmals auch Franzosen
genauso wie anfangs die Italiener, durften wie Renée und Ady in
Privatunterkünften wohnen und sich relativ frei bewegen. Allerdings war diese private Unterbringung den Behörden aus rasse- und
sicherheitspolitischen Gründen mitunter ein Dorn im Auge. Mehr-
fache Versuche über die Jahre, die Ausländer generell zu kasernieren
und in Lager abzudrängen blieben aber häufig erfolglos.

Wo die Hardliner siegten, wurden auch Belgier in Wohnlagern
kaserniert, die Tag und Nacht bewacht waren. Die Bewohner, sogenannte freie Arbeiter, trugen Zivilkleidung, wurden jedoch bewacht in geschlossenen Kolonnen zur Arbeit geführt. Ihr Arbeitstag
begann in der Regel morgens um 5:30 Uhr. Die Arbeitszeit betrug
acht bis zehn Stunden. Sonntags dagegen konnten sie sich frei in der
Stadt oder dem Dorf bewegen.

Grundsätzlich durften die Dänen, Niederländer und Flamen in
ihrer Freizeit unternehmen, was sie wollten, doch die Handhabung
blieb den örtlichen Kräften überlassen. Der Münchner Polizei-
präsident zum Beispiel stellte im April 1944 lapidar fest: »Grundsätzlich ist davon auszugehen, dass die Ausländer ausschließlich zur
Arbeitsleistung und nicht zum Vergnügen in das Reichsgebiet he-
reingeholt wurden und sich eben den kriegsbedingten Einschrän-
kungen unterzuordnen haben. Ausflugs-, Besuchs- und Vergnü-
gungsreisen sind nicht zuzulassen.«

Ady und Renée lebten – oberflächlich betrachtet – wie ihre deutschen Kolleginnen und Kollegen. Ihnen war es erlaubt, im Sommer
das Schwimmbad an der Oder zu besuchen, oder, als es kühler wurde, die Schwimmhalle. Sofern sie gut genug deutsch sprachen, konnten sie in der Gemeindebücherei Bücher entleihen, Konzerte oder
Theateraufführungen besuchen oder, was besonders beliebt war,

Kinovorführungen. Vermutlich haben sie auch den Kassenschlager ›Die Feuerzangenbowle‹ gesehen. 1943 mit Heinz Rühmann verfilmt steht er für die Sehnsucht nach einer heilen Vergangenheit, die es so nie gegeben hat. Seine Entstehung hat der Film anscheinend Neusalz zu verdanken. Als Urheber der ›Feuerzangenbowle‹ gilt der Rechtsanwalt Heinrich Spoerl. Doch ein Mann namens Hans Reimann, seines Zeichens Schriftsteller und Satiriker, berichtete in seinen Memoiren ›Mein blaues Wunder‹, dass er zusammen mit dem befreundeten Spoerl ein Exposé zu dem Stoff verfasst und zu Recherchezwecken noch einmal die Schulbank gedrückt habe – in einem Gymnasium im niederschlesischen Neusalz an der Oder. Dort »mimte ich einen Herrn von mittleren Jahren, welcher das Abitur nachholen will, um studieren zu können.« Es war die Rolle des späten Gymnasiasten Hans Pfeiffer. Hans Reimann hatte 1921 eine beißende Satire auf das antisemitische Machwerk von Artur Dinter ›Die Sünde wider das Blut‹ veröffentlicht, unter dem Namen Artur Sünder mit dem gut sächsischen Titel: ›Die Dinte wider das Blut‹. Später habe er den Nazis nicht durch Publikationen auffallen wollen und Spoerl aus »gesundheitlichen Gründen« den Ruhm der Autorenschaft überlassen – und so blieb es bei allen Veröffentlichungen und im Film-Vorspann bis heute.

Die Frauen hatten theoretisch wie die anderen auf der Rasseskala der Nazis Obenstehenden sogar Anspruch auf Urlaub. Doch nach 1942 waren die Familienheimfahrten für Ledige eingeschränkt worden, weil die Erfahrung gezeigt hatte, dass nur wenige der Heimfahrenden wieder an ihre Arbeitsstelle im Reich zurückkehrten.

Ady und Renée waren krankenversichert und zahlten, welch Zynismus, in die Arbeitslosenversicherung und die Rentenkasse ein.

Die Beiträge wurden dann zwar in Belgien gutgeschrieben, doch lag das zukünftig zu erwartende Leistungsniveau häufig unter dem deutschen. Mit der Krankenversicherung verhielt es sich ähnlich. Im Krankheitsfall war es letztlich Entscheidungssache der jeweiligen Betriebs-, Orts- oder Landeskrankenkasse, ob sie der vom Arzt verordneten Behandlung zustimmte oder nicht. Unter Adys Unterlagen fanden wir auch eine Bescheinigung aus den sechziger Jahren, dass sie sich wegen »narbiger Lungenprozesse« in ärztliche Behandlung begeben musste. Alles deutet darauf hin, dass sie früh in ihrem Leben an Tuberkulose erkrankt war. Für Menschen ihrer Generation war dies nicht ungewöhnlich, nicht alle hatten die Mittel, sich zur Kur nach Davos zu begeben und waren unter Umständen

Beschäftigt gegen Entgelt		Arbeitsverdienst (Barbezüge und Wert der Sachbezüge) für die Beschäftigungszeit		Name und Sitz der Krankenkasse, an die die Beiträge abgeführt sind	Firmenstempel, Anschrift und Unterschrift des Arbeitgebers
von	bis	RM.	Rpf.		

A. Für Versicherte, deren Beiträge zur A. V. an die Krankenkassen abgeführt werden.

194 4/45					
4/9 1944	30.4. 1945	1124	47		
194...					
194...					

Renées Krankenversicherungsnachweis. Demnach verdiente sie zwischen dem 4. September 1944 und dem 30. April 1945 ganze 1129,47 Reichsmark, pro Monat also 141,18 RM. Zum Vergleich: eine russische Kranführerin verdiente 1944 etwa 120.- RM im Monat, ein deutscher Maschinenarbeiter mit Akkordarbeit etwa 270.- RM.

ihr Leben lang geplagt. Bereits als Kind war Adys Gesundheit labil und das ist bis ins Alter so geblieben. Rückblickend können wir nur hoffen, dass sie während ihres Aufenthaltes in Neusalz nicht ernsthaft erkrankte.

Über Sozialversicherungsansprüche, Lohnzahlungen oder Lohn in Naturalien der Westarbeiter ließe sich ein eigenes Buch schreiben, schon wegen der vielen Änderungen während der Kriegsjahre. Generell lässt sich sagen, dass Fremdarbeiter, mit Ausnahme der Polen und »Ostarbeiter«, im Prinzip den vollen deutschen Lohn für die gleiche Arbeit erhielten. Doch wurden die meisten auf die verschiedensten Weisen um einen nicht unbeträchtlichen Teil ihres

Lohns gebracht, wenn sie ihr Angespartes nach Hause überwiesen. Aufgrund der Besatzungspolitik der Deutschen herrschte in den meisten besetzten Gebieten eine hohe Inflation. Eigentlich hätte das zu einer Aufwertung der Reichsmark gegenüber diesen Währungen führen müssen, doch die Reichsbank hielt den Kurs künstlich niedrig. So bezahlte nicht nur der belgische Staat seine Staatsbürger, die im Reich Zwangsarbeit leisteten, in belgischen Franc, sondern wegen der herrschenden Inflation war die Kaufkraft niedriger als im Reich, was für die Angehörigen zuhause eine starke Entwertung des Überwiesenen bedeutete.

Aufgrund des Kriegsverlaufs wurde der Zahlungsverkehr mit Belgien und damit die Lohnüberweisungen ins nun feindliche Nachbarland offiziell am 27. September 1944 eingestellt. Auch Renée und Ady konnten ihren Lohn, den sie in Neusalz erhielten, nicht an die Mütter in Antwerpen überweisen.

Firmen wie Daimler-Benz machten mit den Fremdarbeitern einen guten Schnitt. Zwar brachten polnische und sowjetische Arbeiter deutlich mehr Gewinn als etwa Arbeiter aus Flandern, denn »Ostarbeiter« wurden im Schnitt 15 bis vierzig Prozent schlechter bezahlt als Deutsche. Doch bei der konkreten Ausgestaltung, etwa bei der Einstufung der belgischen Arbeiter in Lohngruppen und der Verteilung von Sonderprämien, hatten die deutschen Firmen durchaus Spielraum. Wir wissen nicht, ob Renée und Ady ihren deutschen Kolleginnen absolut gleichgestellt waren. Renée hat etwa mit Käthe Esmajor vielleicht einmal darüber gesprochen und Vergleiche angestellt, erinnert sich jedoch nicht mehr daran.

Trotz der Einstellung der Lohnüberweisungen ab September 1944 sollten die Arbeiter aus Belgien ihre Lohnersparnisse weiter auf die Arbeitersonderkonten einzahlen und sie nicht etwa bar im Wäscheschrank für später verwahren. Die offizielle Begründung lautete, der Bargeldumlauf solle so gering wie möglich gehalten werden, um dem Schwarzmarkt Geld zu entziehen.

Durch den Zwangsarbeitereinsatz schuf sich das Deutsche Reich einen finanziellen Nutzen von mindestens 13 Milliarden Reichsmark, was heute rund 130 Milliarden Euro entspräche. Das ist mehr als ein Sechstel dessen, was die Bundesrepublik im Jahr 2013 an Steuereinnahmen erwartet.

Was heißt hier freiwillig?

Zeitzeugen-Erinnerungen sind nicht unbedingt eine eindeutige Quelle. Sie ersetzen keine Dokumente und sind, gerade nach so langer Zeit unter Umständen von Erinnerungslücken und -verfälschungen getrübt. Erinnerungen können dazu beitragen, tatsächliche Verhältnisse zu erhellen, aber auch, sie zu verharmlosen und Zusammenhänge unaufgeklärt zu lassen, etwa die Hintergründe der nationalsozialistischen Zwangsarbeiterrealität zu überdecken. Renées Gedächtnis mag über die Jahre manches in milderem Licht erscheinen lassen, als es damals war und sie es erlebt und wahrgenommen hat. In ihrem speziellen Fall müssen wir berücksichtigen, dass sie die damals so dringend benötigte Gabe besaß, sich schnell in neuen Situationen zurechtzufinden und aus allem immer das Beste zu machen. Das gibt ihren Erinnerungen einen leichten Ton. Doch es machte die Situation an sich nicht besser. Vermutlich blieben ihr damals die politischen und wirtschaftlichen Hintergründe ihres Zwangsarbeiter-Daseins verborgen. Daher bedarf es zumindest eines kurzen Blicks auf die Fakten, um Renées Erinnerungen und Adys Erfahrungen einordnen zu können.

Daimler-Benz hatte ab 1941 fast ausschließlich für den Rüstungsbedarf geforscht und produziert. Bis 1944 steigerte der Konzern seinen Rüstungsanteil auf satte 93 Prozent. Doch der Betrieb aus Stuttgart-Untertürkheim tut sich mit seiner militärischen Vergangenheit vor 1945 schwer. Nicht nur die »kritischen Aktionäre« können davon ein Lied singen, auch Historiker, die sich in der Vergangenheit mit dem Engagement der Firma während der Nazizeit und des Krieges beschäftigten, mussten die Verschwiegenheit des Konzerns mit dem Stern überwinden.

Die Stempel in Adys und Renées Papieren sprechen von F. R. B.-GL. »FRB« war die Abkürzung für Front-Reparaturbetrieb, »GL« bedeutete die Zugehörigkeit zum Generalluftzeugmeister. Der Museumsleiter von Nowa Sól, Tomasz Andrzejewski, stieß während seiner Nachforschungen zur Geschichte der Stadt nicht direkt auf Daimler-Benz. Allerdings fand er Belege für die Existenz von Werkstätten für Flugzeugausrüstung. Einer dieser Betriebe – es waren mehrere über das Stadtgebiet verteilt – befand sich im Bereich der heutigen Kaczkowskiego, der früheren Walter-Flex-Straße. Und an der Mühle an der Wroclawska-Straße, ehemals Breslauer Straße, befand sich ein Depot der Flugzeugausrüster. Dort wurden regelmäßig Reparaturen und Wartungen an Flugzeugmotoren vorgenommen.

Diese Recherche stimmt überein mit der Erinnerung von Renée, dass die Hallen mit dem Lager von Daimler-Benz weiter draußen, eben an der Breslauer Straße gelegen hätten.

Ein wesentlicher Faktor, der es erschwert, Daimler-Benz-Betriebe an verschiedenen Standorten, so auch in Neusalz, während des Krieges auszumachen, war die Unternehmensstruktur des Konzerns. Sie unterschied klar zwischen der Fahrzeugproduktion einerseits und Flugmotoren auf der anderen Seite. Die Fertigung der traditionellen Produkte, Fahrzeuge im weitesten Sinne, Panzer eingeschlossen, blieb ausschließlich auf die Werke der Aktiengesellschaft beschränkt. Die Betriebe der Flugmotorenherstellung, auch die der Reparatur, firmierten dagegen jeweils unter eigenem Namen als GmbH. Selbst das Flaggschiff für Flugmotoren, das Werk in Genshagen bei Berlin, in dem der Großteil der Motoren hergestellt wurde, wurde als GmbH geführt, obwohl es eine hundertprozentige Tochtergesellschaft der Daimler-Benz AG in Untertürkheim war.

Zum einen ließ sich dadurch die Veröffentlichung der Bilanzen umgehen, die im Ausland Rückschlüsse auf das Ausmaß der Aufrüstung des Dritten Reiches gleich nach 1933 ermöglicht hätte. Zum anderen wollte man sich möglicherweise für eine wie auch immer geartete Friedenswirtschaft nach dem Ende des Krieges in eine günstige Position bringen.

Im Spätherbst 1944 war Ady eine von etwa acht Millionen ausländischen Zivilarbeitern und Kriegsgefangenen, die sich in diesem Zeitraum auf dem Gebiet des »Großdeutschen Reiches« aufhielten und als »im Arbeitseinsatz« gemeldet waren, so Herbert Ulrich in seiner Studie zum »Reichseinsatz«. Sie stammten aus insgesamt 26 Ländern. Aus dem verhältnismäßig kleinen Belgien kamen 250 000. Bis Kriegsende werden etwa 300 000 Belgier als Zwangsarbeiter ins Reich gelangt sein.

Zusätzlich waren Ende 1944 zwischen 500 000 und 600 000 KZ-Häftlinge zur Arbeit in der deutschen Rüstungsindustrie eingesetzt. »Wir verdauen die besetzten Gebiete«, propagierte Joseph Goebbels. Im September 1944 war jeder Dritte zwangsweise als Arbeitskraft im Reich beschäftigt, als Fremdarbeiter, Kriegsgefangener oder KZ-Häftling. Die Gesamtzahl der während des Krieges für längere oder kürzere Zeit zum Reichseinsatz nach Deutschland gebrachten ausländischen Arbeitskräfte lag letztlich bei etwa 9,5 Millionen Menschen, andere Quellen sprechen von bis zu 13,5 Millionen Menschen. Ein Drittel aller ausländischen Zivilarbeiter waren Frauen, darunter Renée und Ady.

Kriegsgefangene, Zwangsarbeiter und KZ-Häftlinge waren in der nationalsozialistischen Kriegswirtschaft arbeitstechnische Verfügungsmasse. Wer ungelernt war, wurde angelernt. Große Konzerne setzten Tausende von Zwangsarbeitern ein, dazu gehörten die IG Farbenindustrie genauso wie Degussa, die Bayerischen Motorenwerke und die staatlichen Reichswerke Herman Göring, und ebenso die Unternehmen der Luftfahrtindustrie wie Daimler-Benz. »1944 ist fast jeder zweite der 63 600 Daimler-Benz-Mitarbeiter ein ziviler Zwangsarbeiter, Kriegsgefangener oder KZ-Häftling«, schreibt der Konzern auf der firmeneigenen Homepage.

Im Vergleich zu den unmenschlichen Bedingungen, unter denen die Mehrzahl der Arbeitssklaven der Nazis zu leiden hatte, war die Situation für Renée und Ady in Neusalz relativ angenehm.

Aber waren sie freiwillig in Neusalz, waren sie ausländische Arbeitnehmerinnen aus freien Stücken oder Zwangsarbeiter? Nicht zu leugnen ist, sie waren an einem Ort, den sie sich vermutlich selbst nie ausgesucht hätten, unter Umständen, die sie so ebenfalls nicht für sich gewünscht hätten. Sie waren weit weg von zuhause, fremd im Land. Neusalz war als Rüstungsschmiede voller Menschen, das war einerseits von Vorteil: Die Frauen konnten in der Masse verschwinden. Andererseits war die Stadt klein und hatte überall Augen und Ohren.

Wo hört Freiwilligkeit auf, wo fängt Zwang an? Renée betonte mehrfach, sie habe freiwillig in diese Reise eingewilligt. Das mag sein – aber, und das ist das Entscheidende: Sie hatte letztlich gar keine Wahl, jede Alternative wäre vermutlich schlechter gewesen.

Der Leiter
Arbeitsamt Grünberg
des Arbeitsamtes Nebenstelle Neusalz (Oder)

Vermittlungsgruppe _____

Neusalz/Oder , den _30.Okt.44_

Verpflichtungsbescheid

auf Grund der Verordnung zur Sicherstellung des Kräftebedarfs für Aufgaben von besonderer staatspolitischer Bedeutung vom 13. Februar 1939 (RGBl. I S. 206) und der Dienstpflicht-Durchführungsanordnung vom 2. März 1939 (RGBl. I S. 403).

Herrn
Frau _____ _Adrienne Van den Rynde_
Fräulein   (Vor- und Zuname)

geb. am: _24.6.43_

in _____ _Neusalz/Oder_

Beruf lt. Arbeitsbuch
(z. B.: 5 n 1; 23 a 16; 23 b)   bei _____

Betrifft: Auftrag Nr. _____

Sie werden hiermit

für die Zeit vom _____ bis zum _____ *)

für begrenzte Zeit vom _1.Nov.44_ ab *)

zur Dienstleistung — Ausbildung *) als _Hilfsarbeiterin_

bei _dem Goetzewerk, Neusalz/Oder_
verpflichtet

Sie haben sich am _1.Nov.44_ um _6_ Uhr _____

in _Neusalz/Oder_ , Straße _Freystädterstraße_
                                                  (Nr., Gebäude)

bei _dem Goetzewerk_

zur Arbeitsaufnahme zu melden.

Die Hinweise auf der Rückseite sind zu beachten!

Die Arbeitsbedingungen sind Ihnen bekanntgegeben worden.

Im Auftrage:

(Dienstsiegel)

Erhalten am: _30.Okt.44_

Durchschlag dieses Bescheides
erhalten der alte und der neue Betriebsführer. Der Durchschlag ist dem alten Betriebsführer zuzustellen.

(Unterschrift des Empfängers)

*) Nichtzutreffendes durchstreichen!

Dpfl. III. — B 0061

Adys Verpflichtungsbescheid über ihre Versetzung als Hilfsarbeiterin. »Sie haben sich am 1. Nov. um 6 Uhr … bei dem Goetzewerk zur Arbeitsaufnahme zu melden.«

Der Begriff des »Zwangsarbeiters« ist in diesem Zusammenhang oft missverständlich gebraucht worden. Zu Beginn des Krieges kamen etwas mehr als eine Million Menschen tatsächlich freiwillig zur Arbeit nach Deutschland, auch aus Belgien. Die Situation am Arbeitsmarkt war nach der Wirtschaftskrise in vielen Ländern sehr angespannt und man hoffte auf Arbeit im Reich. Die Weichen, die Ausländerarbeit als Zwangsarbeit zu organisieren, wurden gleich zu Beginn des Krieges gestellt. Die Grenze zwischen Freiwilligkeit und Zwang war fließend. Renées Vater ist dafür ein gutes Beispiel: Er ging freiwillig nach Deutschland, weil er in Belgien keine Arbeit fand, doch wo er in Deutschland eingesetzt wurde, wie er leben musste, dass er keinen Urlaub bekam, nicht einfach Post von zuhause erhalten durfte, die etwa seinen Wintermantel enthielt, all das bestimmten die Deutschen.

Und bereits der Entschluss vieler vermeintlich Freiwilliger wurde beeinflusst: Die ökonomischen Weichen, die Entwicklung der Wirtschaft wie die Kraft des Arbeitsmarktes, die Lohngestaltung, all dies bestimmten und beeinflussten in den besetzten Ländern die Sieger, das nationalsozialistische Deutschland.

Spätestens als Renée und Ady in der Werbestelle in Antwerpen beziehungsweise bei Daimler in Verviers ihren Vertrag unterschrieben, waren sie nicht mehr Herrin ihres eigenen Willens.

In der Munitionsfabrik

Ende Oktober bekommt Ady die Willkür der Deutschen zu spüren. Ihr Leben im Büro bei Daimler ist vorbei, sie soll als Hilfsarbeiterin im Goetzewerk arbeiten. Am 1. November soll sie sich um 6:00 Uhr früh in dem Werk in der Freystädter Straße melden. Alle wissen, dort wird Munition produziert.

Alles Vertraute, die bekannten Gesichter, die Freundinnen bleiben zurück. Anstatt im Büro zu sitzen, muss Ady nun Munition zusammenbauen. Renée gegenüber klagt sie über ihre Angst. »Ady sagte, ›ich habe die ersten Tage geweint, weil ich die Munition mitmachen musste.‹ Und sie sagte, ›die ist vielleicht für unsere Soldaten zu schießen!‹«

Sie alle machen sich Sorgen, sie sind nun seit mehr als einem Vierteljahr von zuhause weg. Wie ist es in Antwerpen, wie geht es wohl den Eltern, der Familie? Renée erinnert sich, dass sie etwa zu der Zeit erfuhren, dass die Deutschen Antwerpen mit V1 und V2 bombardierten. Antwerpen und der Hafen standen, seit die Alliierten Anfang September 44 die Stadt eingenommen hatten, unter Dauerbeschuss der Flugbomben und Raketen. Die Frauen hören davon, sind hochgradig beunruhigt. Das wahre Ausmaß der Bombardierung können sie sich nicht vorstellen – glücklicherweise. Anfang November 44 bezeichnen die Alliierten zudem die Versorgungslage in den befreiten Ländern Niederlande, Frankreich und Belgien als katastrophal. Auch davon erfahren die Frauen in Neusalz nichts.

»Ady musste dann im Büro der Munitionsfabrik arbeiten, where all the Kriegsgefangene waren, Franzosen, da sie fließend französisch sprach. Sie musste zwischen den Kriegsgefangenen und den Wachleuten und Vorgesetzten übersetzen.« Warum ausgerechnet Ady ins Goetzewerk verpflichtet wurde, darüber spekulierte auch Renée. Sie vermutet Adys Sprachkenntnisse als Auslöser für diese »anderweitige Verwendung«, wie es damals hieß.

Nun kann Ady den morgendlichen Weg zusammen mit Jupp zurücklegen, »das war mehr außerhalb, da ging sie mit Jupp die gleiche Strecke.« Auf meine Frage, ob Jupp dort ebenfalls beschäftigt war, sagte Renée: »Darüber durften die nicht richtig sprechen. Ich war jung damals, ne, ich hab da, glaube ich, nicht nachgefragt.«

Das Goetzewerk, in dem Ady als Hilfsarbeiterin eingesetzt ist, ist im Stadtplan von 1939 noch nicht verzeichnet. Tomasz Andrzejewski verortet das Goetzewerk auf dem Gelände der Paulinenhütte, der Neuen Hütte, in der Freystädter Straße. Während meiner Recherchen stieß ich auf ein Goetzewerk in Burscheid im Bergischen Land. Dort und in Dresden hatten sich Ende des 19. Jahrhunderts Eisengießereien gegründet, die später fusionierten und 1939 unter dem Namen Goetzewerke AG als der bedeutendste Hersteller von Gleitlagern in Deutschland galten. Gleitlager, so etwas wie Kugellager ohne Kugeln, sind »anwendbar zur Steuerung der Flügel einer Granate mit Zielführung«, wie es in einer entsprechenden Patentanmeldung heißt. Ein andermal erwähnte Renée, dass sie sich erinnere, Ady sei in die Munitionsfabrik versetzt worden, weil sie und Jupp zusammen waren und es nicht gut angesehen war, wenn zwei aus einem Haushalt im gleichen Betrieb arbeiteten. Vermutlich traf das nicht zu, aber dass es manchem aufgestoßen sein mag, dass der Deutsche Josef Kocyan mit der hübschen belgischen Arbeiterin zusammenlebte, das mag gut sein.

Zitat aus dem Merkblatt der Geheimen Staatspolizei über die Behandlung der im Reichsgebiet eingesetzten fremdvölkischen Arbeitskräfte aufgrund der bis zum 31.12.1942 ergangenen Erlasse des Reichsführers SS und Chefs der Deutschen Polizei, Staatspolizeileitstelle Hannover: »Aus den Einzelbestimmungen für: Angehörige germanischer Völker (Dänen, Flamen, Holländer, Norweger). Richtungsweisend für den Einsatz dieser Arbeitskräfte ist der Gesichtspunkt, dass sie als Angehörige germanischer Völker für den Gedanken der Zusammengehörigkeit aller Völker germanischen Blutes gewonnen werden sollen. In der Art des Umgangs, der gewinnenden Belehrung bei leichten Verfehlungen, der überzeugenden Darlegung ihres Unrechts muss den oft noch fremden Einflüssen unterliegenden Angehörigen germanischer Völker der Weg zum Reich geebnet werden … Bei Verstößen gegen die Arbeitsdisziplin ist zunächst mit Ermahnungen und Warnungen vorzugehen. In besonders schweren Fällen werden staatspolizeiliche Maßnahmen ergriffen. Der Geschlechtsverkehr mit Deutschen ist nicht verboten, jedoch unerwünscht. Verstöße hiergegen sind der Ortspolizeibehörde und dem Ortsgruppenleiter der NSDAP sofort zu melden.«

Die Gesetze und Verordnungen galten so lange, wie es allen Beteiligten opportun erschien. Selbst bei Prozessen war den Gerichten ein großer Ermessensspielraum eingeräumt, der gern auch mal das »gesunde Volksempfinden« als Maßstab nahm.

Junge Frauen lebten zu der damaligen Zeit entweder im Elternhaus oder zusammen mit ihrem Ehemann. Zwangsarbeiterinnen, die wie Renée und Ady allein im Ausland waren, fielen aus diesem Muster und standen schnell im Ruf, »zweifelhafte Personen« zu

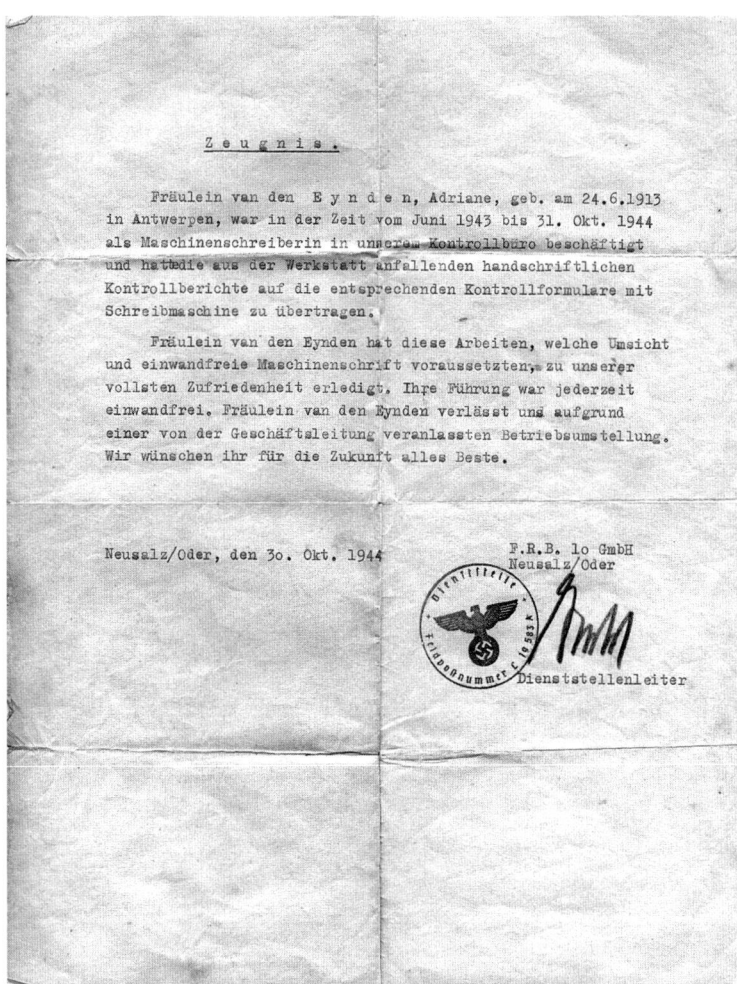

Z e u g n i s .

Fräulein van den E y n d e n, Adriane, geb. am 24.6.1913
in Antwerpen, war in der Zeit vom Juni 1943 bis 31. Okt. 1944
als Maschinenschreiberin in unseren Kontrollbüro beschäftigt
und hatte die aus der Werkstatt anfallenden handschriftlichen
Kontrollberichte auf die entsprechenden Kontrollformulare mit
Schreibmaschine zu übertragen.

Fräulein van den Eynden hat diese Arbeiten, welche Umsicht
und einwandfreie Maschinenschrift voraussetzten, zu unserer
vollsten Zufriedenheit erledigt. Ihre Führung war jederzeit
einwandfrei. Fräulein van den Eynden verlässt uns aufgrund
einer von der Geschäftsleitung veranlassten Betriebsumstellung.
Wir wünschen ihr für die Zukunft alles Beste.

Neusalz/Oder, den 3o. Okt. 1944

F.R.B. 1o GmbH
Neusalz/Oder

Dienststellenleiter

Der Dienststellenleiter Ewald stellt Ady nach dem 31. Oktober 1944 ein Zeugnis aus. Als Grund für die Beendigung des Arbeitsverhältnisses wird eine von der Geschäftsleitung veranlasste Betriebsumstellung angegeben.

sein. Sie unterlagen einer doppelten Diskriminierung, die je nach Herkunftsland mehr oder weniger rassistisch, doch immer sexistischer Natur war.

Ady war Nachstellungen von Männern weniger stark ausgesetzt, als wenn sie in einem Barackenlager gelebt hätte, ohne jeglichen männlichen Schutz. Doch was sie einerseits schützte, zog andererseits vermutlich Neidgefühle und Eifersucht auf sie. »She was a very

Jupp (3. v. li.) mit Kollegen beim Bad in der Oder

nice person!«, sagte Renée mehr als einmal über Ady. »Sie war sehr schmal. Jupp war groß.« Jupp war der Boss, war bemüht, Ady so gut als möglich zu beschützen. Aber wie weit reichte sein Einfluss? Früher war die schöne Belgierin nur einfach eine Besiegte, seit aber Belgien auf Seiten der Alliierten kämpfte, war sie Angehörige eines feindlichen Landes und galt manchem als Freiwild.

Die Behandlung der ausländischen Arbeiter unterlag im Alltag neben vorauseilender Parteibuchtreue den Gewinn- oder Karrierechancen der Einzelnen, vor allem tradierte Einstellungen gegenüber Ausländern wie Überlegenheitsgefühle, Ressentiments und Rassedenken und nicht zuletzt gut eingeübtes Hierarchiedenken beeinflussten das Verhalten. Auch wenn damit traditionelle Vorstellungen von Anstand und Menschenwürde außer Kraft gesetzt wurden. In Fällen emotionaler oder hormoneller Verwicklungen kann der Repressionsdruck, dem die deutsche Bevölkerung unter dem NS-Regime ausgesetzt war, gar nicht hoch genug angesetzt werden.

Renée hat mir gegenüber nie von Übergriffen gesprochen, sie war vielleicht, als die kumpelhaftere, in der Lage, Anzüglichkeiten und chauvinistische Unverschämtheiten burschikos zu entwaffnen. Möglicherweise hat sie aber auch solche Übergriffe, sollte es sie gegeben haben, aus ihren Erinnerungen verbannt oder wollte mir gegenüber nichts davon erwähnen.

Ady ist nicht burschikos, ihr ist diese Gabe nicht gegeben, einen Mann kumpelhaft zu entwaffnen. Ady appelliert durch ihre Art an den Beschützerinstinkt, doch was, wenn ein Mann sie beschützen will, von dem sie gar nicht beschützt werden möchte? Jupps Einfluss reicht nicht überallhin.

Wer ist Jupp?

Ady hatte Jupp in Antwerpen kennengelernt, ihren Eltern vorgestellt, Maria mochte ihn, und jetzt in Neusalz, war er der Mittelpunkt in ihrem Leben. Es gab ihre Arbeitskolleginnen, einige waren zu Freundinnen geworden wie Renée, aber es gab keine Familie, keine Freunde von zuhause, keine Freunde oder Familie von Jupp. Wer war dieser Mann?

Josef Kocyan war zwei Monate jünger als Ady, er wuchs im Ruhrgebiet auf, im Norden Bottrops, in einer eingesessenen vielköpfigen Familie. Nach der Schule machte er eine Mechanikerlehre bei der Bottroper Firma Siebeck GmbH in den Sparten Fahrrad-, Nähmaschinen- und Schreibmaschinen-Technik. Fleiß und Betragen während der Lehrzeit waren gut, sein Gesellenstück wird mit »fast gut« bewertet.

Jupp war wohl kein ausgesprochen pedantischer Arbeiter, auch kein besonders guter Schüler, seine allgemeinen Kenntnisse befand der Prüfungsausschuss für genügend.

Ich hatte mich früh gefragt, warum Jupp während des Krieges

nicht an der Front war. War er für Daimler-Benz so unverzichtbar gewesen, dass die Firma immer wieder verhindern konnte, dass er als Soldat eingezogen wurde? Renée erinnerte sich an Jupp als Lkw-

Jupp (ganz li.) vermutlich in Hofgeismar bei der Nachrichten-Ersatz-Abteilung 9, in Neusalz in der Werkshalle (vorne re.) und beim Sonntagskaffee mit Kollegen (li.).

Fahrer, sowohl in Mortsel als auch während der Fahrt nach Neusalz, und dort arbeitete er offensichtlich in gleicher Funktion weiter. Doch wie kam Jupp zu Daimler und warum arbeitete er als Zivilist in den Kriegsjahren 1942 bis 1945? Oder war das mit dem Zivilisten am Ende ein Irrtum?

Wenn jemand wusste, ob und bei welcher Einheit Jupp »gedient« hatte, dann die WASt, die deutsche Dienststelle für die Benachrichtigung der nächsten Angehörigen von Gefallenen der ehemaligen deutschen Wehrmacht. Die WASt bearbeitet noch immer unzählige Anfragen, Suchaufträge dauern und verlangen Geduld.

Und tatsächlich, Jupp war im September 1939 eingezogen worden und laut Meldung vom 10.12.1939 bei der 2. Feldfernkabel Kompanie 49 gewesen. Seit dem 1. Dezember 1939 war er bei der 3. Kompanie Nachrichten-Ersatz-Abteilung 9, stationiert in Hofgeismar, nördlich von Kassel, bei einem Ersatz- und Ausbildungstruppen-teil. Ab dem 25. August 1942 wurde Jupp der Fliegerhorstkommandantur (B) Antwerpen-Deurne unterstellt. Über seinen Dienstgrad ist der WASt leider nichts bekannt.

Nach etlichen Monaten meldete sich endlich auf eine Zeitungs-annonce ein älterer Mann aus Bottrop, der mir den Kontakt zu zwei-en von Jupps noch lebenden Neffen vermittelte. Der eine, Albert, erinnerte sich, dass Jupp vor dem Krieg bei Henschel in Kassel »als Dreher« gearbeitet hatte. Henschel war nicht nur der Entwickler der schweren Kampfpanzer Tiger I und Tiger II. Dort, wo heute VW in Kassel-Altenbauna Fahrzeuge produziert, baute ab 1936 die HFM, die Henschel-Flugmotorenbau GmbH, für die Luftwaffe Daimler-Benz-Flugmotoren in Lizenz, die DB 601, später auch DB 603, DB 605 und 610. Nachfragen bei Henschel nach Jupp Kocyan blieben erfolglos: Das Unternehmen ist liquidiert und das Firmenarchiv, ein »Riesenarchiv«, wie Herr Weiß vom Henschel-Museum in Kassel gestand, ist nicht erschlossen, es wartet auf Aufarbeitung.

Es sah so aus, als ob Jupp einer der Glücklichen war, die auf-grund ihrer Eignung (Dreher, Mechaniker, Lkw-Fahrer) für ih-ren Betrieb so notwendig waren, dass sie dem Soldatenlos an ei-ner der Fronten in Europa entgehen konnten. Personen konnten freigestellt werden, wenn ihr Arbeitsplatz mit der »Durchführung der Reichsverteidigungsaufgabe der Kriegswirtschaft, Verkehr oder Verwaltung« zu tun hatte, wie es im Wehrgesetz 1935 bis 1945 hieß, und wenn die betreffende Person Fachkraft war. War Jupp also un-abkömmlich?

Die erste Bedingung erfüllte der Front-Reparaturbetrieb (FRB) gewiss. Zudem waren die FRB organisatorisch und rechtlich dem Reichsluftfahrtministerium unterstellt. Die Angehörigen der FRB unterstanden der Luftwaffe – sie war für die Bezahlung zuständig sowie für die Unterbringung und die Verpflegung. Die Leitung und sowohl die kaufmännischen als auch die technischen Belange und die Personalangelegenheiten oblagen im FRB dagegen der Stamm-firma, in diesem Fall Daimler-Benz. Jupp war ab August 42 der Flie-gerhorstkommandantur Antwerpen-Deurne unterstellt worden, diente also als Lkw-Fahrer, möglicherweise auch als Meldefahrer auf dem Fliegerhorst, und erhielt seinen Sold von der Luftwaffe. Das wird auch in Neusalz kaum anders gewesen sein. Dienstherr war die Luftwaffe, Jupp war Daimler-Benz beigeordnet und die Firma sorgte für die Betreuung vor Ort.

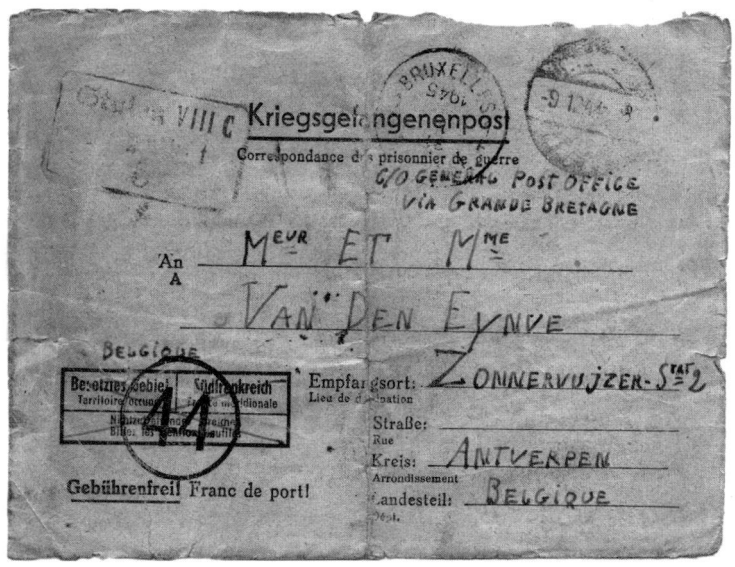

Adys Brief als Kriegsgefangener Edouard Mertens an Monsieur et Madame Van den Eynde, Zonnevijzer Straat 2, Antwerpen.

Das erste Mal tauchte Jupp in Adys Fotoalben und vermutlich in ihrem Leben im Sommer 1942 auf. Jupp war also noch ganz neu in Antwerpen, als er zusammen mit Ady und Freunden oder Arbeitskollegen das Picknick auf dem Damm in Mechelen unternahm. Auf den Fotos dieser kleinen Serie blicken alle Personen in die Kamera: vergnügt, entspannt, doch Jupp sitzt im Profil. Dieses Abgewandte auf Fotos zeigte er während der Kriegsjahre immer wieder. Entweder drehte er sein Gesicht zur Seite oder er zeigte so etwas wie eine innere Abgewandtheit. Alle lächeln, er bleibt unbewegt, alle scheinen gelöst, Jupp ist angespannt. Oft wirkt er in diesen Jahren, als wolle er am liebsten nicht fotografiert werden.

Wieder müssen Bilder Auskunft geben, wo andere Quellen fehlen. Welche Aussagekraft haben die Fotos, die Jupp im Kreis der Männer bei Daimler zeigen? Mag sein, dass ich etwas sehen wollte, was nicht da war, aber mir fiel auf, dass Jupp auf diesen Bildern anscheinend am liebsten unsichtbar gewesen wäre. Möglicherweise mag er sich beim Fotografieren generell unwohl gefühlt haben, dagegen sprechen jedoch die Fotos, die Ady und er nach dem Krieg von sich gegenseitig schossen – wie gelöst wirkt Jupp auf diesen Bildern! Vielleicht wollte er in den Kriegsjahren und bei den geselligen Ereignissen bei Daimler-Benz in Mortsel und Neusalz am liebsten gar nicht dabei sein.

Ein Brief unter falschem Namen

Einige Zeit arbeitet Ady in der Munitionsfabrik, dann wird sie aus der Produktion ins Büro geholt. Sie soll übersetzen, als Dolmetscherin zwischen den Vorarbeitern und der Verwaltung und den französischen Arbeitern, darunter viele Kriegsgefangene, vermitteln.

In Neusalz gab es mehrere Kriegsgefangenenlager. Ein erstes Übergangslager war gleich im November 1939 eingerichtet worden, dort waren polnische Soldaten aus dem September-Feldzug inhaftiert. Das Lager lag wahrscheinlich an der Freystädter Straße, der heutigen Straße der polnischen Armee und damit in der Nähe des Goetzewerkes, vermutet der Leiter des örtlichen Museums. Den polnischen Soldaten wurden jedoch Mitte 1940 ihre Rechte als Kriegsgefangene entzogen und sie wurden zur Arbeit in schlesische Betriebe abtransportiert. Ihr Schicksal als nun rechtlose »Ostarbeiter« kann man sich ausmalen.

Im Goetzewerk sind französische Gefangene als Arbeitskräfte eingesetzt. Durch ihre neue Aufgabe kann sich Ady freier bewegen und erlaubtermaßen mit den Kriegsgefangenen sprechen. Unter ihnen ist einer besonders sympathisch, Ady hat ab und zu mit ihm zu tun, dann dehnen sie das Gespräch in die Länge. Sie sind beide weit entfernt von zuhause, der Winter ist bereits zu spüren, Weihnachten steht vor der Tür. Ady klagt ihm ihre Sorgen, dass sie nichts von ihren Eltern hört, dass sie nicht weiß, wie es um sie steht, erst kürzlich hätten sie im Kino in der Wochenschau gesagt, dass der Hafen von Antwerpen noch immer umkämpft ist und die Deutschen die Stadt mit ihrer »Wunderwaffe« bombardierten.

Man muss sich fragen, was alles hätte passieren müssen, bis sich diese zarte Person zur Wehr gesetzt hätte – und wie dieser Widerstand dann ausgefallen wäre. Eine reale Möglichkeit dazu hatte Ady allerdings ohnehin nicht. Sie war in diesen Krieg hineingeworfen worden und es lag an ihr, wie sie damit zurechtkam. Gelang es ihr nicht, würde sie zerrieben werden, wie so viele Tausende von Zivilisten, die in diesem Krieg zum Opfer wurden – weil sie zur falschen Zeit am falschen Ort waren oder den falschen Namen trugen – allenthalben durch Willkür und Siegerallmacht. Ady wehrte sich nicht, aber sie sehnt sich nach zuhause, nach Antwerpen und Maria.

Aber seit Antwerpen nicht mehr unter deutscher Besatzung ist, bleibt die Post aus, und auch von ihren Briefen, die sie nach Hause schreibt, weiß Ady nicht, ob sie ankommen. Sie hört nichts von ihrer Tante aus Schweden, nichts von Maria. Auch auf ihren Brief, den sie am 21. November abschickt, kommt keine Antwort. Von diesem Brief wissen wir durch ihre »Kontrollkarte für den Auslandsbriefverkehr«, die ihr am 15. November 44 ausgestellt wurde.

Ihr französischer Bekannter hört ihr zu, dann macht er ihr ein Angebot: Sie könne doch unter seinem Namen an ihre Eltern schreiben, mit der Kriegsgefangenenpost über das Rote Kreuz.

Ady ergreift die Chance. Sie nimmt das Briefpapier mit nach Hause in die Dachwohnung und schreibt einen Brief an ihre Eltern – unter dem Namen des Franzosen, Edouard Mertens.

Diesen Brief hatte ich bei der ersten Sichtung des Kofferinhalts in der Hand, ihm aber keine Bedeutung beigemessen. Ich nahm an, aus irgendeinem nicht mehr nachvollziehbaren Grund sei der Brief eines Kriegsgefangenen in Adys Nachlass geraten. Doch als ich in Antwerpen war, erwähnte Renée die Hilfe eines französischen Kriegsgefangenen, und mir fiel sofort wieder dieser Brief ein. »Ady machte Bekanntschaft mit französischen Soldaten. Einer bot ihr an, unter seinem Namen über das Rote Kreuz ihren Eltern zu schreiben, er selbst war Waise.«

Ob sie Jupp davon erzählte? Konnte sie ihm auch in diesem Fall vertrauen? Wir können nur vermuten, dass Jupp ein zuverlässiger Freund war – wäre Ady sonst bei ihm geblieben?

Mit dem Datum vom 9. Dezember 1944 schickt Ady unter dem falschen Namen von Edouard Mertens den Brief an ihre Eltern.

Liebe Eltern!

Ihr werdet euch freuen und es wird euch beruhigen, wenn ihr von mir ein Schreiben erhaltet. Mir würde es auch besser gehen, wenn ich wüsste, wie es mit euch steht. Es ist sehr traurig, dass wir nichts von unserer Familie zu hören bekommen. Ich hoffe, ihr seid noch guter Gesundheit, und auch, dass Gott mein tägliches Gebet erhört, dass es euch gut geht. Liebe Mami, behalte bitte Mut. Jeden Tag beunruhigt es mich stärker, dass ich nichts von euch höre. Was ist mit unserer kleinen Antoinetje? Ich habe auch der Tante geschrieben und hoffentlich geht es auch da noch gut. Ich wünsche mit ganzem Herzen das Beste für Euch und dass wir uns so schnell wie möglich wiedersehen. Die allerbesten Grüße und für dich, liebe Mami, einen dicken dicken Kuss.
Schreibt bitte an die Adresse sofort zurück.

Euer Euch liebender Sohn.

Die Adresse, die Ady angibt, lautet: Mertens Edouard, Gefangenennummer 34 837, Lager VIII C.

VIII C bezeichnete das Kriegsgefangenen-Mannschaftsstammlager, Stalag VIII C im gut 35 Kilometer entfernten Sagan, Żagań. Dort waren von September 1939 bis Kriegsende Soldaten aus ziemlich allen Staaten interniert, gegen die das Hitlerregime Krieg führte: aus Polen, Frankreich, Belgien, Großbritannien, Jugoslawien, Italien, USA, Tschechien, Griechenland, Niederlande, Kanada, Sowjetunion und französische Kolonialsoldaten aus Algerien, Marokko und dem Senegal. Die tägliche Durchschnittsbelegung in den Baracken auf den 480 000 Quadratmetern Grund außerhalb Sagans lag bei etwa 50 000 Mann. Insgesamt gingen durch Sagan und zwei angeschlossene Durchgangslager etwa 300 000 Soldaten.

Ob auch Edouard Mertens täglich nach der Arbeit zurück in das

Lager nach Sagan gebracht wurde und dort unter den grausigen Zuständen litt, oder ob er und seine Kollegen, die im Goetzewerk arbeiten mussten, in dem Zweiglager in der Freystädter Straße untergebracht waren, wissen wir nicht.

Kriegsgefangene waren berechtigt, unentgeltlich Briefe zu bekommen und zu versenden, selbst Päckchen und Pakete aus ihren Heimatländern waren ihnen nach der Genfer Konvention erlaubt. Ihre Post wurde über die neutralen Länder Schweden und Schweiz ausgetauscht. Die sowjetischen Soldaten waren von dieser Regelung ausgenommen, da die Sowjetunion die Genfer Konvention nicht unterzeichnet hatte und sowohl Deutschland als auch die Sowjetunion sich den Versuchen des Internationalen Roten Kreuzes, beim Austausch von Kriegsgefangenenpost zu vermitteln, versperrten.

Was muss dieser Brief in Maria und in Firmin, sofern er zuhause war, ausgelöst haben. Beruhigung, ein Lebenszeichen zu erhalten, aber auch die schlimmsten Befürchtungen, weil ihre Tochter zu solchen Mitteln greifen musste, um ihnen zu schreiben! Sie wussten ja nicht, ob nicht Ady selbst in einem Lager als Gefangene war.

Nicht einmal diesen harmlosen Brief zu schreiben, war erlaubt. »Nach der Verordnung über den Umgang mit Kriegsgefangenen vom 11.5.1940 ist jedermann jeglicher Umgang mit Kriegsgefangenen und jede Beziehung zu ihnen strengstens untersagt. Dieses gilt auch für die im Reich eingesetzten ausländischen Arbeitskräfte. Unter das Verbot fallen unter anderem die Weiterleitung von Postsendungen, Empfang von Postsachen unter einer Deckanschrift und vieles andere mehr. Verstöße werden nach den Vorschriften zum Schutze der Wehrkraft des deutschen Volkes v. 25.11.31 RGBL. I S 2319 schwer bestraft.«

Doch es geht alles gut. Wir können rückblickend nur hoffen, dass auch Edouard Mertens, der ihr so großzügig seine Identität zur Verfügung stellte, nicht aufflog und bestraft wurde.

Adys Hoffnung, dass ihr Brief die Eltern in Antwerpen noch vor Weihnachten erreichen möge, erfüllt sich nicht. Laut Poststempel kam der Brief beinahe zwei Monate später, am 31. Januar 1945 durch Brüssel.

In der Zwischenzeit, am 25. Januar 1945, gibt Ady erneut einen

Brief zur Post, unter ihrem eigenen Namen, und lässt ihn auf ihrer Kontrollkarte quittieren.

Wann ihr Brief unter dem Namen Edouard Mertens ihre Eltern im bombardierten Antwerpen erreichte, wissen wir nicht. Mitte Dezember gibt Tante Netje in Schweden einen Brief an Ady in die Post. Sowohl Ady als auch Netje machen sich Sorgen um Maria in Belgien und umeinander, jede ist von den anderen abgeschnitten.

Sudden death

Nässjö 16. 12. 44

Beste Ady,

ich habe gerade Deinen Brief empfangen, der vom 20. 11. 44 datiert ist, also beinahe einen ganzen Monat unterwegs war. Und da habe ich gesehen, dass du in Deutschland bist.

Ich habe schon so viele Briefe nach Hause [sie meint Antwerpen] geschrieben und sie sind alle wieder zurückgekommen. Ich kann nicht mehr nach Hause schreiben, so dass ich dir schreiben musste. Ady, ich habe so viel Kummer. Du, da ich weiß, dass du nicht so stark bist, das zu tun, aber pass gut auf, dass du noch nach Hause kommst, damit ich dich noch sehen kann, dass du nicht krank wirst, weil das wäre ein so großer Schmerz für uns.

Den von Netje erwähnten Brief gab Ady am 21.11. auf die Post. Sie hatte aus Antwerpen lange keine Nachricht bekommen und sich an die Tante gewandt. Aber auch Netje in Schweden hat keinen Kontakt zu Maria.

Antwerpen ist durch die Briten befreit, doch von der Welt abgeschnitten. Der Krieg war für die Stadt noch lange nicht vorbei, im Gegenteil: Was seit September auf die Stadt niederging, ließ die Einwohner Antwerpens mehr als einmal darüber sinnieren, ob es noch schlimmer kommen könne. Vor allem der Hafen war schwer umkämpftes Gebiet, doch den trafen die Flugbomben und A-4 Raketen kaum, die unter der Propagandabezeichnung V2 bekannt wurden, dagegen fielen sie auf das Antwerpener Stadtgebiet – und weil die Technik nicht ausgereift war, auch auf die Dörfer und Gemeinden im Umland.

Ende November konnten die Alliierten den Hafen in Betrieb nehmen, nachdem alle Minen geräumt waren. Tausende Antwerpener Männer fanden Arbeit, sie halfen, den mit Schiffen anlandenden Nachschub abzuwickeln, und erhielten wegen der anhaltenden Bombardierung Extra-Prämien, ein Chronist nannte die Gefahrenzulage »Bibber-Geld«.

Dann traf am 16. Dezember eine V2 das voll besetzte Kino »Rex« in der Nähe des Hauptbahnhofs. Drei Jahre zuvor, am Ostermontag 1941, war hier der Hetzfilm ›Der ewige Jude‹ gelaufen. An diesem Nachmittag im Dezember starben 567 Menschen, 291 wurden verletzt, mehr als die Hälfte der Toten waren britische, amerikanische und kanadische Soldaten, die sich den Film ›The Plainsman‹ (deutsch ›Der Held der Prärie‹) mit Gary Cooper und Jean Arthur in den Hauptrollen ansehen wollten.

Die Spitäler und Gesundheitsdienste waren im Dauereinsatz und immer noch überfordert. Zur Identifizierung mussten die Leichen am Zoo im Freien ausgelegt werden.

Nach dem Schock dieses Treffers wurden alle Theater und Kinos geschlossen, aus Angst vor einer erneuten Katastrophe durften sich nicht mehr als fünfzig Leute zusammen an einem Ort aufhalten. Wer die Möglichkeit hatte, verließ das Stadtgebiet. Antwerpen wurde zu einer düsteren und halb verlassenen Stadt. Wer blieb, fühlte sich inmitten der zerstörten Häuser in dem schweren kalten Winterwetter abgeschnitten von der Welt.

Auch Renées Familie, Mutter und Bruder, und Maria werden daran gedacht haben, die Stadt zu verlassen. Aber so einfach war das nicht, wo sollte man hin? Im Norden standen die Deutschen, im Süden und im Osten wurde immer noch gekämpft. Und die nähere Umgebung von Antwerpen lag ebenfalls unter dem Beschuss der Raketen und Bomben.

Im Dezember 1944 trafen durchschnittlich etwa vier Fernwaffen Antwerpen, bis Ende Januar, Anfang Februar 1945 steigerte sich der Beschuss auf bis zu 26 Treffer pro Tag. Mehrere Male schlugen Raketen in Borgerhout oder Berchem ein, nur wenige Straßen vom Haus Marias in der Zonnewijzerstraat entfernt, Ady erfährt davon nichts. Gut auch, dass Renée nichts von den Raketen wusste. Auf Ekeren-Donk, wo ihre Mutter lebte, gingen allein sechzig V2 runter, Sint Job wurde getroffen, wo Ady so unbeschwerte Sommertage mit Gus-Suske-Jefke verlebt hat, ebenso Brasschaat, wo ihr Freund damals als Soldat stationiert war. Anfangs war besonders der für den alliierten Nachschub wichtige Hafen das Ziel der Fernwaffen. Antwerpen zählte schließlich 175 Tage, an denen Bomben auf die Stadt niederfielen. Glücklicherweise erreichten nur etwa ein Viertel der Flugkörper ihr Ziel, die anderen versagten wegen technischer Defekte oder wurden abgeschossen. Doch die, die einschlugen, waren verheerend. Mortsel trafen 41, Wilrijk, wo Ady zuletzt arbeitete, 65, Deurne mit dem Flughafen 68 der V2-Raketen. Jedes Mal wurden Dutzende Menschen getötet, Hunderte verletzt.

Mehr als 30 000 Flugbomben V1 hat das Deutsche Reich in den beiden letzten Kriegsjahren produziert. In England und Belgien wurden durch die V1 über 15 000 Menschen getötet. Trotz allem blieb die V1 die einzige Waffe weltweit, deren Herstellung mehr Menschenleben kostete – im KZ Dora-Mittelbau – als ihr späterer Einsatz.

Weihnachten 45, Grand Marnier und Sehnsucht nach zuhause

Die Front rückt näher, im Dezember verlassen immer mehr Menschen Neusalz, die Situation wird chaotisch.

Onkel Charley hat dir noch ein Paket geschickt und gefragt, ob du auch gut auf alles aufpassen kannst, bis wir zurückkommen.

Du musst mir sagen, ob ich dir direkt etwas schicken soll, aber da musst du mir die Adresse besser schreiben, denn da habe ich mich nicht zurechtgefunden.

Und dann schau doch, ob du nicht zu mir kommen kannst, denn das wäre noch besser für dich.

Ady soll in Antwerpen auf alles achtgeben, bittet die Tante in ihrem Brief vom 16. Dezember, wie man das einer Nichte aufträgt, wenn man die eigene Schwester nicht überfordern will. Dass Ady nicht in Antwerpen nach dem Rechten sehen kann, ignoriert Netje. Sie nimmt an, Ady sei nach Deutschland geflüchtet. Von Firmin spricht sie nicht.

Wie weit weg war doch Schweden, wie weit entfernt war der Krieg, wie wenig wusste sie um das, was Ady widerfuhr.

Es ist die Zeit der Frauen. Sie müssen allein zurechtkommen. Maria in Antwerpen, Ady in Neusalz, Netje in Nässjö. Ihr Schreibstil ist wie stets etwas verworren, aber ihr Kummer ist zwischen den Zeilen spürbar.

Was Ady ihrerseits an Netje geschrieben hat, wissen wir nicht. Aber sie wird von ihrer Furcht gesprochen haben, was wohl werden wird, und über die Not während dieses harten Kriegswinters. Allzu deutlich ist sie sicherlich nicht geworden, man konnte ja nicht wissen, wer alles mitlas, schon gar nicht durfte sie sich darüber beklagen, dass sie zusammen mit Kriegsgefangenen in der Munitionsfabrik arbeiten musste; doch Anspielungen hat sie wohl gemacht. Netje macht sich Sorgen:

Denn ich habe jetzt so viel Kummer um dich, dass du jetzt nicht da bist, wo du warst, aber lass deinen Mut nicht sinken, denn sonst sehen wir dich nicht mehr. Jetzt denke ich jede Minute an dich. Die Sorge ist zu groß.

Ich bin auch noch immer allein, ich habe Onkel Charley noch nicht gesehen und ich glaube auch, dass ich ihn nie mehr sehe, aber er sagt, dass ich hier bleiben muss, bis alles vorbei ist. Er will mich holen kommen, sagt er. Und jetzt werde ich Onkel Charley wissen lassen, dass du da bist. Es ist noch gut, dass du auch Kameraden mit hast, mit denen du sprechen kannst, denn anders wäre es doch arg. Hoffe, dass ich dir auch noch mal was schicken kann. Aber vergiss nicht, dass ich mir soviel Sorgen um dich mache. Jetzt höre ich auf und wenn du mir schreibst, will ich immer antworten und werde nicht krank und bleibe

am Leben. Noch eine schöne Weihnachten und ich werde viel beten für
dich und hoffe dich bald wiederzusehen, behalte Mut.
Herzliche Grüße von deiner Tante und Onkel Charley

Es ist außergewöhnlich kalt in diesem Winter, Schlesien ist tief verschneit und die Oder ist fest zugefroren. So wird er auch in die Geschichtsbücher eingehen, als der eiskalte letzte Kriegswinter. Die Menschen frieren noch stärker als gewöhnlich, weil sie zu wenig Heizmaterial haben, sie seit Monaten zu wenig zu essen bekamen und der Krieg an den Nerven zehrt.

Dazu kommt unter den Menschen in Neusalz die Angst vor »den Russen«. Die Sowjetarmee ist unerbittlich auf dem Vormarsch.

Heiligabend feiern Ady und Jupp zusammen mit anderen bei Renée in ihrem warmen Zimmer mit dem großen Ofen. »Ich habe mir in Verviers zwei Flaschen Grand Marnier mitgenommen,« schrieb mir Renée, »ich konnte nicht so viel tragen. Die eine Flasche ist kaputt gegangen. Aber es war unten nur ein kleines Loch drin, ein Riss und von dem Zucker war der wieder dicht. Später, als ich in der Adolf-Hitler-Straße war, war die sehr gut für mich. Ich musste nicht putzen, das wurde gemacht. Ich hatte das noch nie gesehen – meine Eltern waren Arbeiter –, die hatten da eine Bibliothek, ein Teil war sein Bereich, er war Bauingenieur. Aber der andere Teil, ich habe dort jeden Tag gelesen. Heizung war mit einem ganz hohen Ofen, einem Kachelofen und wenn ich kalte Füße hatte, habe ich sie so dagegen gelegt. Der Hausfrau habe ich dort die eine Flasche gegeben. Die andere Flasche habe ich noch gehabt. Wir haben dann ein sehr schönes Weihnachtsfest gehabt und dann noch Neujahr! Dann war sie leer.«

Jupp wäre gerne über die Weihnachtstage zu seiner Familie nach Bottrop gefahren. Er wird hin und her gerissen gewesen sein zwischen der Sehnsucht nach seiner Mutter und seinen Geschwistern und »seiner kleinen Frau«. Ady konnte nicht weg, für sie, die flämische Fremdarbeiterin, gab es keinen Weg nach Hause. Sie saßen bei Renée, sangen und lachten und dann kamen Ady wieder die Tränen, das Heimweh und die Sehnsucht nach Maria.

Am 18. Januar 1945 gedenkt die deutsche Wochenschau des 100. Geburtstages von Carl Benz. Ein Loblied auf den Pionier der Motorisierung – und nun machten sich seine Nachfahren erneut daran, ihre in seinem Namen produzierten Flugmotoren vor dem Feind in Sicherheit zu bringen.

Der Reparaturbetrieb zeigt Auflösungserscheinungen. »Als wir nach der Arbeit zum Essen kamen, waren etwa sechs oder sieben wallonische Mädchen, die wir nicht so kannten, schon abgereist. Sie sind nach Berlin gegangen, vorher schon mit dem Zug, da waren das noch normale Züge.« Mitte Januar waren »die Neusalzer Bürger schon weg nach Westen, viele mit dem Zug, auch meine Vermieterin.« Renée und die anderen, Jupp und Ady machen sich ebenfalls bereit für den Abzug, packen ihre Siebensachen zusammen.

Die Evakuierung der Bevölkerung ist längst vorbereitet. Doch man lässt sich Zeit, den Evakuierungsbefehl zu erlassen. Immer mehr Flüchtlinge aus den Gebieten jenseits der Oder kommen durch Neusalz. Am 21. und 22. Januar 1945 werden die Bewohner aus den Dörfern östlich der Oder innerhalb weniger Stunden evakuiert, doch dann auf andere Orte des Kreises westlich der Oder verteilt. Die Zivilverwaltung geht davon aus, dass der russischen Offensive an der Oder Halt geboten und von dort aus ein Gegenangriff erfolgen werde.

Am 28. Januar wird die Evakuierung der Stadt durch Lautsprecher ausgerufen, einen Tag später jene für den gesamten Kreis Freystadt.

Doch der Abtransport mit Güter- und Personenzügen gestaltet sich schwierig. Zunächst dürfen nur Frauen mit kleinen Kindern die wenigen verfügbaren Züge benutzen. Alle anderen müssen nehmen, was verfügbar ist.

Der Augenzeuge Richard Striegan berichtete in den sechziger Jahren in einem Zeitungsartikel, »Menschen mit Pferden und Wagen zogen täglich durch Neusalz. Bis zum 10. 2. 1945 durchwanderten die Trecks bei 10 bis 12 Grad Kälte unsere Stadt. Nachts suchten diese armen Menschen in Häusern Unterkunft, um am nächsten Tag ins Ungewisse weiterzuziehen, in der Hoffnung, dass die angekündigte Wunderwaffe eine Wendung des Krieges herbeiführen würde.« Die kam nicht mehr, doch welche Katastrophe Hitlers Superwaffe derweil in Antwerpen anrichtete, wusste in Neusalz niemand. »Zu der Zeit war es minus 18 Grad kalt«, erinnert sich Renée. »Ich hatte Hosen und einen Mantel aus Wolle, grau, aber fast schwarz. Einer von Daimler, der eigentlich Schneider war, hatte mir die Hosen und den Mantel gemacht.«

Ein Betrieb nach dem anderen macht Schluss, nicht zuletzt die Goetzewerke. Im Januar bricht in der Stadt Panik aus, alle wollen weg, im Februar fallen die ersten Bomben.

»In der dritten Januarwoche mussten wir alle zusammen in ein Haus ziehen, nah beim Bahnhof«, schilderte Renée die Situation. »Ich lebte am nächsten zum Bahnhof, also kamen alle zu mir in die Adolf-Hitler-Straße 10. Dort beobachteten wir aus dem Fenster einen langen Zug russischer Gefangener zu Fuß, alle vom asiatischen Typ.« Französische Zwangsarbeiter aus einer der Munitionsfabriken besorgen sich Kleidung von Kriegsgefangenen, plündern Frachtkähne im Hafen und schlagen sich auf die russische Seite.

Am 29. Januar wird das KZ-Außenlager bei den Gruschwitz-Werken geräumt. Etwa 900 Frauen machen sich auf einen der grausamen Todesmärsche, die vielen KZ-Häftlingen in den letzten Kriegswochen bevorstanden. Erst Anfang März erreichen 869 von ihnen das Konzentrationslager Flossenbürg, von wo etwa die Hälfte nach Bergen-Belsen gebracht wurde. 235 Frauen kamen mit Hilfe des schwedischen Roten Kreuzes nach der Befreiung zur Rehabilitation nach Schweden.

Während Neusalz und ganz Schlesien in Auflösung begriffen sind, kreuzen sich besorgte Briefe von Netje und Maria auf dem Weg zwischen Schweden und Antwerpen.

4. 2. 1945

Dear sister in law.

Just a few lines to let you know we are still in best of health boht (both) me and Netje only hopin it soon will be finished so we can get home and settle down again.

Netje had a letter from Ady so I'm sending it to you now she must have a very hard life. I finish my scribblin now. With all the best regards from your sister and brother in law,

Charley

Send me a line. Best regards to all.

Es ist ein kleiner DIN-A6-Zettel, mit Füller beschrieben. Im Kopf wurde der Ort mit einer Schere herausgeschnitten. Warum, bleibt ein Rätsel.

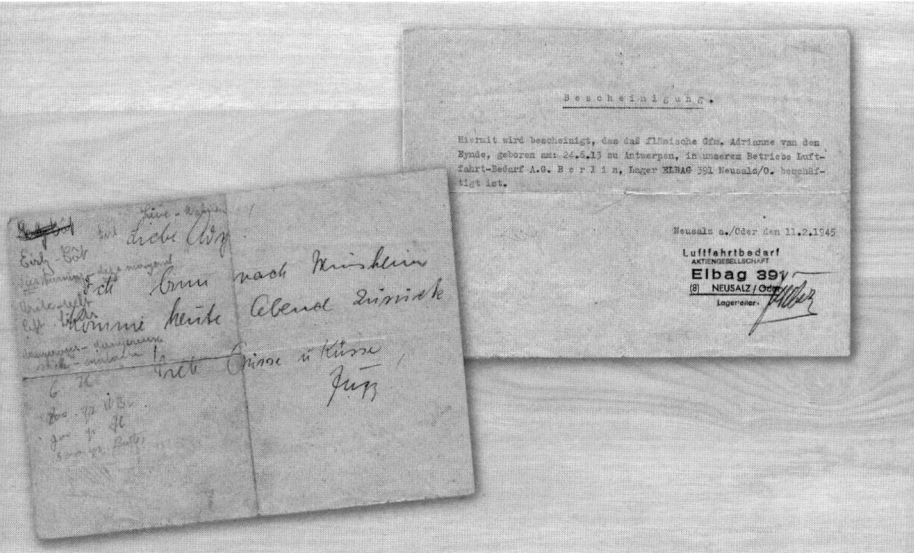

Beschäftigungsbescheinigung von der ELBAG in Neusalz, ausgestellt an Adys letztem Tag in Neusalz, am 11. Februar 1945.

Auf der Rückseite der Elbag-Bestätigung sind Dinge aus einer anderen Welt notiert: französische, niederländische und englische Vokabeln, Teile eines Einkaufszettels und der kurze Brief von Jupp: Liebe Ady! Ich bin nach Winsheim (Windsheim), komme heute Abend zurück. Viele Grüße und Küsse, Jupp

Am 9. Februar sprengten Pioniere die Brücke über die Oder. Eine Quelle spricht davon, die Rote Armee habe die Brücke gesprengt, doch ist es angesichts der Lage der Stadt mit diesem einzigen Oder-übergang wahrscheinlicher, dass der Volkssturm, im verzweifelten Versuch, die sowjetische Armee aufzuhalten, die Brücke sprengte.

Am nächsten Tag steht die Rote Armee auf der gegenüberliegenden Oderseite.

Wenn die Luftlage es erlaubte, verkehrten noch wenige Personenzüge. Um Breslau herum war der Betrieb von D- und E-Zügen bereits am 24. Januar von der Deutschen Reichsbahn eingestellt worden. Nun wird es eng, aus der Richtung von Freystadt ist Artilleriefeuer zu hören.

Am 11. Februar wird Ady im Büro eine Bescheinigung ausgehändigt, die ihr bestätigt, »dass das flämische Gfm. Adrianne Van den Eynde, geboren am 24.6.1913 zu Antwerpen, in unserem Betriebe Luftfahrt-Bedarf A.G. Berlin, Lager ELBAG 391 Neusalz/O. beschäftigt ist«. Ein Versuch, das belgische Fräulein zu schützen, sie ist in diesem Betrieb beschäftigt, also nicht vogelfrei. Alles war in Auflösung, jeder würde in den nächsten Tagen und Wochen versuchen, seine Haut zu retten.

Etwas allerdings ist merkwürdig. Ady arbeitete während der letzten Monate im Goetzewerk. Dieser Name taucht allerdings nicht auf, sondern als Arbeitgeber wird hier »Lager ELBAG 391« genannt. Was verbarg sich hinter »ELBAG«, wer war die Luftfahrt-Bedarf A.G. Berlin? Weder in Renées Berichten noch in Adys sonstigen Papieren kam ELBAG bisher vor. Eine Spur fand sich schließlich im Bundesarchiv. Nach der Machtergreifung 1933 hatten die Nationalsozialisten, wegen der Bestimmungen des Versailler Vertrages zunächst noch im Geheimen, mit dem Aufbau einer neuen Deutschen Luftwaffe begonnen. Eine zivil auftretende Tarnorganisation dieses Unternehmens war die »Deutsche Luftverkehrs und Handels-AG Berlin«, abgekürzt Delhag. Laut Unterlagen des Bundesarchivs handelte es sich bei der in Adys Bestätigung genannten ELBAG um den im Jahr 1943 vollzogenen wirtschaftlichen Zusammenschluss der »Deutschen Luftfahrt- und Handels-AG«, Delhag, mit der »Gesellschaft für Luftfahrtbedarf mbH Berlin« zur Luftfahrtbedarfs-AG, ELBAG. Die Flugmotoren von Daimler-Benz mögen als »Luftfahrtbedarf« noch durchgehen – aber die Granaten aus dem Goetzewerk?

Wieder funktioniert die Gemeinschaft der Daimler-Leute. Viele Flüchtlinge haben ihr Vieh dabei, die Crew von Daimler-Benz kaufte Schweine und Kühe, ein paar Mitarbeiter waren in ihrem früheren Leben in Friedenszeiten Metzger gewesen, sie schlachteten die Tiere und »wir bekamen alle Essen für unterwegs«, schrieb mir Renée in einem ihrer Briefe. »Und von Daimler bekamen wir Marken für Brot und Milch.«

Ady geht vom Büro in die Adolf-Hitler-Straße zur Wohnung von Renée, holt ihr Gepäck und eilt mit den anderen zum Zug. »Wir mussten zum Bahnhof gehen, mit wenig Gepäck. Dort waren Viehwaggons mit Stroh am Boden und einem kleinen schwarzen Ofen in der Mitte. Unser Zug war der letzte, der fuhr, danach war es nicht mehr möglich.«

Auch der Zeitzeuge aus Neusalz, Richard Striegan, spricht in seinem Zeitungsbericht vom letzten Eisenbahnzug, der am 11. Februar Neusalz mit Flüchtlingen verließ. Allerdings erwähnt er, dass der Zug »vom Anschlussgleis des Krausewerks in Richtung Grünberg abfuhr, denn die Weichen und der Wasserturm am Bahnhof waren bereits gesprengt worden«.

Ady hat sich am Morgen bereits von Jupp verabschiedet. Er muss raus zu den Depots, die Lkws sind noch nicht fertig beladen, aber er soll auch am gleichen Tag noch losfahren.

Es ist höchste Zeit. Am Abend des 11. Februar dringen die ersten Soldaten der Roten Armee in einzelne Stadtviertel vor. Am Tag darauf wird die Stadt eingenommen. Der Kirchturm gerät in Brand. Es fehlen Männer zum Löschen und Wasser. Häuser und Privatwohnungen werden durchsucht. Verschiedene Gebäude in der Stadt brennen nieder. Ein anonymer Zeitzeuge vermutet, die Brände seien nicht durch Beschuss entstanden, sondern durch Brandstiftung oder Unvorsichtigkeit der plündernden Truppen. Die Sowjetsoldaten befreien die zurückgelassenen Zwangsarbeiter und Kriegsgefangenen.

Ady notierte auf ihrer Routenliste, die bereits über ihre Hinfahrt nach Neusalz Auskunft gegeben hatte, auch die Städte, durch die sie nun kamen. Der erste Ortsname war Grünberg. Etliche weitere sollten ihm folgen.

Geh nicht weg!

»Einige von uns wurden in einen überfüllten Güterzug nach Cottbus gesteckt, the others, also Jupp, came by lorries and had to pass two times the front!«, schrieb mir Renée über ihren fluchtartigen Abzug aus Neusalz. In Abständen hielt der Zug auf freier Strecke. Es herrschten chaotische Zustände. An jeder Station standen Tausende, die den Zug stürmen wollten. Zweimal querten sie die Frontlinie, »wir mussten uns auf den Boden legen und der Zug fuhr so schnell, wie er konnte. Wir hörten Geschütze, aber ich glaube nicht, dass jemand verwundet wurde. Auch die mit den Lkws fuhren, machten die Erfahrung.«

Von Grünberg ging es weiter nach Cottbus. »In Cottbus mussten wir den Zug verlassen, es ging nicht weiter. Wir mussten etwas finden für die Nacht. Ady setzte ich hin am Bahnhof mit dem Gepäck und sagte, ›ich suche etwas‹. Und sagte zu ihr: ›Geh nicht weg! Beweg dich nicht hier weg!‹« Renée schilderte mir ihre Abreise, ihre Flucht, den Abzug – was war es denn? Militärisch gesehen war es ein Rückzug; aber war er geordnet? Die Daimler-Mitarbeiter waren zusammen, zumindest waren sie in kleineren Gruppen zusammen, und für sie waren immer wieder Plätze in Zügen organisiert.

Renée saß an ihrem Esstisch in Antwerpen vorne auf der Stuhlkante und begann zu erzählen, wieder ging es hin und her zwischen deutsch, niederländisch, französisch und englisch. »›Nein‹, versicherte Ady, ›ich bleibe.‹ ›Auch, wenn du jemanden triffst‹, sagte ich, ›der sagt, ich weiß etwas zum Übernachten, du musst warten, bis ich wieder zurück bin. Don't move!‹« Renée haben der Abzug aus Neusalz und die anschließende Odyssee durch Deutschland nachhaltig beeindruckt. Wenig aus der damaligen Zeit hat sie so detailreich in Erinnerung behalten, so anschaulich geschildert. Diese Odyssee war ein großes Abenteuer im Leben dieser 22 Jahre jungen Frau, und zugleich hat es aller Energie und verfügbaren Kräfte in dieser so positiven und durchhaltewilligen Person bedurft, die Ungewissheit dieser Fahrt zu ertragen.

»Ich sah eine Frau mit einem Bollerwagen aus Holz, drin drei kleine Kinder, das jüngste war ein Baby. ›Ah, kann ich helfen, haben

Sie eine Adresse, wo Sie hingehen können?‹ ›Ja‹, antwortete die Frau, ›ich gehe zu meiner Schwester. Es ist nicht so weit‹, und die Kinder begannen zu schreien. Ich fragte, ›oh, hat Ihre Schwester vielleicht Platz, wo wir auch bleiben könnten, auch wenn wir auf dem Boden schlafen müssen?‹ Hauptsache, es wäre drinnen, es war immer noch kalt. ›Oh ja‹, sagte sie, bei ihrer Schwester, das ginge schon in Ordnung, that will be allright. Also habe ich sie mit den Kindern gebeten zu warten und sagte zu ihr wie zu Ady, ›don't move! Bitte nicht weggehen!‹ Ady fragte, ›wie hast du das gemacht?‹

Weil wir keine Wahl hatten, legten wir unser Gepäck auf den Handwagen und gingen mit zu der Schwester. Bei der Schwester schlief ich auf einem Teppich am Boden und Ady in zwei zusammengeschobenen Sesseln. Ich lag nicht gut, ich hatte mich schon gedreht und gedreht, ich war zu groß, um es genauso zu machen wie Ady. Heute ist mein Rücken schön gebogen. Aber damals noch nicht«, schob Renée ein. »In der Nacht hörte ich draußen jemanden rufen, zuerst verstand ich nicht, was es war, ich dachte, da ruft doch einer auf der Straße, aber beim nächsten Mal hörte ich ›Ady!‹. Ich rannte runter, es war Jupp, er hatte bereits ein Zimmer organisiert. Ady wachte auf und ging mit ihm. Am nächsten Tag kamen sie mich und das Gepäck holen.«

Verwundert fragte ich Renée, wie Jupp sie hat finden können. »Ady hatte Angst, Jupp nicht wiederzufinden, das schon. Jupp war erst zum Bahnhof gegangen. Er war mit dem Lastkraftwagen später abgezogen aus Neusalz. Jupp hat den Eisenbahner gefragt und der sagte ihm, ›ja die sind abgezogen hier, sie müssen mal rufen in der Straße. Wir wissen nicht, wohin die Leute gegangen sind.‹« Ady hatte großes Glück, Jupp wiederzufinden. Wir können zwar annehmen, dass die Daimler-Leute sich gegenseitig informierten, wohin sie gingen, wenn sie die Gruppe verließen, aber so wie die Zustände damals auf den Bahnhöfen waren – Tausende waren unterwegs, alles voller Menschen, die Bahnsteige waren überfüllt von Reisenden mit Koffern, Bündeln, Riesenpaketen, Kindern, die einen wollten aus- oder einsteigen, wenn mal ein Zug fuhr, jeder versuchte mit völlig überfüllten Zügen weiterzukommen, die anderen warteten, oft stundenlang –, war es fast unwahrscheinlich, sich wiederzufinden. Wie viele haben sich damals aus den Augen verloren.

Am nächsten oder übernächsten Tag ging es weiter. Die folgenden Stationen passierten sie ohne besondere Vorkommnisse. Ady notierte in ihrer Liste Welchenkirchen, Nisky (Niesky) und Herzerswerda (Hoyerswerda). Sie sind noch immer eine Gruppe von Daimler-Beschäftigten, die flämischen Frauen und Herr Berthold, Renées alter Chef aus Antwerpen.

In Bernsdorf sollten sie sich mit den anderen wieder sammeln. Bernsdorf, 15 Kilometer hinter Hoyerswerda, südlich des Braunkohlereviers, hat heute gut 6000 Einwohner, vor dem Krieg gab es eine Glashütte und ein Baugeschäft, das Holzhäuser und Flugzeughallen herstellte. Der Industriemagnat Hugo Stinnes, der im Ersten Weltkrieg ein Vermögen mit der Ausrüstung der Reichswehr gemacht hatte, war eine Zeit lang Eigentümer des Gutes Bernsdorf gewesen. Zum Ende des Kriegs erwarb die Heeresverwaltung große Geländeflächen im Lehmwald nördlich von Bernsdorf, auf denen eine Niederlassung des Transportkorps Speer untergebracht war. In seinen besten Zeiten verfügte das Kommando über etwa 50 000 Fahrzeuge.

»When we all were together we went by lorries, they had somewhere found, heading West.« Renée sagt »found«, richtigerweise sagt man wohl in diesem Fall, sie requirierten Fahrzeuge, die möglicherweise vom verlassenen Transportkorps Speer stammten.

»Ich saß zusammen mit Joske, einem flämischen Mädchen und ihrem Freund Siegfried in einem VW. Bei dem konnte nur die Bremse betätigt werden, denn wir hatten kein Benzin und waren an einen Drei-Tonner-Lkw angehängt. Wir starteten Richtung Nürnberg. Als wir Bernsdorf verließen, stoppten wir unterwegs, drinnen in den Wagen war es so eiskalt und die ganze Kolonne hat angehalten, um ein Stück zu gehen. Berthold wollte nach Dresden reinfahren, seine Familie hatte dort ein Fabrikgelände. Da wären wir aus der großen Kälte heraus. Und der Karlheinz sagte, nein, er gehe nicht in eine große Stadt, das ist vorbei. Die anderen Deutschen haben gesagt, wir laufen uns hier ein bisschen warm. Wir sind mit den Decken über den Schultern also gelaufen. Und plötzlich sagt einer, was hör ich jetzt, was für ein Gebrumm? Wir hörten ein befremdliches Geräusch, das lauter wurde. Einer rief, das ist wahrscheinlich eine Gruppe von Flugzeugen und plötzlich sahen wir so etwas wie

Christbäume. Es war ein Angriff auf Dresden. Wunderschön anzusehen – für die Menschen in der Stadt war es die Hölle.«

Meine Familie kommt aus Dresden, ich bin in Dresden geboren – und dort hatten diese belgischen Frauen das Ereignis beobachtet, das über allen Dresdner Familien liegt wie ein dunkler Schatten.

Am 11. oder 12. Februar waren Ady und die anderen aus Neusalz abgefahren, in der Nacht vom 13. auf den 14. Februar fanden die schweren Angriffe auf Dresden statt. Am 14. folgte tagsüber die Flächenbombardierung durch 311 amerikanische Bomber. Am 15. Februar erfolgte ein weiterer Angriff auf die bereits vollständig zerstörte und mit schlesischen Flüchtlingen überfüllte Stadt. Die genaue Zahl der Opfer ist nicht rekonstruierbar, in der Stadt hielten sich Tausende von Flüchtlingen auf. Es waren bis zu 50 000 Menschen, die ihr Leben verloren.

Es war Faschingszeit, doch niemand dachte an rote Nasen. Dresden starb am Faschingsdienstag. Berthold war Renées Chef bereits in Antwerpen gewesen und er war es, der ihr damals versprochen hatte, wenn sie mit Daimler ginge, würden sie auf sie aufpassen. Und Renée sagte, »das haben sie getan«.

»Dann ist Berthold, wie wir in Illesheim waren, wieder nach Dresden gegangen und alles war kaputt. Auch seine Familie, da war nur ein Überlebender, aber schwer verletzt. Berthold ist später noch mal in Antwerpen gewesen. Da habe ich ihn nicht gesehen, aber der Mann von meiner Freundin, er sagte: ›du kannst nicht raten, wen ich heute gesehen habe!‹ Ich fragte: ›ist es ein Belgier oder was?‹ ›Nein, er ist ein Deutscher. Ein guter Mensch.‹ Und da sagten meine Freundin und ich zusammen: ›Berthold?‹ Er war ein schicker Mensch. Er war für die Rentabilität zuständig. Er war immer mein Chef gewesen.«

Hinter Dresden geht es ein Stück auf der Reichsautobahn weiter, über Chemnitz, Richtung Hof. Renée hatte kaum Aussicht nach vorne, die war versperrt von dem Lkw, der ihren VW zog. Ady konnte in Jupps Laster mitfahren, vorne im Führerhaus, den Sitz teilend mit dem Beifahrer. Draußen zog Deutschland an ihr vorbei, die weiß verschneiten Hügel hinter Plauen, leere Felder, Schneewälder, die Straßen voller Militärfahrzeuge und Flüchtlinge. Über Hof und Bayreuth ging es hinein nach Franken.

Raus aus der Baracke

Vom großdeutschen Traum war nicht mehr viel übrig, das Reich war zusammengeschmolzen.

In Franken kommt mir Ady noch einmal ganz nah. Der Daimler-Tross umfuhr Nürnberg und hielt erst wieder in Illesheim, mitten im Fränkischen. Es ist eine milde Landschaft, auch im Winter, eine kleinteilige Gegend: Felder, Waldstücke, Hecken, aus den Senken zwischen den Hügelkuppen spitzen Kirchtürme hervor. Dort, bei Bad Windsheim, drehte ich vor vielen Jahren einen Dokumentarfilm fürs Bayerische Fernsehen über ein lang überkommenes Ritual. Alle zehn Jahre verlosen die Bauern aus vier Dörfern ihre Äcker untereinander neu. Den Ursprung für diese gemeinsame Form des Landbesitzes soll der Legende nach eine Prinzessin gelegt haben, die sich auf dem bewaldeten Hügel Osing verlaufen hat. Erst durch die Glocken der umliegenden vier Dörfer konnte sie den Weg zurückfinden und soll aus Dankbarkeit ihr Land den Bauern vermacht haben.

»Arriving in the region of Ansbach we stayed in Barracks some weeks. The village was Illesheim, wieder in Baracken, nahe bei einem Kriegsflugplatz, wo wir unser warmes Essen bekamen. Aber wenn Alarm war, war er geschlossen, also waren wir jeden Tag hungrig. Ady was also there and also Jupp. But after some days Jupp found a room in the little town.« Ady zog mit Jupp in das Zimmer, Renée blieb zurück in der Baracke.

»Das war eine ziemlich große Baracke. Da war auch eine französische Familie dabei, eine normannische Familie. Es gab einen großen Ofen für die Heizung. Wir hatten wieder so Abteile gemacht mit Decken. Auch der Franzose für seine Familie, aber wenn wir uns wuschen, da kam er immer gucken.

Wir hatten nur eine Zinkwanne, nicht allzu groß, die wir nahmen zum Kochen für Kartoffeln, Eier und auch zum Waschen.

Mit einem etwas älteren belgischen Mann, wir beide schlecht gekleidet, fragten wir überall nach Essbarem, vor allem Kartoffeln. Es war schwierig, etwas zu besorgen, tagsüber lauerten die Spitfires und griffen jedes Ziel mit ihren Maschinengewehren an. Die Geschäfte hatten daher kaum Nachschub. Aber sobald es dunkel wurde, war jeder unterwegs. Die Straßen waren voller Lkws und Menschen in und außerhalb der Dörfer oder Städte, Soldaten gingen zur Front oder kamen zurück. Es war gespenstisch. Und die Front kam jeden Tag näher, von Westen und Osten.

Jupp macht weiterhin Fahrten für Daimler. Ady bleibt zurück und macht sich Sorgen, bis er wieder bei ihr ist. Sie hält Kontakt zu Renée und den anderen und auch sie hat Mühe, sich zu versorgen. Und andauernd müssen sie in den Keller bei Fliegeralarm. Sie hat Angst vor den Bomben und vor den Tieffliegern, wenn sie hinausgeht zum Flugplatz, wo Renée und die anderen stationiert sind. Es ist eiskalt und sie ist allein.

Vielleicht muss sie auch vor den Deutschen um sie herum Angst haben, ihren Vermietern oder ihren Nachbarn. So mancher Unverbesserliche mag noch an den »Endsieg« geglaubt haben. Andere mögen in ihrer Verzweiflung Menschen wie Ady für ihr Schicksal verantwortlich gemacht haben. Ady war nicht nur ein Mund mehr, der auch noch zu stopfen war. Man wusste, die letzte Bombe war in Antwerpen noch nicht gefallen. Da mag Ady zehnmal die Frau eines Deutschen gewesen sein oder Angestellte bei Daimler. Die waren alle weit weg.

Jupp transportierte Maschinenteile und andere Technik aus dem Reparaturbetrieb an ihren neuen Bestimmungsort. Viele Alternativen boten sich Daimler nicht mehr. Untertürkheim war bereits zerstört, doch im Neckartal bei Obrigheim hatte Daimler-Benz das ehemalige Flugmotorenwerk Genshagen unterirdisch eingraben lassen.

Auch in Illesheim können sie vom FRB nicht lange bleiben, Anfang März geht es weiter, das neue Ziel ist Wicklesgreuth. »We had to move again from Illesheim over Stein where we had to take the train over Ansbach, than we had a smaller train to Wicklesgreuth through Lichtenau. The halls were all in the woods.« Wicklesgreuth ist ein kleiner Ort. Er verfügte mitten im Wald über einen Bahnhof und daher bereits vor dem Krieg über eine Werkstatt für Flugzeuge des nahe gelegenen Flughafens Katterbach, der noch heute als Militärflugplatz genutzt wird. Zu der Werkstatt kam während des

Krieges eine Fabrikanlage hinzu, in zwei Hallen wurden Flugmotoren repariert.

Die großen Teile, die Maschinen kamen in diesen Hallen un-

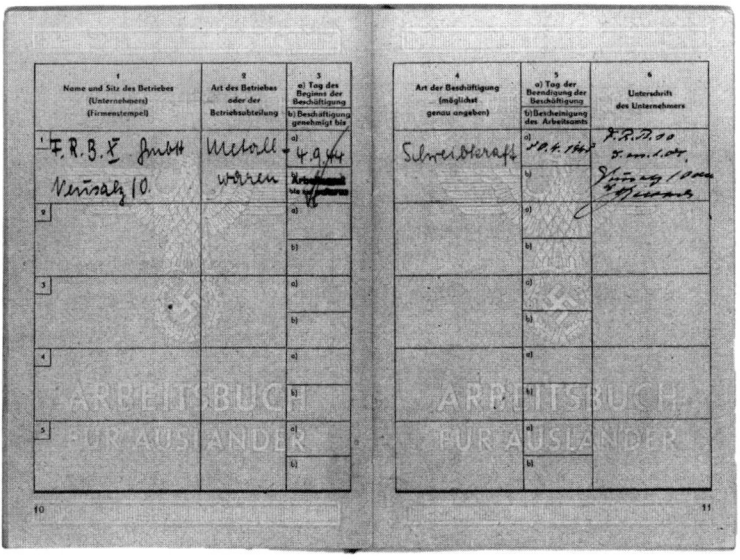

Renées Chef Helmuth Berthold unterschreibt ihre Entlassungspapiere. Damit endet
ihr Arbeitsverhältnis bei der FRB 10 GmbH am 30. April 1945.

ter. Der ehemalige Front-Reparaturbetrieb richtete sich in Wicklesgreuth provisorisch ein. Darüber, ob und was das Werk noch leisten
konnte, ob noch repariert wurde, kann man nur Vermutungen anstellen. Renée erwähnte einmal, dass sie dort noch Material gehabt
hätten, aber es sei zur Neige gegangen. Möglich, dass über den nahen Flugplatz Katterbach Motoren hereinkamen und die Techniker
sie reparieren konnten, soweit noch Ersatzteile zur Hand waren.

Doch auch die Hallen im Wald von Wicklesgreuth sollten nicht
für die Dauer sein. Die Amerikaner rückten von Norden her schnell
nach Franken vor, und die Daimler-Leitung fasste den Plan zur erneuten Verlegung. Der Betrieb musste aufgelöst werden und die
Mitarbeiter sollten möglichst verstreut und nicht in der Nähe des
Flugplatzes privat unterkommen. Zu groß war die Gefahr der Bombardierung durch die Amerikaner bei deren Vorrücken.

Das geht nicht mehr lange

Einige ziehen los, um die Quartiere zu suchen, auch Renée. »So I had to help people to find a room. Ich war dort zusammen mit einigen Leuten beim Bürgermeister im benachbarten Immeldorf, um für acht Leute eine Unterkunft zu finden.« Renée wird an eine Bäuerin verwiesen. Die kann jede Hilfe vertragen, ihr Mann ist an der Front und sie nimmt Renée auf. Auch die anderen belgischen Arbeiter und Bürokräfte werden bei den Bauern in den Dörfern der Umgebung untergebracht. »We helped the farmers wifes for food and a bed and at least we got decent meals. Wages were at that time of no concern. I was lucky with my ›home‹. I got no wages, but I was content to have my meals and a bed. I helped at the little farm, they had five cows, and in the field.«

Eines Tages, Renée ist mit der Bäuerin auf dem Feld, erhält sie die Nachricht, sie solle zu ihrem Chef, Herrn Berthold, kommen. »Herr Berthold asked me, Daimler-Benz würde nach zwei Wochen erneut umziehen, nach Mosbach. Aber die Fabrik sollte unterirdisch sein, the halls and offices were in underground, oh nee, das ist nix für mich. Ich bin ein bisschen klaustrophobisch und das kann ich nicht. Er sagte: ›Hör mal, das geht nicht mehr lange da – aber psst. Wir haben kein Material mehr. Da ist nichts mehr.‹ He asked, if I would stay with Daimler-Benz or otherwise he would give my dismission. Ich mochte meine sehr nette Bauernfamilie und so ließ ich mich entlassen, und so machten es alle Belgier. All of the sudden every Belgian was dismissed from the factory.«

Im März wurden sie entlassen, offiziell endete ihr Arbeitsverhältnis zum 30. April 1945, acht Tage vor Kriegsende. Nach zehn Monaten, in denen sie mit Daimler durch das Reich getourt waren, endete deren Zuständigkeit. Mit einem Mal waren sie ohne Daimler-Schutz und -Zwang.

Berthold war hellsichtig gewesen. Das, was vom Antwerpener Front-Reparaturbetrieb noch übrig war, wurde eilig verlegt. Die deutsche Gefolgschaft rückte aus Wicklesgreuth ab, quasi in letzter Minute. Um den 21. März herum setzten sich Verbände der Wehrmacht nördlich von Illesheim fest, auf der Linie Gollhofen, Ulsenheim, Herbolzheim, um den heranrückenden Amerikanern zu trotzen. Es war ein aussichtsloses Unterfangen, die Dörfer wurden restlos zerstört. Die Amerikaner rückten von Norden kommend durch Franken vor.

Der von Berthold erwähnte Ortsname Mosbach war eine von mehreren Bezeichnungen für das Verlagerungswerk Obrigheim im Neckartal. In die ehemalige Gipsgrube »Friede« war im Jahr zuvor das äußerst effektiv arbeitende Daimler-Benz-Werk für Flugmotoren aus Genshagen verlagert worden, unter dem Decknamen »Goldfisch«. Wir nehmen an, dass einige Fahrten von Jupp nach Obrigheim gingen. Dort, im zweitgrößten Verlagerungsprojekt am Ende des Krieges, wurde die Flugmotorenfertigung von Daimler zusammengeführt und sollte den Krieg unterirdisch überstehen. Mehrere Tausend KZ-Häftlinge und Zwangsarbeiter waren hier eingesetzt.

Die Amerikaner nahmen schließlich am 1. April 1945 ein menschenleeres Werk ein, nachdem die »Goldfisch GmbH« am Neckar mitsamt der Arbeits- und KZ-Nebenlager geräumt worden war.

Jupp hatte ebenfalls um seine Entlassung gebeten. Er wollte, so erinnerte sich Renée, mit Ady zusammenbleiben und zusammen mit ihr zu seiner Familie nach Bottrop. Einer der Vorgesetzten gab Ady einen Schein mit, damit sie sich in Deutschland frei bewegen konnte. Das Letzte, das Renée von den beiden hörte, war, dass sie nach Frankfurt wollten und von dort weiter hinauf nach Bottrop. Danach verlor Renée den Kontakt zu Jupp und Ady. Renée beschließt, vorerst bei ihrer Bauersfamilie in Immeldorf zu bleiben.

Ady ist nun eine ehemalige Beschäftigte von Daimler – eine ehemalige Zwangsarbeiterin. Nun hat sie nur noch Jupp. Und Jupp kümmert sich. Er sucht eine Unterkunft und findet ein Zimmer im Nachbarort, in Petersaurach, nur wenige Kilometer von Wicklesgreuth und von Immeldorf entfernt, wo Renée auf dem Bauernhof wohnt.

Ady und Jupp kommen bei einer Familie namens Gattinger unter, auf einem kleinen bäuerlichen Hof. Gattinger, Petersaurach Haus Nr. 55, ist der erste Schritt aus der Abhängigkeit des Reichseinsatzes in ein privates Leben.

Ady bleibt viel in diesem Zimmer, sie genießt es, niemand will etwas von ihr, niemand erwartet etwas. Die andere Zeit ist sie mit der Beschaffung von Lebensmitteln beschäftigt, sie hilft ein wenig ihren Vermietern auf dem Hof, dafür bekommt sie Milch, mal ein Ei oder ein Stück Wurst oder Speck. Auch Jupp hilft mit, jeder Mann ist willkommen.

Bisher war die Gegend weitgehend vom Krieg verschont geblieben. Mit dem Näherrücken der Front nehmen auch hier die Tieffliegerangriffe zu. Der Zugverkehr auf den Bahnstrecken kommt fast vollständig zum Erliegen. Schließlich nehmen die Amerikaner Gemeinde um Gemeinde, Höhe um Höhe ein, einige Tage wogt die Front hin und her, geht wieder und wieder über die Dörfer hinweg. Die deutschen Soldaten ziehen sich in die Wälder zurück, versuchen mit Überraschungsangriffen das Unabwendbare abzuwenden. Die Jungen und Alten im eilig zusammengetrommelten Volkssturm sollen retten, was nicht mehr zu retten ist, als schon längst im Radio von Kapitulation die Rede ist. Andere halten sich schon an den letzten Befehl, wenn er auch noch nicht im Klartext ergeht: »Rette sich, wer kann.« Doch Jupp muss sich vorsehen, dass er nicht noch in allerletzter Minute zur Landesverteidigung gezogen wird.

Am 18. April stehen die Amerikaner vor Wicklesgreuth. Sie treffen auf Widerstand und schießen, Deutsche schießen zurück, eine Scheune gerät in Brand. In dem Dorf, wo Jupp und Ady wohnen, in Petersaurach, heißt es für den Bürgermeister, »jetzt musst du die weiße Fahne hissen«. Ein amerikanischer Jeep fährt in den Ort, alles sieht ruhig aus. Doch als der Jeep wieder aus dem Ort hinausfährt, ist die Fahne wieder weg. Aus Angst, irgendein Fanatiker würde ihn als Verräter hinrichten, weil er sein Dorf kampflos übergibt, hat der Bürgermeister die Fahne wieder eingezogen. Die Amerikaner kommen zurück und umstellen das Dorf mit Panzern. Einer der Bewohner ist draußen auf dem Feld, er spricht englisch und versichert den GIs, er bürge für Petersaurach, es befänden sich keine deutschen Soldaten mehr im Dorf. Die Amerikaner fahren wieder zurück, der Bürgermeister hängt die Fahne erneut auf – in Petersaurach ist der Krieg vorbei.

Ady ist befreit – ob sie es so empfand? Vermutlich war sie erleichtert, dass das Schießen ein Ende hatte. Wir wissen nicht, ob

Jupp an diesem Tag bei ihr war. Wir nehmen es an, seine Aufträge für Daimler waren vorbei. Er konnte nun, da die Amerikaner das Regiment übernahmen, nirgends sicherer sein als an der Seite der belgischen ehemaligen Zwangsarbeiterin.

Maria und Firmin sorgen sich um Ady und schreiben an Netje, im Original in englischer Sprache. »Liebe Schwester und Schwager, wir erhielten Euren Brief und sind froh, dass Ihr gesund seid. Danke für Adys Brief. Wir erhielten einen von ihr letzte Woche. Mir und Firm geht's auch gut. Kannst Du an Ady ein Paket schicken? Wir hoffen, dass der Krieg bald vorüber ist und Ady schnell heimkommen kann. Wir schicken Euch alles Liebe und Küsse, Mary und Firm.«

Der Brief von Ady, den Maria erwähnt, ist vermutlich der, den sie unter dem Namen Edouard Mertens geschickt hatte.

Es war ganz still, niemand sagte ein Wort

Am 1. Mai gibt Dönitz im Radio Hitlers Tod bekannt. Am 3. Mai meldet sich Ady in Weißenburg in Bayern an. Warum Ady, vermutlich wieder zusammen mit Jupp, Petersaurach verlassen hat, um in die etwa sechzig Kilometer weiter im Süden liegende Kleinstadt zu ziehen, lässt sich nicht mehr rekonstruieren. Renée war in Immeldorf geblieben und hatte Ady aus den Augen verloren.

In Weißenburg war der Krieg seit dem 23. April vorüber. Die Amerikaner hatten die Stadt kampflos eingenommen. Möglicherweise wollten Jupp und Ady den Amerikanern entgegengehen und sich in ihrem Rücken in Sicherheit bringen. Sie waren nicht die Einzigen, die sich in dieser bayerischen 11 000-Seelen-Stadt im Gemeindeamt meldeten. Soldaten auf dem Rückzug brauchten einen Stempel, Offiziere verlangten noch immer bevorzugte Behandlung, obwohl auch sie sich auf dem ungeordneten Rückzug befanden, unzählige Flüchtlinge mussten irgendwo untergebracht werden und wenn es nur für eine Nacht war. Ady und Jupp immerhin konnten bei Familie Lang im Lehenwiesenweg 4 eine Unterkunft ergattern.

Jupp lässt Ady selten und nur ungern allein. Es waren gewalttätige Tage damals. So mancher unter den Einheimischen suchte die Schuldigen für die unabwendbare Katastrophe bei den nächsten, derer er habhaft werden konnte. Die frustrierten Verlierer waren so gefährlich wie die trunkenen Sieger. Und Ady war »Feindin«, zumindest für die, die eine eigene Mitschuld abstritten, die ihre eigene Führung für das Desaster nicht verantwortlich machten, sondern alle anderen, die Feinde eben.

Am 8. Mai übertragen sie im Radio Siegesfeiern und Jubel. Ady und Jupp umarmen sich ganz lang, ganz still. Es ist vorbei. Was vor fünf Jahren mit der Besetzung Antwerpens begonnen hatte, ist nun endlich vorüber. Noch sieht die Zukunft so kriegsgrau aus wie am Tag zuvor, doch so soll es nicht bleiben, so wird es nicht bleiben, das hoffen sie. Ady macht Pläne mit Jupp, jetzt ist alles möglich. Sie können zusammenbleiben, sie können nach Bottrop oder nach Antwerpen gehen. Ady kann ihre Mutter wiedersehen, und Firmin, Netje und Charley.

Sie versucht, an Informationen über den Verbleib von Maria zu gelangen, sie schreibt Briefe, sucht den Kontakt zu amerikanischen Soldaten, die etwas über Belgien, über Antwerpen wissen können. Jupp hält sich zurück, er spricht kein Englisch, und er will den Siegern möglichst nicht auffallen. Adys Englisch ist lückenhaft, aber ihr ist das egal, wichtig ist nur, dass man sie versteht und dass sie etwas erfährt.

Nach dem Ende der Kampfhandlungen erhielten ehemalige Fremdarbeiter die Möglichkeit, über die amerikanische und britische Feldpost ein Lebenszeichen an ihre Angehörigen zu senden. Die westlichen Alliierten gaben dafür vorgedruckte Feldpostkarten in englischer, französischer und niederländischer Sprache aus. Auch Ady schickt eine Karte an Maria, doch aus Antwerpen kommt keine Antwort.

Auf der Rückseite des Meldescheins von Weißenburg setzt Ady einen Brief an Netje und Charley in Schweden auf. »Liebe Tante und Onkel! Ich schrieb öfter an Mutter, aber sie antwortet mir nicht. Warum nicht? Vielleicht wisst Ihr etwas über sie? Ady.« Selbst die Adresse schreibt sie übungshalber auf: Frü Antoinetta Högberg Karlson, Fabriksgatan 12a, Nässjö, Sverige.

Adys Schmerz ist zu spüren, die Verzweiflung, nicht zu wissen, wie es Maria geht, ob sie am Leben ist, was in der Zwischenzeit geschehen ist in Antwerpen.

So gar keine Nachricht von daheim zu erhalten, ist heute für uns schier unvorstellbar, wo es möglich ist, beinahe von jedem Fleck der Erde aus mit denen zuhause zu kommunizieren. Ady war von allen Nachrichten abgeschnitten, es war so, als hätten wir heute keine Zeitung, kein Radio, kein Fernsehen und auch kein Internet. Als ob es nur Mund-zu-Mund-Informationen gäbe – und wie glaubhaft die sind, ist nicht überprüfbar. Es gab selbstverständlich Radios und die spielten auch noch – erst um den 6. und 7. Mai herum schwiegen die Sender –, aber wir wissen nicht, ob Ady und Jupp in ihren jeweiligen Quartieren überhaupt einen Volksempfänger hatten. Wahrscheinlich stand einer in den jeweiligen Wohnstuben ihrer Vermieter.

Im Februar war der Beschuss der Deutschen auf Antwerpen am »effektivsten« gewesen. Doch schließlich war die britische Flugabwehr so perfektioniert, dass beinahe drei Viertel der Flugbomben, die auf Antwerpen zuflogen, abgeschossen werden konnten. Die Wehrmacht verlor den Kampf in den Ardennen und musste weiter nach Osten zurückweichen. Im Verlauf des März ließen die V-Angriffe auf die Stadt nach, gleichzeitig steigerte die Flugabwehr ihre Quote auf fast hundert Prozent. Am 27. März schlug der letzte Treffer einer V2 in Mortsel ein, dem Stadtteil im Süden, wieder waren 27 Tote und 62 Verletzte zu beklagen.

Ady hätte auch dann nichts aus Antwerpen erfahren können, wenn sie Tag und Nacht am Radiogerät verbracht hätte. Die Alliierten hatten über den V1- und V2-Beschuss von Antwerpen eine Nachrichtensperre verhängt, um zu verhindern, dass die Deutschen erfuhren, wie effizient ihr Bombardement verlief. Durch das Verbot hatten die Deutschen zwar keinen Hinweis auf den Erfolg ihrer Aktion, die Antwerpener in der Stadt jedoch auch keinerlei offizielle Information darüber, was passierte. Die Menschen in der Stadt waren im Frühjahr 45 mutlos und kriegsmüde. Auch davon wusste Ady nichts.

Im April hob die Militärführung die Nachrichtensperre auf. Das

›TIME-Magazine‹ interviewte US-Soldaten, die während der vergangenen vier, fünf Monate im Hafen die Luftangriffe miterlebt hatten, und gab Antwerpen einen neuen Namen: »City of sudden death.«

Anmeldung in Weißenburg/Bayern am 3. Mai 1945. Auf der Rückseite entwarf Ady einen Brief an Netje, mit Fragen nach dem Ergehen von Maria in Antwerpen.

Bei der Frage, warum Ady wohl nach Weißenburg gegangen war, stieß ich auf eine andere mögliche Lösung: Erst kürzlich hatte ich gelesen, dass J.D. Salinger, der Autor des ›Fänger im Roggen‹, zur gleichen Zeit ebenfalls in Weißenburg war. Möglicherweise hatte Ady der Weg also nicht zufällig in die kleine Stadt geführt. Die Zeitungsnotiz in der ›Süddeutschen Zeitung‹ war schnell gefunden: 1942 war der spätere Erfolgsautor eingezogen worden und landete ein Jahr darauf beim Militärgeheimdienst CIC. Am 6. Juni 1944 spülte ihn der D-Day an den Strand der Normandie, danach war er stationiert in Franken, und zwar in: Weißenburg.

Der Militärgeheimdienst CIC suchte nach untergetauchten Partei-Funktionären und Kriegsverbrechern, versuchte den Mord an drei russischen Kriegsgefangenen aufzuklären oder half bei der Entnazifizierung. Wieder kam mir der Verdacht, dass Ady beim Geheimdienst gewesen sein könnte, dass sie von Petersaurach nach Weißenburg ging, weil dort eine Dienststelle des CIC war. War Ady doch eine »Mata Hari« gewesen, die als ehemalige Zwangsarbeiterin in der Flugmotorenbranche den Amerikanern Informationen liefern konnte? Konnte ihr der CIC im Gegenzug nicht auch behilflich sein, an Informationen über Antwerpen und ihre Mutter zu gelangen? Belege für diese Vermutungen fand ich nicht. Aber was ist schon wahrscheinlich, was ist unwahrscheinlich? Hätte sich Ady träumen lassen, dass sie einmal zehn Monate lang durch das faschistische Deutschland reisen würde, im Auftrag und auf der Lohnliste einer deutschen Firma, die Flugmotoren von Jagdflugzeugen reparierte, die ihre Stadt Antwerpen oder das Haus ihrer Mutter bombardierten? Wie meinte der Zwerg in Nietzsches ›Zarathustra‹: »Alles Gerade lügt. Alle Wahrheit ist krumm.«

Die Jagd auf Nazis setzte ein, keiner der Deutschen wollte einer von ihnen gewesen sein. So manchen ehemaligen Zwangsarbeitern begegneten Deutsche zum allerersten Mal wie Menschen, es war wohl kaum zu ertragen, dass über Nacht aus Unmenschen und Sadisten mitfühlende Zeitgenossen geworden waren.

Doch es sollte nicht lange dauern bis die Devise galt, die Zwangsarbeiter haben ihre Schuldigkeit getan, nun sollten sie wieder gehen – und zwar möglichst schnell. Die Alliierten bezeichneten alle Ausländer, die im Mai 1945 in Deutschland waren, als DPs, Displaced Persons. Auch Ady war eine DP. Das alliierte Oberkommando zählte weit mehr als 11 Millionen zur Zwangsarbeit verschleppte und entwurzelte Menschen in Europa bei Kriegsende, allein sechs Millionen in den drei Westzonen. Die meisten DPs wollten ebenfalls so schnell wie möglich nach Hause. In einem ungeheuren organisatorischen Kraftakt wurden bis zum Herbst etwa zehn Millionen repatriierungswillige Menschen in ihre Heimatländer zurückgeführt, wobei im Juni 1945 täglich fast 100 000 Personen in ihre Länder gelangten.

Auch Renée war eine DP, die schnell zurück nach Belgien sollte. »Ende März 1945 bekamen wir den Befehl, die anderen acht Belgier waren auch auf kleinen Bauernhöfen, and all the foreigners had to come to the nearest town, Lichtenau.« Von dort sollten sie nach Ansbach gehen. »Ein Bauer, der auch im Krieg gewesen, aber abgehauen war aus der Kriegsgefangenschaft, brachte uns eines Morgens in einem alten Auto, davor das einzige Pferd, das noch im Dorf war, nach Ansbach. Meine Familie – alle weinten und ich auch. In april 1945 the americans came, at that part with nearly no fighting or bombing.« Es war Mitte April, etwa um die gleiche Zeit als Ady in Petersaurach von den Amerikanern befreit wurde. »We were put on big american lorries which brought us to Würzburg in a big Kaserne.« Renée wechselte wieder von einer Sprache in die andere. Es war das Kriegsende, von dem sie erzählte, keine normale Zeit. »Am Nachmittag wurden wir auf einem offenen Lkw nach Würzburg gebracht, zu einer Kaserne. Es war ein ganz schönes Gebäude, aber all sorts of nationalities were or have been there – es war alles dreckig, speziell die Toiletten, der Dreck war sogar an der Decke! Wir mussten draußen tiefe Löcher graben, die von geflochtenen Zäunen aus Zweigen umgeben waren. Es war noch immer nicht schön, aber notwendig. We had not much to eat, fortunately we all had got some food from our farmers wifes. Wir hatten nichts zu tun und durften das Gelände nicht verlassen. We had to sleep on the floor but we did a good search in the building and in a little room we found some doors, and that was our bed, it was a bit hard, but we didn't fuss about.

Es war trotz allem schönes sonniges Wetter und am 8. Mai wurde plötzlich per Lautsprecher durchgesagt, dass der Krieg auf dem Kontinent vorüber sei, Deutschland habe kapituliert. Wir saßen am offenen Fenster. Es war sehr eigenartig, niemand sagte ein Wort, es war ganz still, auch den Rest des Tages.«

Ady hätte eigentlich ebenfalls nach Belgien zurückgemusst. Aber das wollte sie nicht, das hätte die Trennung von Jupp bedeutet und zwar voraussichtlich für sehr lange Zeit – wenn nicht gar für immer. Sie wollte bei Jupp bleiben, mit ihm zusammen leben. Sie hatten beschlossen, zu heiraten. Mit ihm zusammen in Bottrop leben, warum nicht. Noch hatte Ady die Hoffnung, von Bottrop aus bald nach Antwerpen fahren zu können, um ihre Eltern zu sehen. Doch das sollte sich als Illusion erweisen.

Bevor die Deutschen ihre Ressentiments gegenüber den Fremden wieder unverblümter auspackten, beschlossen Ady und Jupp, Weißenburg den Rücken zu kehren. Jupp wollte mit Ady möglichst schnell nach Hause. Dafür mussten sie irgendwie von der amerikanisch kontrollierten Zone in die Britische Besatzungszone kommen, dort lag Bottrop. Doch ohne Erlaubnisschein ging das nicht.

Frühling in Heidelberg

Renée hatte einmal erwähnt, die nächste Station von Ady und Jupp sei Frankfurt am Main gewesen – und dort hätten die beiden geheiratet. »They were married in Frankfurt / Main by an american officer and Ady had no more troubles to stay in Germany.«

Die amerikanische Militärverwaltung hatte ihren Hauptsitz nach Frankfurt verlegt. Hofften sie beide, dort leichter die nötigen Papiere zu erhalten? Ady brauchte ihre Geburtsurkunde aus Belgien und was man sonst noch brauchte, um zu heiraten, und Jupp die seine aus Bottrop. Sie hofften auch, durch die Heirat eine gemeinsame Reiseerlaubnis in die Britische Zone zu erhalten.

Zuerst einmal mussten sie nach Frankfurt kommen. Auf den Straßen irrten Millionen Menschen umher, Flüchtlinge, Ausgebombte, Soldaten, die sich ihrer Uniform entledigt hatten und auf dem Weg nach Hause waren, ehemalige Kriegsgefangene, alle unterwegs, mit dem Wunsch, endlich wieder irgendwo anzukommen, hungernd, obdachlos und unter schwierigsten Bedingungen. Und überall dazwischen die Kolonnen der alliierten Truppen.

Zunächst gelang es nicht zu erfahren, ob Ady und Jupp tatsächlich in Frankfurt geheiratet hatten. Es gab nicht einmal einen Hinweis, dass sie sich überhaupt in Frankfurt aufgehalten haben.

Dagegen existiert ein Meldeschein aus Heidelberg, ausgestellt am 28. Mai 1945. Heidelberg lag noch in der amerikanischen Zone. Quer über das Formular steht ein entscheidender, in den damaligen Tagen existenzieller Zusatz: »In Lebensmittelversorgung aufgenommen.« Das Stadternährungsamt Heidelberg erteilte Ady die zum Überleben nötige Erlaubnis zum Bezug von Lebensmittelkarten. Ady bezog vermutlich wieder zusammen mit Jupp eine

Wohnung in der Bergheimer Straße 45, ein Zimmer in Untermiete, ihre Vermieter diesmal hießen Mangold.

Nach der Reise durch das chaotische Kriegs- und Nachkriegs-

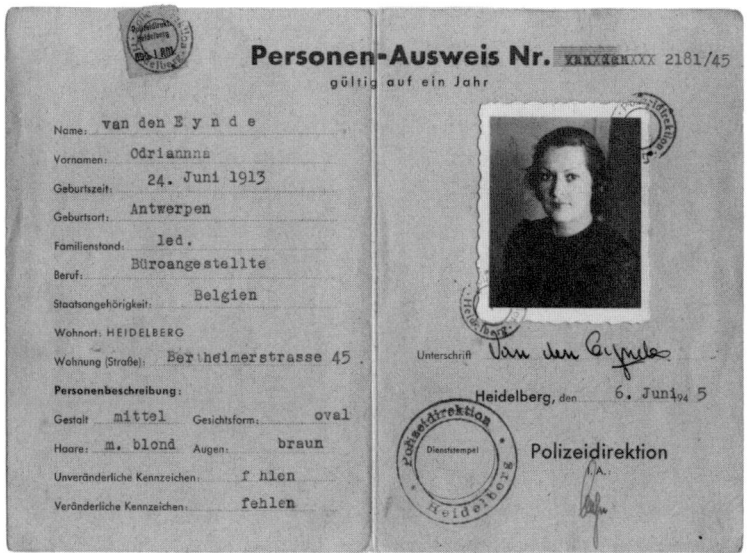

Adys Personen-Ausweis gültig für ein Jahr vom 6. Juni 45.

land muss Heidelberg Ady und Jupp erschienen sein wie eine Oase. Die Stadt war von Luftangriffen weitgehend verschont geblieben, nur die Alte Brücke war noch am 29. März 1945 von deutschen Pioniereinheiten gesprengt worden. Seit Wochen waren die Amerikaner in der Stadt.

Das Neckartal gehört zu den lieblichsten Landschaften in Deutschland, und der rote Sandstein der Häuser gibt der Stadt mit dem herzoglichen Flair eine gewisse Behaglichkeit. Der Aufenthalt unterhalb des Schlossbergs war genau das, was Ady brauchte, Erholung von den Strapazen der letzten Monate. Es war Frieden, das war mehr, als sie lange Zeit zu hoffen gewagt hätte. Und es war Frühling, der lange eisige Kriegswinter lag hinter ihnen. Es gab zwar wenig zu essen, aber sie hatten ein Zimmer für sich, die Nazis konnten sie nicht länger in Munitionsfabriken drangsalieren, und die endlos scheinende quälende Odyssee war vorüber.

Das Haus in der Bergheimer Straße 45 steht noch heute. Es ist eines der älteren in der Straße, um die Jahrhundertwende des letzten Jahrhunderts herum gebaut, mit mehreren Mietparteien auf vier Stockwerken. Die Wohnung lag zentral, in Laufnähe zum Hauptbahnhof und dem von den Nazis gebauten Thermalbad am Neckarufer. Um die Ecke, in der Kurfürstenanlage, hatten sie eine Aufmarschstraße in der von Hitler auserkorenen »kleineren repräsentativen Reichsstadt« errichten wollen. Daraus ist glücklicherweise nichts geworden. Albert Speer, der Chefplaner der gigantomanischen Hitlerbauten, war zwar ein Sohn Heidelbergs, aber seine zweite Berufung als Rüstungsminister beanspruchte ihn auf anderem Gebiet.

Der Respekt der Deutschen für Amtsformulare scheint Ady fremd, auch die Rückseite des Heidelberger Meldescheins benutzt Ady als blankes Papier und notiert darauf Vokabeln. Fast scheint es, als ob Ady einen Kochkurs besucht hätte. Da das zu der Zeit allerdings höchst unwahrscheinlich ist, womit hätte man kochen sollen, hat sie Wörter herausgesucht, die sie brauchte, um Rezepte zu verstehen: sugar – sucre, boil – koken, slowly – langzaam. Sie, die zuhause von Maria bekocht und in den vergangenen Monaten in Kantinen verpflegt worden war, musste nun für sich und für Jupp kochen. Die ersten Wörter jedoch, die sie notierte, lassen mich frösteln: dead – dood, kill – dooden, nobody – niemand.

Am 6. Juni 45 erhält Ady einen Personen-Ausweis, ausgestellt von der Polizeidirektion in Heidelberg. Es ist das erste Dokument in Deutschland, das sie nicht als Ausländerin kennzeichnet. Ihr Vorname wird, weil das altdeutsche handschriftliche A wie ein O aussah, fälschlicherweise als Odrianna angegeben, was in der Folge dazu führt, dass ihr Name in andere Papiere auch mal als Orianna übertragen wird.

Ady und Jupp bleiben den ganzen Sommer in Heidelberg. Am 25. August wird Ady, auch hier als Odrianna Van den Eynde, ein Residential Certificate, ein neuer Personen-Ausweis ausgestellt, der allerdings wieder ihre Nationalität, belgisch, nennt. Auf der Rückseite wird darauf hingewiesen: »Bei Mitgliedschaft in der Partei, SS oder SA wird das letzte Feld unten links gelocht.«

Das Feld unten links ist nicht gelocht.

Mit der Meldekarte für den Bezug der Lebensmittelkarten erhält Ady erneut die nötige Unterstützung zum Lebensunterhalt. Als Ausländerin, der rote Schriftzug diagonal über die Frontseite macht

Erinnerungsfoto an einen Besuch in Heidelberg am 21. Juli 1955. Ady mit Maria und Firmin und den amerikanischen Freunden Sophie und Wendell Van Dyke (links neben Ady, letzte Reihe rechts).

ihren Status deutlich, ist sie berechtigt, ohne arbeiten zu müssen, Lebensmittelmarken zu erhalten. Sie geht deswegen am 7. September und am 6. Oktober jeweils einmal zum Arbeitsamt, um sich den notwendigen Stempel abzuholen. Jupp ist nicht so privilegiert. Er wird während des Heidelberger Aufenthaltes von seinen Ersparnissen gelebt haben. Allerdings erhielt er ohne Arbeit keine Lebensmittelkarten – ohne Marken gab es so gut wie nichts zu kaufen, und von Adys Marken allein konnten die beiden auch nicht leben. Vermutlich besorgte sich Jupp eine Arbeit in Heidelberg.

Und wie stand es mit seiner Entnazifizierung? Reichte es aus, mit einer ehemaligen belgischen Zwangsarbeiterin liiert zu sein? Musste Ady ein günstiges Zeugnis für ihn ablegen? Leider konnten wir darüber nichts erfahren.

Der November ist auf Adys Meldekarte nicht mehr abgestempelt, wahrscheinlich hatten sie Heidelberg zu diesem Zeitpunkt bereits wieder verlassen.

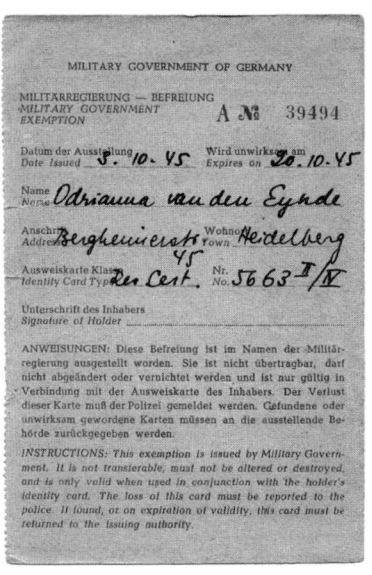

Reiseerlaubnis der Militärregierung vom 3.10.1945. Ady lässt sich weiterhin als Adrianna Van den Eynde eintragen.

Lange Zeit versuchte ich, das Hochzeitsdatum der beiden in Frankfurt zu erfahren, stets ohne Erfolg. Irgendwann schien es mir seltsam, dass Ady sich zum einen zehn Jahre später, im Juli 1955, in Heidelberg zusammen mit ihren Eltern hat fotografieren lassen. Es ist das einzige Foto aus Heidelberg. Zum anderen gibt es einen kryptischen Satz in einem Brief, den Ady an ein befreundetes Paar in New York adressierte, an Sophie und Wendell Van Dyke. Im Zusammenhang damit tauchte zunächst der Verdacht auf, Ady könnte im Krieg doch für den amerikanischen Geheimdienst gearbeitet haben. Dann aber stellte sich etwas ganz anderes heraus: Ady bedankt sich in diesem Brief dafür, dass die beiden an ihr Zehnjähriges gedacht haben. Und die beiden, Sophie und Wendell Van Dyke, sind auf dem Foto vom Juli 1955 in Heidelberg auch mit dabei.

Ich fragte also in Heidelberg nach, ob Ady und Jupp nicht vielleicht dort geheiratet haben – und in der Tat gab es im lokalen Sterberegister einen Eintrag: Ady und Jupp gaben sich am 22. September 1945 in Heidelberg das Ja-Wort. Ady ist nun Frau Adriana Kocyan.

Der zweite Teil von Renées Erinnerungen, dass die beiden von einem amerikanischen Offizier getraut worden seien, wird wohl gestimmt haben. Vielleicht war dieser Offizier der stämmige Wendell Van Dyke auf dem Foto zehn Jahre später.

Am dritten Oktober 1945 ließ sich Ady von der Militärregierung eine Reisegenehmigung ausstellen. Allerdings nicht nach Bottrop, sondern nach Kirchheim in der Pfalz. Als Grund gab sie an, Bekleidung abholen zu wollen. Public Safety Officer Captain Charles R. Hinkley gab Ady dafür Zeit bis zum 20. Oktober. Die Erlaubnis, die Französische Zone zu betreten, sollte ihr aufgrund dieses Ausweises durch den französischen Liaison Offizier erteilt werden.

Ady 1946

Was Ady tatsächlich in die Pfalz geführt hat, war nicht zu erfahren, doch es spricht einiges dafür, dass sie während ihres Aufenthaltes in Heidelberg endlich Kontakt zu Maria bekommen konnte. Ady hatte noch immer nur die Garderobe bei sich, die sie im Sommer zuvor in Antwerpen eingepackt hatte. Vieles ist längst kaputt, zerschlissen, verloren gegangen. Maria fand Mittel und Wege, ihrer Tochter über Beziehungen Hilfspakete zukommen zu lassen, unter anderem dringend benötigte Kleidungsstücke. Sowohl Renée als auch Jupps Neffen erwähnten solche Hilfsaktionen von Maria.

Während des Krieges wurden 55 Millionen Zivilisten getötet. Renée, Ady und auch Jupp haben großes Glück gehabt und überlebt. Und nicht nur das. Der scheußliche Krieg endete für Ady mit der Hochzeit mit ihrem geliebten Jupp. Was sollte ihr jetzt noch passieren.

Ein klein Püppchen

»Bottrop hat wenig Gesicht und Geschichte, es verfügt weder über ein Zentrum noch über Tradition. Es gilt als der Wilde Westen des Ruhrgebiets«, schrieb die ›Frankfurter Allgemeine Zeitung‹ Anfang der 1990er-Jahre. Als Jupp und Ady im Herbst 1945 in Jupps Geburtsstadt ankommen, ist die Stadt vor allem eines: kaputt. Das Ruhrgebiet, die »Waffenschmiede des Deutschen Reiches«, war seit 1940 immer wieder Ziel alliierter Luftangriffe gewesen. Unter anderem sollte mit der Bombardierung der Hydrierwerke in Gelsenkirchen, Oberhausen und Bottrop die Treibstofflieferung der Deutschen unterbunden werden. Im Frühjahr 45 war Bottrop bereits vor dem Schließen des Ruhrkessels durch die alliierten Truppen besetzt worden. Am Karfreitag, dem 30. März 1945, verließen die letzten deutschen Soldaten die Stadt, noch am selben Tag rückte die 9. US-Armee ein. Die Zivilbevölkerung, seit Jahren unter erheblichem Beschuss und traumatisiert, war gerade erst aus der Deckung ins Leben zurückgekehrt. Die notdürftigen Wohnungen in Kellern und Ruinen sollten ihnen noch eine gute Weile erhalten bleiben. Jetzt war Bottrop unter britischer Verwaltung.

Ein Bruder von Jupp nahm das frisch verheiratete Paar in seinem Haus auf. Die beiden konnten ein Zimmer im ersten Stock in der Steinbrinkstraße 42 beziehen, am nordwestlichen Stadtrand. Zu jener Zeit war das ein bäuerliches Viertel, heute rauscht in Hörweite die A2 vorbei, die West-Ost-Achse zwischen Ruhrgebiet und Berlin, damals erstreckten sich hinter den letzten Häusern Felder und Bombentrichter.

Die Lebensumstände in der britischen Zone waren prekär. Da das Raubgut aus den besetzten Ländern ausblieb, war der Hunger mit aller Kraft dahin zurückgekehrt, von wo er ausgegangen war, nach Deutschland. Wieder stand ein Winter vor der Tür, die Nahrungsmittelzuteilung sollte in den folgenden Monaten zusammenbrechen, Brennmaterial fehlte, man beschaffte Holz und Kohlen, wo sie zu kriegen waren. In Bottrop sorgte eine schwedische Stiftung für die Versorgung der Kinder. Durch die »Schwedenspeisung« erhielten sie während des Winters täglich vier warme Suppen.

Jupps Familie war nicht ausgebombt und die meisten noch am Leben. Die Familie war recht umfangreich, sie waren acht Kinder, vier Jungs, vier Mädchen, gewesen, Jupp war der Jüngste. Die Mut-

Jupp (hi. Mitte) und Ady (vorne li.) zusammen mit Jupps Brüdern, Mutter und Schwestern, 1948.

ter, auch sie hieß Maria, geborene Kosiol, lebte noch, als Jupp zusammen mit Ady nach Hause kam. Der Vater Alois war bereits 1930 gestorben. Man traf sich in der Familie oft, sonntags bei einer der Schwestern, es wurde gemeinsam gefeiert, später, wie das so war, nur noch an den Geburtstagen.

Die Neffen von Jupp, die ich durch meine Zeitungsannonce kennenlernte, waren nicht mehr jung, zwischen Anfang siebzig und Mitte achtzig, erinnerten sich aber noch gut an ihren Onkel. Der eine heißt Jupp wie sein Onkel und wird Jüppi genannt, der andere Albert. Die Kocyans, das heißt einer schreibt sich Kotzyan, wohnten nur wenige Häuser voneinander entfernt in der Steinbrinkstraße, die Eltern des einen gaben Ady und Jupp Obdach. Dieser wollte in jungen Jahren nichts von seiner Familie wissen. Sein Vater sagte über ihn, er müsse mal einen Möbelwagen haben und rumfahren.

So ähnlich ist es dann ja auch gekommen mit seinem Lkw im Krieg. Jupp war, anders als viele in der Gegend, nicht in den Bergbau gegangen, stattdessen hat er bei Henschel in Kassel »Dreher oder so was gelernt«, erinnert sich der ältere Neffe, Albert.

Ady und Jupp, Bottrop im Juli 1947.

In der Familie erzählen sie sich, Ady sei Sekretärin gewesen, sie habe bei der Wehrmacht gearbeitet und sei bei Henschel in Belgien eine der besten Kräfte gewesen, weil sie deutsch sprach. – Hat Jupp nie erzählt, dass er für Daimler-Benz gearbeitet hat? – Und Ady hätte zusammen mit Jupp auf der Heimreise eine Odyssee durchlebt über Süddeutschland, teilweise zu Fuß. Sie seien mit kleinem Wagen nach Bottrop gekommen und hätten »da hinten« auch geheiratet. Einer der Neffen ist noch heute verwundert, dass Ady und Jupp nach dem Krieg heirateten. Viele ließen sich zu diesem Zeitpunkt scheiden, doch für Ady und Jupp begann erst ihre gemeinsame Zeit.

Jupp war ein ganz ruhiger, sagte Albert, ein typischer Kocyan, er hing nicht gern in Kneipen herum. Jupp war in den Augen seines Neffen, der damals ein junger Kerl war, das leuchtende Vorbild, groß, nicht ganz 1,80, blond, gut aussehend und immer elegant. Jupp war der »King«, weil er eine Ausländerin mitbrachte. So etwas war man im bäuerlichen Vorort nicht gewohnt. Nicht nur Albert gebrauchte den Ausdruck, Ady sei »ein klein Püppchen, ein schmächtiges Frauchen« gewesen.

Ady und Jupp rauchten, vor allem Ady rauchte viel und Alberts Vater gab ihr seine Zigaretten. Gearbeitet hat Ady, so erinnern sich die Neffen, nicht, sie habe dann Sprachkurse besucht, um ihr Deutsch zu verbessern.

Schrebergarten und Komplett-Eier

Jupp lässt sich im Januar 1946 von der Mechanikerinnung in Bott-rop eine Abschrift seines Gesellenbriefes aus dem Jahr 1932 ausstel-len, es muss ja wieder vorwärtsgehen. Er findet eine Stelle in sei-nem alten Beruf als Feinmechaniker im Fahrradgeschäft Schmitz in seinem Viertel. Aber wer braucht in diesen Zeiten schon ein neues Fahrrad? Das Jahr 1946 wird schwer für Ady und Jupp, es ist für die meisten im Nachkriegsdeutschland schwierig.

Jupp hätte es sich wohl leichter machen können. In den Ze-chen fehlten Leute, da die Alliierten auf eine schnelle Wiederauf-nahme der vollen Kohlenförderungsleistung drängten. Die Kumpel erhielten sogar Zulagen, existenziell notwendige Dinge wie Brote vor und eine Suppe nach der Schicht oder zusätzlich sogenannte Bergmannspunkte, Bezugsscheine für rationierte Waren wie Schu-he und Kleidung oder Haushaltsgeräte und möglicherweise Care-Pakete aus Amerika. Und er hätte noch etwas mit nach Hause ge-bracht, notwendig gerade in dem ersten kalten Nachkriegswinter: eine feste Ration Kohlen.

Adys Gesundheit ist mal wieder ein Problem, sie hat so gar nichts auf den Rippen, um dem Hunger zu trotzen. Es ist ein schweres Jahr. Am 15. September 1946 schreiben Tante Netje und Onkel Charley in Göteborg ihren besorgten Brief an ihre Nichte und reden ihr zu, nach Schweden zu übersiedeln.

Auf dem verbliebenen freien Platz des kostbaren Papiers notiert Ady den Entwurf ihrer Antwort in englischer Sprache:

Vielen Dank für Euren lieben Brief. Es war lange her, dass ich etwas Neues von Euch erfuhr. Ich fürchtete, Ihr schreibt mir nicht. Wir sind bester Gesundheit und ich sehe in Eurem Brief, Euch geht's auch gut. Heute bekam ich auch einen Brief von meiner kleinen Mutter. Bei ih-nen ist alles okay. Ja, liebe Tante und Onkel, ich beherrsche verschie-dene Sprachen, aber nicht schwedisch. Und ich denke, wenn ich in Schweden arbeiten wollte, müsste ich schwedisch können. Ihr schreibt auch, ich könnte leicht einen Pass bekommen. Das glaube ich nicht.

*Ja, es ist eine sehr schwere Zeit für mich im Moment. Ich hoffe, es
wird bald besser. Ich habe Angst vor dem Winter. Wie ist das Wetter in
Eurem Land? Hier ist es derzeit sehr schlecht und kalt. Ich habe gehört,
ein Konsul wird nach Mannheim kommen und wenn er da sein sollte,
kann man ihn fragen, … mit den Eltern. Ich hoffe, er wird bald dort
sein und dann sollte ich ihn fragen, ob ich nach Belgien fahren kann.*

Ady schätzt ihre Situation vermutlich richtig ein, dass sie als Ehefrau
eines Deutschen nicht so ohne Weiteres einen schwedischen Pass erhalten würde. Außerdem wird es ihr negativ aufgefallen sein, dass
die Verwandten im fernen Schweden so gar nicht ins Kalkül ziehen,
dass sie bereits eine feste Bindung eingegangen war. Sie sprechen im
Gegenteil davon, dass Ady in Schweden leicht einen Boyfriend finden könne. Mit keinem Wort erwähnen sie Jupp. Entweder wussten
sie zu dem Zeitpukt noch nichts von Adys Heirat – oder sie wollten
diesen deutschen Ehemann ignorieren. Ady hat Maria längst geschrieben, dass sie verheiratet ist und Ady kann trotz der schwerfäl-
ligen Postbeförderung ziemlich sicher davon ausgehen, dass auch
Tante Netje in Schweden bereits von der Existenz des deutschen
Schwiegersohnes in Kenntnis gesetzt war.

Ady spricht noch den Besuch des belgischen Konsuls in ihrem
Brief an. Sie möchte unbedingt so schnell wie möglich nach Antwerpen zu ihrer Mutter reisen und er sollte ihr dazu verhelfen. Das
war aus dem besetzten Deutschland nicht so einfach. Ady benötigt
Kleider, vermutlich auch Möbel aus Antwerpen – was besitzen sie
schon, sie und Jupp? Nur das, was Jupps Familie entbehren und ihnen zur Verfügung stellen kann.

Der Dramatiker Carl Zuckmayer reiste 1947 im Auftrag der Vereinigten Staaten von Amerika durch Deutschland und verfasste für
das dortige Kriegsministerium seinen ›Deutschlandbericht‹. Darin
stellte er lakonisch fest: »Der Herr ist für die Amis, die ihn sich leisten können. Die Iwans brauchen keinen, weil sie den Wodka anbeten. Die Deutschen sind zu arm für beides.«

Ady und Jupp pachten einen Schrebergarten, bauen Gemüse an
und legen sich Hühner zu. Auf Karte erhält man Trockenei in Pul-
verform, noch im gesamten Jahr 1947 bekam jeder Bottroper gerade mal zehn sogenannte »Komplett-Eier«, Natur-Eier in Schalen-

form. Im Jahr danach, zu Ostern 1948, wappnen sich die Bottroper Lebensmittelämter, um jeder Person wenigstens fünf Eier aushändigen zu können. Vier davon haben am Ende einen entscheidenden

Ady und Jupp 1947 und 1949.

Schönheitsfehler – es sind Trockeneier aus fünfzig Gramm Eipulver. Doch die Eiform erlaubt zumindest, sie für die Kinder bemalen und verstecken zu können.

Es ist nicht nur die angespannte ökonomische Situation, die anstrengend ist. Die Deutschen ziehen sich nach dem verlorenen Krieg in ihre engsten Familien zurück, fast hat es den Anschein, als wollten sie sich in sich selbst verkriechen. Gegen die Trauer und den Druck der Vergangenheit ging man mit Aktionismus vor. Das Verlangen nach Normalität war übermächtig, alles, was nicht in die vermeintlich richtige Norm passte, wurde passend gemacht. Weil das vielen zu eng und zu trostlos war, haben in den Jahren nach 1945 etwa eine Million Menschen die westlichen Besatzungszonen verlassen. Darunter auch viele, die durch die Flucht ihrer Verhaftung entgingen.

Ady hat sich entschlossen, in Deutschland bei Jupp zu bleiben. In diesen schweren Jahren wird sie ihre Entscheidung bisweilen bereut haben. Sicherlich sehnte sie sich in wehmütigen Momenten nach dem lockeren Leben im Vorkriegs-Antwerpen, leicht, beschwingt, bummeln durch belebte Straßen, Geschäfte und Cafés, angefüllt mit Leben und Lachen. Sie weiß, wie Antwerpen nun aussieht, Maria hat es ihr geschrieben.

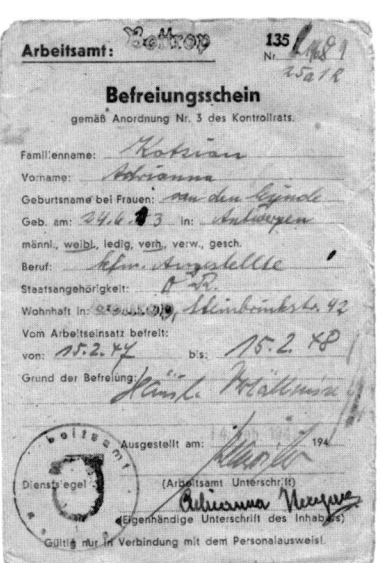

Wegen »häuslicher Verhältnisse« wird Adrianna Kotzian von der Arbeitsverpflichtung befreit. Am 25. Februar 1948 auf der Rückseite »bis auf Widerruf« verlängert.

Ins Detail wird die Mutter bei ihren Schilderungen der Bombenmonate nicht gegangen sein, zu sehr beunruhigen mochte sie die Tochter in der Ferne nicht.

Die Deutschen machen es Ady indes nicht leicht, sie zu mögen. Jeder ist sehr mit sich und seinen eigenen Geschichten beschäftigt, seinem eigenen Fortkommen. Jupps Familie nimmt Ady zwar auf, aber sie bleibt die Fremde.

Nur mit Jupp ist sie glücklich. 1947 schaffen die beiden sich einen Fotoapparat an und knipsen sich gegenseitig. Sie gehen spazieren zu jeder Jahreszeit, erkunden die Umgebung, gehen im Sommer baden in einem nahen Bombentrichter, der zum Weiher vollgelaufen ist. Auf diesen ersten Fotos der Nachkriegsjahre wirken beide wie gelöst. Ady lacht, sie fühlt sich aufgehoben und angenommen. Sie sieht auf diesen Bildern so glücklich aus wie nie zuvor – und wie nie wieder zu einem späteren Zeitpunkt. Auch Jupp ist angekommen, Ady fotografiert ihn mit den Augen der verliebten Frau und Jupp posiert als schicker Mann.

Ady beginnt Fotos an Maria zu schicken, kleine Bildchen, die sie auf der Rückseite beschriftet, wie am 30.6.47: »An Mami, die viel an mich denkt«, um sie teilhaben zu lassen an ihrem Alltag in Bottrop.

Sieht man vom Einfluss der Deutschen auf Adys bisheriges Leben ab, ist das Moment, das ihr Leben durchzieht, die Liebe. Marias bedingungslose Liebe ersetzt Jupp durch die seine. Josef Kocyan war die Erfüllung ihrer Träume, Adys große Liebe. Er gab ihr die Sicherheit, die sie brauchte, das Gefühl, für sie da zu sein. In den zurückliegenden schwierigen Monaten hat sie erfahren, dass sie sich auf ihn verlassen kann, zu hundert Prozent. Jetzt lag der Alltag vor ihnen. Und der war nicht immer so, wie Ady ihn sich einmal vorgestellt hatte. Sie beschäftigt sich gern mit den vielen Neffen und Nichten in der Familie, mag Kinder. Sie lässt Jüppi am gut bewachten Telefon im Flur mit seiner Freundin telefonieren und passt auf, ob Onkel Jupp kommt. Der kann mit Kindern nichts anfangen, das erwähnt sein Neffe Albert. Die Zeiten, da Ady es für unmöglich hielt, Kinder in die Welt zu setzen, sind vorbei. 1946 ist Ady 33 Jahre alt, sie spürt, wie man heute sagen würde, wie ihre biologische Uhr tickt, damals sagte man, »es ist bald zu spät«, und es sollten auch keine mehr kommen.

Post von Renée

Renée kam nach Antwerpen zurück Punkt genau zum Geburtstag ihrer Mutter, am 18. Mai, zehn Tage nach Kriegsende. In Würzburg war sie noch einige Tage in der Kaserne gewesen, dann mussten die Belgier zum Zug, »an also overcrowded cattle-train in the direction of belgium. Als wir in Aschaffenburg stoppten, waren da GIs, die sagten, wir sollten vermeiden, auf etwas zu treten, das aussah wie Asche. Einer, der das nicht verstand, trat dennoch darauf und da brannte das. Das war ein Rest einer Phosphorbombe, von denen später gesagt wurde, sie seien nicht verwendet worden. Every day we travelled between forty and sixty kilometers. So it took some time. As the weather was splendid, we sat on the roof of the train as there wasn't place enough inside for everyone.

Wir mussten raus aus dem Zug in Neufchateau, wo wir eine gute Mahlzeit bekamen und dann fuhren wir in einem normalen Zug nach Brüssel, anschließend nach Antwerpen. Dort fuhr ich mit der Straßenbahn nach Hause.

Als ich heimkam, war meine Mutter nicht da und ich fragte

Firmin ist wieder zu Hause, und Maria und er lassen sich vor ihrem Haus in der Zonnewijzerstraat Nummer 2 fotografieren.

einen Nachbarn, wo sie wäre. Sie musste arbeiten, weil sie seit September 1944 den Lohn meines Vaters nicht mehr erhalten hatte. Ich hatte gesagt, wenn der Mutter Geld fehlt, dann kann sie von meinem Sparbuch abheben. Später habe ich von ihr gehört, dass sie das nicht konnte, ›nee, ich bekam das nicht, weil du 21 Jahre alt warst‹. So musste sie arbeiten gehen. Und mein Bruder ist krank nach Hause gekommen, er hat eine Lungenentzündung gehabt und sie musste den Arzt und die Apotheke bezahlen. So hing alles an der Mutter. Ich wusste das nicht.

Coming home gave a strange feeling. We saw the damages from the V-Bombs, we were ignorant about it. Die Leute haben in den Kellern gelebt, auch meine Mutter, und machten Löcher in die Wände zum Nachbarkeller, damit sie, wenn ein Haus getroffen wurde, durch ein anderes entkommen konnten.«

Renées Vater kehrte eine Woche später zurück. Auch seine Heimreise von Pouch bei Bitterfeld war von Zufällen und Glück begleitet. Zusammen mit einem jungen Holländer machte er sich auf den Weg Richtung Westen. Unterwegs konnten sie ein Stück mit einem amerikanischen Lkw mitfahren, obwohl es dem Fahrer nicht erlaubt war, jemanden aufzunehmen, aber er rief durchs Fenster, »I have to drive very slowly, the curtain is open, you can try.« Sie sprangen auf, irgendwo warf er sie raus, glücklicherweise in der Nähe einer Station vom Roten Kreuz.

»So we were a family again and with all that travelling and running, I didn't get a scratch, neither my father. At first we had really trouble to adapt ourselves again to normal life. I got work through a friend, es war für die American Army, die belgische Männer und den Hafen benutzten, weil in Antwerpen und über die Schelde und alle Docks der meiste Nachschub für die Amerikaner und die Briten ankam. Wir erledigten den Papierkram und die Bezahlung der Arbeiter.«

Während des Krieges hatten verschiedene Widerstandsvereinigungen im Untergrund daran gearbeitet, die deutsche Besatzung zu unterminieren, darunter waren Partisanen genauso wie die in der Unabhängigkeitsfront zusammengeschlossenen Gruppierungen der Résistance. Auch die vor allem in Antwerpen agierenden »Witte Brigade«, die Weißen Brigaden oder Armée blanche. Zeitgleich mit den Amerikanern waren sie offen in Antwerpen eingerückt, im Kern eine Vereinigung von Widerstandskämpfern und belgischen Patrioten. Sie beteiligten sich dann an der Entschärfung der deutschen Sprengvorrichtungen im Hafen und verrichteten Wachdienste an amerikanischen Militärdepots. Die zurückgekehrte Exilregierung misstraute allerdings der Unabhängigkeitsfront, von ihr wurde gesagt, sie sei von Kommunisten beherrscht, und man ging schnell dazu über, die suspekten Gruppierungen zu entwaffnen. In die im folgenden Winter neu gegründeten belgischen Streitkräfte wurden dann nur wenige Partisanen aufgenommen.

Renée hatte in Neusalz mit einem Belgier im Büro gesessen, der bei den Schwarzen gewesen war, den belgischen Faschisten, der, als er nach Hause zurückkam, zusammen mit seiner Frau verhaftet wurde. Dieser Mann habe in Neusalz erzählt, er sei einmal in Berlin

Hitler sehr nah gewesen, »seine Augen waren sehr speziell«, sagte er, »wenn er gesagt hätte, töte den oder den, ich hätte das gemacht.« Darüber war er sehr erschrocken. Während unseres Gesprächs in Antwerpen fragte ich Renée, ob sie selbst mit den Weißen Brigaden in Berührung gekommen war oder unter der Verfolgung als Kollaborateurin zu leiden hatte, schließlich nutzte auch in Belgien so mancher die Widerstandsgruppen nach dem Krieg zur Begleichung privater Rechnungen.

»Nein, ich habe nie Ärger damit gehabt.« Dann erwähnte Renée so etwas wie »becke« (flämisch für Teer von der Straße), was ich zuerst nicht verstand, bis sie fortfuhr: »Es war speziell, wie soll ich sagen, wenn sie einen nicht mochten, dann wurde das fantasiert. Meine Freundin saß im Zoo, wo all die gefährlichen Tiere geschlachtet waren und gegessen, die anderen waren übrigens noch da. Meine Freundin Ida war festgenommen, sie saß im Löwenkäfig.« Renée lacht, als sie das erzählt, im Nachhinein ist so etwas immer eine gute Anekdote: »Ida war da drinnen im Löwenkäfig mit vielen anderen. Und Ida erzählte später, sie bekam keine Luft und hat sich solange gedreht und gemacht, bis sie ans Gitter kam. Und davor stand einer, der war von den Weißen Brigaden, der kannte sie und sagte: ›Aber Ida, was machst du da?‹ ›Ja‹, sagt sie, ›frage mal.‹ Er sagte: ›Oh nei, ne.‹ Er ist dann hereingekommen und dann durfte sie in der Küche stehen. Da war sie wenigstens aus dem Löwenkäfig heraus. Und drei Tage später war sie entlassen. Nachher hat der Mann, ich kenne den nicht, aber der hat herausgefunden, wer sie angezeigt hat. Und das war eine Friseurin gewesen, eine Kollegin von Ida, die eifersüchtig war auf Idas gute Kontakte zu den reichen Kundinnen in ihrem Salon. Am Ende kam sie vor Gericht, denn es war eine falsche Angabe gewesen und der Chef hat sie sofort entlassen.«

In Belgien wurden Tausende wegen Kollaboration vor Gericht gestellt, Einzelne auf der Straße erschossen. Jeder fünfte Flame wurde nach dem Krieg mit einem Verfahren wegen Kollaboration überzogen, viele ihrer bürgerlichen Ehrenrechte beraubt. Im deutsch-belgischen Grenzgebiet war etwa jeder zweite arbeitsfähige Mann von Voruntersuchungen der Kriegsgerichte betroffen. »Ich muss sagen, speziell in den Städten mochte ich die Atmosphäre nicht. Mein Bruder sagte einmal, da war ich schon ein paar Wochen zuhause, eigentlich ist es gut, dass du so spät gekommen bist, weil jeder, der für Deutsche gearbeitet hat, besonders die Frauen, dass die dachten, dass sie etwas zu tun hatten mit einem Deutschen, denen wurden die Haare geschnitten. Das war schrecklich. Und die Weißen Brigaden waren überhaupt nicht gut darauf zu sprechen.« Renée glaubte sich zu erinnern, dass Adys Eltern nach dem Krieg öfter die Adresse wechseln mussten, weil ihre Tochter für die Deutschen gearbeitet hatte. Später erwähnte auch Albert, Jupps Neffe, so etwas, allerdings war der Auslöser hier ein anderer, weil Ady einen Deutschen geheiratet hätte. Für die Wohnungswechsel fand ich allerdings keine Belege, sie zogen, soweit mir bekannt geworden ist, nur einmal um.

Kollaboration und Widerstand während der Besatzung sind in Belgien nach wie vor heikle Themen, die immer wieder ausgegraben werden, wenn es politisch in den Kram passt. Das liegt nicht allein an den anhaltenden Spannungen zwischen Flamen und Wallonen. Nach dem Krieg beschuldigte die französischsprachige Oberschicht vor allem die niederländischsprachigen Flamen, allzu gerne mit den Deutschen zusammengearbeitet zu haben. Später erst wurde das Bild zurechtgerückt: das Klischee – Wallonen leisteten Widerstand, Flamen kollaborierten – sei nicht zu halten, sagen die Historiker. Keine Seite war ausschließlich weiß oder schwarz, auf beiden Seiten hatte es alles gegeben: mutige Widerständler, stille Mitläufer, willfährige Sympathisanten und aktive Täter.

Nach dem Krieg »entdeckten wir, dass jeder ein belgischer Patriot gewesen war«, spottete der Schriftsteller Hugo Claus.

Renée mochte die aufgeladene Stimmung nicht, sie wollte am liebsten wieder weg aus Belgien. Durch eine ehemalige Schulkameradin erfuhr sie, dass die Britische Zensurbehörde Leute suchte – für ihre Arbeit in Deutschland. »Das war meine Gelegenheit, nach Bonn zu gehen. In July 1945 I did a test by the British Office and went, after a schooling in Brugges for 6 weeks, in September 1945 back to Germany – to Bonn – at the ›British Censorship‹«. Der »British Censorship« prüfte die nach Deutschland adressierte Post deutscher Kriegsgefangener. Am 25. August 1945 begann die Arbeit der Behörde mit in besten Zeiten 1600 Angestellten. Hauptsäch-

Dear Ady & Jupp,

I very enjoyed to receive a letter from you. Many thanks. Yes, my new dress suit sits very well, it's dark brown with a yellow "stick".. It's fine when I can do it myself, it makes me happier as if I receive a new one from the dressmaker. C'est quand-même pas agréable que tu dois faire tout à la main. Cette semaine je dois faire un modèle pour une blouse (d'une vieille robe), mais je n'ai pas encore eu un idée. C'est triste avec le ravitaillement là-bas. Ici on parle si beaucoup de guerre. J'espère que ça ne vient plus, moi j'en ai assez. Maintenant avec tous ces travail je ne suis plus qu'une

Stopfwolle

II machine nerveux, je maigri de nouveaux et dois alors changer mes jupons. Ce n'est pas si grave, je sais quand-même quoi faire. With carnaval was my brother Toul as Grand-father. Jusqu'ici, les calks ne sont pas encore vrai! c.à.d. je n'ai pas encore un ami. Elle a aussi dit que je change de nationalité. Un ami de Stuttgart écrit encore régulièrement, c'est peut-être ça, mais je ne cherche pas après. Aujourd'hui il fait du beau temps, c'est seulement dommage qu'on doit travailler. Ici il n'a pas neigé, seulement une fois et une quantité minuscule. Le samedi prochain il y a une danse du Club de la Kermesse! J'espère qu'il y sont beaucoup des amis. J'aime tant de partir de nouveau quelque part, je m'embête ici et les gens sont si ennuyeux. Le week-end passé je suis allé à Louvain et je m'ai bien amusé.

Je suis de nouveaux enrhumé, mais c'est aussi tout le monde ici, alors j'ai des compagnons.

lich wurde die gesamte Post aus der Britischen Zone im besetzten Deutschland kontrolliert, mit dem Ziel, SS- und Gestapo-Mitglieder und Kollaborateure ausfindig zu machen. Ab März 1945 suchte der British Intelligence Service Männer und Frauen für die Zensurbehörde. Neben den Nationalsprachen Holländisch und Französisch sollten sie Englisch und Deutsch beherrschen. Die ersten Rekrutierten arbeiteten in Brügge, wo auch Renée ausgebildet wurde. »Ich war dann in Bonn für exakt zwei Jahre. Wir lebten in einem requirierten Areal, mit elektrischen Zäunen und einem von Soldaten bewachten Eingang.« Das so gesicherte Areal war die Ermekeil-Kaserne, die später zum Geburtsort der neuen westdeutschen Armee werden sollte. Hier überreichte zehn Jahre später der erste Verteidigungsminister der Bundesrepublik, Theodor Blank, den ersten 101 Soldaten der Bundeswehr ihre Ernennungsurkunden.

Von Bonn aus nimmt Renée wieder Kontakt mit Ady auf. »Ich hatte Adys Adresse von ihrer Mutter, als ich in Bonn war.« Als Angestellte der Zensurbehörde durfte Renée keinen direkten Kontakt mit Deutschen unterhalten. »Manchmal konnten wir persönliche Päckchen aus Belgien bekommen. Also habe ich meine Adresse in Bonn Adys Mutter gegeben – sie sandte mir Päckchen und ich schrieb Ady. Wir hatten dort eine ganz kleine Dame, Frau Frömbgen. Und wir durften ihre Adresse benutzen, um das zu schicken. Ich hätte das nicht gedurft. Der Absender musste draufstehen und das durften wir nicht. Ich brachte die Päckchen also zu Mama Frömbgen und ihrem Mann, ich war mit ihnen befreundet, ich nannte sie Mama und Papa, und Ady oder Jupp kamen zwei-, dreimal mit dem Zug nach Bonn, sie abzuholen. Einmal war das ein ziemlich großes Paket, ein Mantel. Und das war zu groß zum Schicken, ne. Dann habe ich ihr geschrieben, dass das und das angekommen wäre und ob sie die Möglichkeit hätte, das abzuholen. Das war alles in der Britischen Zone, anderenfalls wäre es zu gefährlich für mich gewesen, ich hätte meinen Job verlieren können. Es war so schon kompliziert genug.«

Ady und Jupp können die Hilfspakete gut gebrauchen, sie sind noch für geraume Zeit auf Hilfe aus Antwerpen angewiesen.

Auszug des Briefes von Renée an Ady und Jupp vom 4. März 1948.
Unten vermerkt sie, dass sie Stopfwolle mitschickt.

Im September 1947 endete Renées Arbeit beim Censorship. »Als wir entlassen wurden, bekamen wir die Erlaubnis, zwei Wochen Urlaub zu machen, wo immer wir wollten – ausgenommen in der Russischen Zone. Ich fuhr für zwölf Tage zu meiner Bauersfamilie nach Immeldorf. Der Vater, den ich im Krieg nie gesehen habe, war Kriegsgefangener bei den Russen in Sibirien für viele Jahre. Er kam erst 1954 nach Hause, wenn ich mich nicht täusche.« Renée fand anschließend Arbeit bei Bell Telephone, was sie jedoch nicht mochte, »I lost my freedom«. Im Juli 1948 fand sie einen neuen Job bei einer Genossenschaft von Sämereibetrieben in Brüssel. Dort blieb sie bis in die siebziger Jahre.

Renée ist in den nächsten Monaten und Jahren eine wichtige Freundin und Ansprechpartnerin im heimatlichen Belgien. Sie schickt Briefe, den ersten, den wir kennen, am 4. November 1947. Schnell spielt es sich ein, dass sie Kleinigkeiten in die Umschläge steckt, die es in Deutschland nicht zu kaufen gibt. »Es gab einmal ein Land, in dem gab es keine Zündhölzer«, beschrieb Erich Kästner in seinem ›Märchen von den kleinen Dingen‹ im Jahr 1948 die Lebensumstände nach dem Krieg. »Und keine Sicherheitsnadeln. Und keine Stecknadeln. Und keine Nähnadeln. Und kein Garn zum Stopfen. Und keine Seide und keinen Zwirn zum Nähen. Und kein Seifenpulver. Und kein Endchen Gummiband weit und breit.«

Renée legt den Briefen so notwendige Dinge wie Schnürsenkel oder Nähfaden, ein bisschen Pfeffer oder Zigarettenpapier bei. Sie spricht oft von Paketen, die sie schicken will, aber nicht kann, weil ihr das Geld fehlt. Immer öfter von Kleidung, die sie selbst benötigt, die aber zu teuer ist und immer wieder von schlechtem Brot und Hunger. Weil man, gerade in den ersten Nachkriegsjahren, auch in Belgien »nichts anderes hörte als Hunger«. Am 17. November 47 stellt sie fest: »The post is going quite well, isn't it?« Selbstverständlich war das noch immer nicht. Renée bespricht mit Ady eine Möglichkeit, Pakete zu schicken, »my girl-friend from Leuven has written for a ›license‹ to send packages to Germany.« Und sie informiert Ady, sie habe an die Caritas in der Schweiz geschrieben. Ady und Jupp erhalten daraufhin tatsächlich mehr als einmal Care-Pakete. Nicht alle hießen so und nicht alle kamen aus den USA. Manche hießen »Liebesgabenpakete« und wurden von Hilfsorganisationen in neutralen Ländern wie Dänemark verschickt. In Adys Koffer fand ich einige Zettel, die solchen »Liebesgabenpaketen« beilagen.

Jupp mit seinem ersten Motorrad nach dem Krieg, Oktober 1948.

Aus Renées Briefen ist herauszuhören, dass sich das Leben in Antwerpen allmählich normalisierte, wenn auch manche Dinge noch immer nicht zu bekommen oder zu teuer waren, sie beklagt sich mehr als einmal über die Preise für Nylons. Eine Laufmasche reparieren zu lassen koste gleich soviel wie ein paar neue.

Am 2. Januar 1947 schreibt sie:

Vielen Dank für Euren Brief vom 18.12. und die Weihnachtskarten. Wie habt ihr Weihnachten und Silvester verbracht? Wir hatten schöne Tage, vielleicht war es zu viel. Nach Weihnachten kamen wir morgens um 7 nach hause. Es war eine schöne Party. Jetzt nach Silvester war es auch acht Uhr. Wir haben bis zwei geschlafen und um vier am Nachmittag waren wir schon wieder bei Freunden und haben auf das Schicksal und das Glück, von dem wir hoffen, es 1948 zu haben, angestoßen. Heute früh beim Aufwachen waren wir so kläglich an-

zuschauen. Wir mussten zur Tram rennen. Deswegen habe ich heute keinen Kater mehr.

Insgesamt klingen die Briefe nach Leben, nach Aufbruch, nicht nach der Schwere, die Nachkriegsdeutschland in vielen Bereichen noch immer niederdrückt und die auch Ady spürt.

Die Briefe wechseln wild die Sprachen, englisch, französisch, deutsch, später viel flämisch. Adys Briefe sind nicht erhalten – oder für immer in den Schrankungetümen in Renées Wohnung verloren. Renée schrieb ihrer Freundin allein in den Jahren 1947 bis 52 ganze 21 Briefe nach Bottrop, die wir kennen. Sie schreibt vom Wetter, von gemeinsamen Bekannten, zählt ihre Weihnachtsgeschenke auf – ein Manikür-Etui, ein Bügel-BH, ein Paar Nylons. Ein immer wieder auftauchendes Thema bleibt die schwierige Kleiderfrage und die Liebe. Renée beklagt sich im Januar 48, dass sie keine »amour« habe. »Ich glaube, das ist die Krankheit der Zeit. Die Welt ist so kaputt, es gibt einfach wenig gute Leute.«

Wiedersehen mit Maria

In der Familie von Jupp hält sich eine Geschichte, von der auch Renée gehört hatte. Maria wollte ihre Tochter unbedingt wiedersehen, doch Ady durfte nicht von Deutschland nach Belgien reisen, und auch umgekehrt war es nicht möglich. Doch Maria sehnt sich zu stark und sie erfährt von einer Möglichkeit: George, Adys früherer Freund Georgeke, soll ihr dabei helfen. George macht es tatsächlich irgendwie möglich und schleust Ady heimlich in einem Militärzug nach Antwerpen. Ady steigt in Aachen in diesen Zug, draußen wird sie bereits gesucht und über Lautsprecher aufgefordert auszusteigen. Sie versteckt sich und fährt heimlich mit. An jeder Station wird sie aufgefordert auszusteigen. Doch sie riskiert es – und bleibt einen Monat bei Maria in Antwerpen.

Jupp hat ihr damals geschrieben, voller Angst, ob sie wohl zurückkäme. Auch Ady wollte wieder zu ihm nach Hause. Maria war irritiert: »Aber du bist doch hier zuhause?!« Und Ady antwortete: »Aber du bist doch auch immer beim Papa geblieben. Und ich will bei meinem Jupp bleiben.« So hat es Ady später Renée erzählt.

Firmin war längst schon wieder bei Maria. Für uns bleibt Firmins Kriegszeit im Dunkeln. Ady hat nichts darüber aufgezeichnet und auch vom belgischen Militär, wo wir anfragten, konnten wir nichts über seinen Aufenthalt oder seine Verpflichtung während des Zweiten Weltkriegs erfahren. Auch von Maria hatte Ady nur wenige Fotos aus der Zeit während des Krieges – aber von Firmin existiert kein einziges. War er wieder Soldat, dann gab es diesmal diese Heldenfotos nicht wieder wie im ersten Krieg. Dieser Krieg war nicht danach. Das erste Lebenszeichen von ihm war die Unterschrift auf einem kleinen Briefchen an Netje gleich zu Kriegsende, als Maria sich auch im Namen von »Firm« um Ady sorgte.

Das erste eigene Geschäft, etwa 1948.

Das Nächste ist ein Foto, das Ady mit der Jahreszahl 1948 versah, da steht Firmin neben Maria vor dem Eingang zur Zonnewijzerstraße Hausnummer 2.

Ady schreibt Ende 1947 an Renée, dass Jupp seine Meisterprüfung machen und sich anschließend mit einem Fahrradgeschäft selbstständig machen möchte. Im Januar 48 erkundigt sich Renée nach dem Stand der Dinge. Jupp hat bei seinem Fahrrad-Meister keine Zukunft gesehen. Ein Mechaniker bei VW verdiente in den 1950er-Jahren noch etwa 1.- D-Mark pro Stunde. Was wird dann ein Mechaniker im Fahrradbusiness rausbekommen haben? Jupp möchte aus diesen Verhältnissen raus und Ady fragt selbst bei Netje in Schweden nach Chancen für Jupp und sich.

Göteborg 2. 3. 48

Ady und Jupp,

bedanke mich für deinen Brief, den ich empfangen habe. Und sehe, dass Ihr beide noch guter Gesundheit seid. Liebe Ady, du fragst, ob sie hier keine Fachmänner (brauchen), es sind hier viele und von Deutschland hergekommen, und die arbeiten alle, auch viele aus Italien sind auch da und die arbeiten alle bei SKF. Das ist eine große Fabrik … und da könnte Jupp anfangen. Ihr müsst zusehen, dass Ihr die Papiere bekommt, bei uns könnt Ihr immer wohnen, wenn Ihr wollt. Und Ihr könntet gutes Geld verdienen und du Ady, könntest im Büro arbeiten, denn die fragen immerzu und du könntest alle Sprachen schreiben und sprechen und das brauchen sie. Ich schreibe das nicht wegen mir, sondern, weil du mich gefragt hast. Ich bin jetzt immer noch nicht zuhause, aber ich habe mich damit getröstet … ich frage mich, ob es in Deutschland jetzt besser ist, ob man mehr zu essen bekommt, und mit der Arbeit …

So, jetzt ich werde wieder mal aufhören, noch einen guten Tag von deiner Tante an alle,

Antoinette

Mit herzlichen Küsschen für euch beide

Dass Jupp jemals ernsthaft in Erwägung gezogen hat, nach Schweden zu übersiedeln, erscheint unwahrscheinlich. Was Jupp auszeichnet, seine Ruhe, seine Verlässlichkeit, machen ihn auch etwas schwerfällig und unbeweglich. Auf mich wirkt er so, als sei er glücklich in Bottrop und wolle so schnell von dort und seiner Familie nicht wieder weg. Und so bleibt es auch noch für Jahre.

Im März 1948 hat Jupp seinen Meisterbrief in der Tasche und kurz darauf eröffnet er im Vorort Fuhlenbrock eine Werkstatt mit Laden für Nähmaschinen, Schreibmaschinen und Fahrräder. Ady sucht sich keine Arbeit, sie lässt sich bereits am 15. Februar 1947 wegen »häuslicher Verhältnisse« für ein Jahr von der Arbeitspflicht befreien. Die Arbeitspflicht galt für alle, Männer wie Frauen, die keiner regelmäßigen Arbeit nachgingen. Die Arbeitspflicht in den drei Besatzungszonen begründete letztlich den Mythos der Trümmerfrauen, die Deutschland vermeintlich so freiwillig und munter aus den Ruinen herausschaufelten. Ady ließ sich befreien, um Jupp im Geschäft zu helfen. Auch in den späteren Jahren wird sie es so halten. Doch von einer geregelten Arbeit wird nie die Rede sein. Sie unterstützt Jupp, ist unersetzliche Ratgeberin, aber sie ist in erster Linie Ehefrau, und Jupp sorgt für das Auskommen der beiden.

Der Anfang bleibt für sie schwer, Renée fragt mehr als einmal besorgt nach, wie die Geschäfte gehen. Allmählich bessert sich zwar die allgemeine Wirtschaftslage, die Deutschen haben wieder mehr Geld in der Tasche, doch bis in Jupps Geschäft reichen die Geldflüsse noch nicht. Bis in die späten 1950er-Jahre machen die Deutschen vor allem eines: Sparen. Vorrangig wird in allen Haushalten das angeschafft, was unbedingt nötig ist. Ein Fahrrad oder eine neue Nähmaschine, das sind

Jupp, Ady und Maria in Köln, 1949.

Dinge, die noch nicht an der Reihe sind, dafür ist bei den meisten noch kein Geld da.

Anfang März 1948 schickt Renée wieder Stopfwolle, Safran und Schuheinlagen und entschuldigt sich, sie könne sonst nichts schicken, sie habe kein Geld übrig. Sie schreibt, die Leute sprächen so viel vom Krieg, sie habe genug davon. »Les gents sont si enggeistig.«

9.6.48 Göteborg

Liebe Ady,

ich bedanke mich für deinen Brief, den ich gerade empfangen habe und da sehe ich, dass es euch beiden gut geht. Mir ging es nicht gut, ich hatte 39 Fieber und dieses Mal hatte ich Angst, dass es um mich jetzt geschehen wäre. Ady … und nun arbeitet Onkel Charley und fährt

nicht mehr auf See und das ist jetzt viel besser, auch für mich, alles ist
gut nun, er arbeitet jeden Tag, sodass er gutes Geld verdient. Ich sehe,
dass Jupps Bruder tot ist. Er war zu jung, 41 Jahre, war er verheiratet?
Es ist doch schlimm für all die Menschen mit dem Krieg. Und ist es
immer noch nicht besser mit dem Essen? Aber auch bei uns ist es nicht
mehr wie früher. Dass wir bezahlen müssen für alles, das war früher
nicht so und es ist auch alles so teuer jetzt. Wenn man das jetzt aus-
rechnet in belgisches Geld, dann ist es viel. Und wie geht es Jüpp? Ady,
hat er noch immer seine Arbeit und bist du noch nicht bei deiner Mut-
ter gewesen?

Also Ady und Jupp, jetzt hör ich auf für dieses Mal wieder mit
einem schönen Tag an alle,

Eure Tante und Charley
Und ich wünsche euch beiden noch viel Gesundheit und herzliche
Grüße von eurer Tante und Charley.

Netje hat sich mittlerweile anscheinend an die deutsche Verwandtschaft gewöhnt.

Am 20. Juni 1948 trat die Währungsreform in den drei westlichen
Besatzungszonen in Kraft. Im Jahr darauf endete das Besatzungs-
statut, die Bundesrepublik wählte ihre erste eigene Regierung und
erlangte einen Teil ihrer staatlichen Souveränität zurück.

Renée schreibt am 25.6.49, dass man nun als Tourist nach
Deutschland fahren kann; sie wolle es aber nicht tun, mit dem Bus
sei es zu teuer, sie müsse sparen, in den Ferien will sie nach Frankreich.

Maria darf nun Ady ganz offiziell in Bottrop besuchen und sie
nutzt die Chance. Im Juni 1949 kommt sie mit dem Zug über die
Grenze, und Jupp und Ady holen sie in Köln vom Bahnhof ab. Maria reist mit kleinem Gepäck. Die Wiedersehensfreude kann man
sich leicht vorstellen. Ady wird ihre Mutter gar nicht mehr losge-
lassen haben.

Ady und Jupp fahren mit Maria aber nicht etwa gleich nach
Bottrop, sondern zuerst nach Königswinter, wo sie sich mit einer
Gruppe von Leuten treffen. Das waren keine Kollegen von Daim-
ler, Renée erkannte niemanden auf den Bildern. Vielleicht waren es
Freunde oder Verwandte aus Antwerpen. Sie fahren mit der Dra-

chenfelsbahn hinauf zum Restaurant und dort an der Brüstung oberhalb des Rheins entstehen ein paar Fotos. Konrad Adenauer, der erste Bundeskanzler der neuen Republik kam aus Königswinter, vom Drachenfels oberhalb hat man einen schönen Blick übers Rheintal hinüber nach Bonn, der Hauptstadt – die aber erst zu dieser werden sollte.

War es politischer Instinkt, der die Gruppe dort am 4. Juni 1949 zusammenkommen ließ, politisches Bewusstsein, diesem historischen Moment der Gründung der Bundesrepublik nah zu sein? Kurioserweise wählten wir, Renate Niebler, Fotografin und meine Freundin, und ich ausgerechnet den Drachenfels, als wir für ein gemeinsames Buch auf der Suche waren für ein Motiv, das die Gründung der Bundesrepublik symbolisieren sollte.

Renée schickt im August 1949 mit ihrem Bruder Paul Urlaubsgrüße aus Biarritz.

Vielleicht war es auch nur Zufall, dass Ady dort oben mit den anderen zusammenkam, der Wunsch nach einem schönen Ausflug mit einer reizvollen Aussicht im Frühsommer.

Jupp legt sich ein Motorrad, eine 98er zu. Die musste man antreten, »anstrampeln«. Damals war die Autobahn noch nicht in Betrieb, ab und zu durfte sie auch Neffe Jüppi fahren. Allerdings nicht zu viel, wegen des teuren Sprits. Eines Sonntagmorgens liegen Jupp und Ady noch im Bett, Jüppi will sich die Maschine wieder einmal ausleihen. Aber diesmal, ohne Jupp zu fragen. Er schiebt sie aus dem Hof, damit Jupp nichts mitbekommt und ein Stück die Straße runter. Als er sie antreten will, fällt ihm das schwere Ding um und ein Pedal bricht ab. Reumütig muss er seinem Onkel das Missgeschick beichten. Doch überraschenderweise nimmt der es mit Fassung.

Maria hatte Jupp vor Adys Abreise nach Verviers und Neusalz bereits kennengelernt. Aber damals war er einer der Deutschen, einer der Besatzer. Dass sich ihre Tochter in ihn verliebte, war das eine, dass Maria und Firmin einen Deutschen als Freund und nun gar als Ehemann ihrer Tochter akzeptieren sollten, war das andere – und

Ady hat ihre Mami wieder…

… und die akzeptiert auch den Schwiegersohn.

das war nicht leicht. George, den Sportsmann und Kavalier, den wollte Maria als Schwiegersohn sehen. »Am Anfang mit dem Jupp dann, Ady hat nur der Mutter versprechen müssen, nie einen Italiener oder so.« Warum ausgerechnet keinen Italiener – das wusste Renée so wenig wie Ady, »sie sagte, ja, ich habe damals nicht gefragt, jetzt wage ich das nicht mehr zu fragen.« Doch nun hatte Maria den deutschen Jupp als Schwiegersohn.

In Jupps Familie wurde erzählt, Maria und Firmin seien sehr gegen die Heirat von Ady mit dem Deutschen gewesen. Aber ob das stimmte? Die Neffen erinnern sich, dass Maria mit ihrer neuen Verwandtschaft kaum ein Wort sprach. Weil sie nicht deutsch sprach oder weil sie so wie Ady sehr zurückhaltend war oder weil sie die Deutschen in Bottrop nicht mochte, das konnten sie nicht sagen.

Maria kommt nun öfter nach Bottrop, in den nächsten Jahren

viele Male. Doch immer allein, Firmin war weder in Köln, noch Königswinter oder Bottrop dabei. Es wird noch Jahre dauern, bis er Ady in Deutschland besucht.

Ady fährt zu ihren Eltern nach Antwerpen, zum ersten Mal nach ihrem heimlichen Zugabenteuer im Dezember 1949, doch auch wieder ohne Jupp. Für Ady ist das schwer, sie möchte natürlich, dass Jupp gemocht wird, dazugehört, dass sie als Familie anerkannt sind. So bleibt eine Trennung – hier ihr Leben in Bottrop, dort Antwerpen und ihre Eltern.

Im Verlauf des Jahres intensiviert Ady die Häufigkeit der Fotobriefchen. Sie will Maria und Firmin teilhaben lassen an ihrem Leben. Möglicherweise will sie besonders Firmin zeigen, wie sie mit Jupp lebt, dass er sie liebt, sie also bestens bei ihm aufgehoben ist. Gewohnheit soll Vertrauen schaffen. Ady und Jupp fotografieren sich gegenseitig, in der Wanderausrüstung im Wald, im Anzug und schicken Kleid und am vollgelaufenen Bombentrichter in der Badehose. Sie halten ihre Ausflüge fest und transportieren die Erlebnisse via Fotos nach Antwerpen. Es sind stumme Aufforderungen: Seht her, das machen wir, und wie wir das machen. Und schaut her, auch wenn Ihr skeptisch seid, vor allem Du, Firmin, wir sind glücklich miteinander! Meine Entscheidung, bei Jupp zu bleiben, war richtig!

Auch aus einem anderen Grund war es Ady wichtig, ihre Familie zusammenzuhalten. Mit ihrer neuen Familie wird sie nicht richtig warm. Anfangs ging sie zu den sonntäglichen Besuchen und Familientreffen noch mit, aber sie spürt, sie gehört nicht dazu und immer öfter bleibt sie weg. Allmählich zieht sie sich immer mehr zurück, kommt nicht einmal mehr zu größeren Feierlichkeiten mit. Sie blieb die Exotin, die Fremde. Sie fiel auf, sie war so ein bisschen modisch, erinnert sich Albert, »etwas Extra«. Sie färbte sich die Haare in zweierlei Farben, trug Schuhe mit hohen Absätzen, »da haben die Leute hinterhergeguckt, sie war eine Augenweide, trug auch mal einen Pelzmantel und Jupp hatte die entsprechenden Anzüge, sie haben beide geglänzt!« Das mit dem Pelzmantel muss später gewesen sein, als sie schon etwas mehr Geld auf der Kante hatten. Aber Ady beeindruckte die jungen Burschen auch auf anderem Gebiet. »Sie konnte fließend deutsch, französisch und schwedisch.« Für die

Neffen, die während der Nazijahre keine andere Sprache lernten als deutsch, muss Ady sehr weltläufig erschienen sein. Und das, was sie für schwedisch hielten, war Adys Flämisch.

Vom Kino gleich nach Hause

Jupp ist der liebevolle Ehemann, aber auch der elegante Mann, der an Adys Seite etwas hermacht. Mitten unter den Briefen von Renée an Ady lag einer, der mich stutzen ließ. Alles darin deutete darauf hin, dass Jupp noch eine andere, bisher verborgene Seite hatte: dass er Vater eines kleinen Mädchens war. Allem Anschein nach hatte er in Neusalz ein Verhältnis mit einer Frau namens Hilda gehabt. Wie aber passte das zu der Liebesgeschichte mit Ady? War Jupp doch nicht dieser treue Freund und Ehemann gewesen?

Renée amüsierte sich königlich, als ich ihr bei meinem Besuch in Antwerpen davon erzählte und klärte auch dieses Rätsel auf. Hilda Missiaen war eines der Mädchen aus dem »Harem« gewesen. Sie war in Neusalz mit einem Mann aus Köln zusammen, »so einem Kleinen«, er sprach »richtig Kölner Platt«, erinnerte sich Renée. »Ich meine, der Mann hieß auch Jupp. Das ist nicht immer Jupp Kocyan, aber wie er heißt mit Nachnamen, der Kleine, weiß ich nicht.« Renée glaubte sich zu erinnern, dass Ady Hilda einmal in Neusalz schwanger gesehen hatte und ihr davon erzählte. Renée vermutet daher, dass Hilda sich an Jupp und Ady wandte, weil sie den Vater des Kindes auch kannten und »sie waren wahrscheinlich auf demselben Arbeitsplatz.« Sie fragt sie in dem Brief, ob sie nicht bestätigen könnten, dass sie nicht verheiratet war, denn sie habe nun in Brügge Schwierigkeiten, weil sie ein Kind von einem Deutschen hat.

Ich habe nicht in Erfahrung bringen können, ob es Hilda gelang, ihre Papiere umschreiben zu lassen und dadurch zusammen mit ihrer Tochter unbehelligter in Belgien zu leben.

Weihnachten 1949 verbringt Ady in Antwerpen mit ihren Eltern und bleibt bis weit in den Januar. Das wird sich ab nun öfter wiederholen. Ady fährt in kürzeren Abständen und für immer längere Zeit nach Belgien, Jupp bleibt währenddessen allein in Bottrop, führt sein Geschäft und erzählt Ady von seinen Erlebnissen. Am 17. Januar 1950, schreibt er, er freue sich, dass es dem »Daddi« wieder besser gehe, und das Wetter sei in Bottrop auch sehr schlecht.

Gestern war die Kasse einigermaßen, heut dagegen hat wohl viel am Wetter gelegen. Gestern wieder ein Fahrrad verkauft, derjenige hat 70, – DM angezahlt, das Rad bleibt aber bis zum 25.1. hier stehen, bis er die Hälfte bezahlt hat. Der Gummi ist gewaltig gestiegen, die Decken, die wir für 6,50 verkauft haben, kosten jetzt im Einkauf 7,04, na ja, gut dass wir ein paar in Reserve haben.

Er hat einen Fortbildungskurs belegt – was genau, wissen wir nicht –, und muss Prüfungen machen. Den Termin dafür hat er jedoch verlegen lassen und hofft, dass dann alles klappt. Abschließend ermahnt er Ady, sie solle sich nicht allzu viele Sorgen machen, sondern »erhol dich gut, mach deinen Eltern viel Freude, heut hast du deinen halben Urlaub herum … Gestern war ich im Kino, ich muss doch auch mal eine Abwechslung haben, es wurde ›Feuer an Bord‹ gespielt. Vom Kino gleich nach Hause, na ja, ich hab das Gefühl, dass du das doch nicht glaubst, aber es stimmt.« Jupp fällt noch etwas ein, das geklärt werden muss, dann verabschiedet er sich von Ady. »In der Hoffnung wieder recht bald Post von meiner lieben Frau zu erhalten schließt mit vielen herzl. Küssen und recht viele Grüße an Deine Eltern, Dein Jupp!«

Anfang der 1950er-Jahre hören in den Alben die verliebten Fotos der beiden auf. Dafür ist jetzt oft Maria mit auf dem Bild. Jupp und Ady nimmt der bedrückende Alltag mit Sorgen ums Auskommen in Besitz. Düstere Jahre in Deutschland, daneben schaffe, schaffe, Häusle baue und sparen.

Zum Häusle reicht es in Bottrop längst nicht, auch wenn Jupps Fahrradgeschäft mehr abwirft als das, was zum Überleben unbedingt notwendig ist. Noch immer bewohnen sie das Zimmer in der Steinbrinkstraße. Jupp geht morgens in den Laden und Ady kümmert sich um alles, was zuhause anfällt. Das ist nicht viel. Sie sind zu zweit, Ordnung zu halten in dem einen Zimmer ist sicherlich nicht leicht, aber ganze Tage füllt das nicht aus. Ady geht keiner auswärtigen Arbeit nach, zumindest wissen wir nichts davon. Vermutlich kommt sie täglich ins Geschäft zu Jupp, macht die Abrechnungen und die Buchhaltung, möglicherweise auch die Bestellungen, ihre Deutschkenntnisse reichen dafür längst aus. Sie ist ein wichtiger Bestandteil im Leben und Berufsleben von Jupp, ohne sie kann er sein Geschäft nicht so führen, wie er es tut.

Jupp hat sich Geschäftspapier drucken lassen: »Josef Kocyan, Mechanikermeister, mechanische Werkstätten für Nähmaschinen, Schreibmaschinen, Fahrräder, Leichtmotorräder, Autogene Schweißerei. Bottrop-Fuhlenbrock, Görkenstr. 17.« Auch Telefon hat er im Laden, Rufnummer 2021.

Doch vor Kurzem beschloss er, sein Geschäft an eine bessere Geschäfte versprechende Adresse zu verlegen. So kann das teure Papier nun herhalten als privates Briefpapier für seine Post an seine Frau. Im Mai ist Ady erneut in Antwerpen. Es muss einiges besprochen werden, sie planen einen Umzug und überlegen, Möbel aus Antwerpen zu holen. Doch Jupp findet, der Möbeltransport sei zu teuer, für das Geld bekäme man in Bottrop ja alles neu, da müsse man noch mal sehen.

Gestern war Muttertag, habe den ganz gut rum bekommen, das Wetter war prima, bin nach Specht gegangen und am Abend war ich bei Wittstamm, da war das Konzert mit den Sängerknaben, na ja es ging, auf die Dauer wird so etwas auch langweilig.

Er berichtet ihr aus seinem Alltag, wer vorbeigekommen ist, wem er die fällige Rechnung bezahlt hat, dass die Putzfrau die Treppe macht und er das Hündchen Bobby jetzt viel bei sich hat. Er bittet Ady, sich gut zu erholen, denn »du weißt ja, wenn du zurückkommst, gibt es für dich viel Arbeit«.

In diesem Mai schreibt Jupp mehrmals an Ady. »Zuerst den geschäftlichen Teil. Der Geldtag war der beste Tag, noch etwas mehr wie der andere beste, hatte ja viel Arbeit, aber es hat geklappt. Sonst alles beim Alten. Mit deinem Kommen lass es ruhig so wie das letzte mal, ich muss nur den genauen Tag wissen. Die Hauptsache, es hat dir gut gefallen und deine Eltern haben sich gefreut. Die Bilder sind auch ganz gut, nur etwas dunkel. Und wenn du zurück bist, wird umgezogen.«

Wer eine Zukunft haben will, muss seine Vergangenheit geordnet haben, mit ihr im Reinen sein. War Ady mit ihrer Entscheidung, bei Jupp in Deutschland zu bleiben, stets glücklich – oder war da nicht ein Rest Zweifel, ob das Leben in Antwerpen nicht doch leichter gewesen wäre? Sicher, die Liebe zu Maria zog sie nach Antwerpen, aber vielleicht auch ein wenig Sehnsucht nach ihrem früheren, unbeschwerten Leben? Sie bekommt den Aufbruch in die neue Zeit mit in Antwerpen, die optimistische Stimmung dort, die so viel leichter ist als die schwere Atmosphäre in Deutschland. Sie hatte sich für Jupp und für Bottrop entschieden, aber sie war weder hier noch dort richtig zuhause. Sie führte ein Leben zwischen zwei Stühlen.

Nach sechs Jahren zum ersten Mal wieder zusammen in Antwerpen. Ady, Maria und Jupp 1951.

Im Juni brauchte Maria ihre Tochter erneut. Am 18. Juni starb in Göteborg Netje, die geliebte Tante aus Kindertagen.

In Belgien stand derweil eine ganz andere Frage an: Sollten sie ihren König wieder zurücknehmen? 1950 wollte er, dem sie Kumpanei mit dem Hitlerregime vorwarfen, auf den Thron zurückkehren, doch die Belgier führten eine Umfrage durch, deren Ergebnis nicht eindeutig war und den alten Streit wieder auflodern ließ: Während sich in Flandern fast eine Dreiviertelmehrheit für seine Rückkehr aussprach, stimmten sie in Wallonien und in Brüssel dagegen. Als Leopold III. trotz dieses Ergebnisses am 22. Juli 1950 nach Belgien zurückkehrte, brachte er das Land an den Rand eines Bürgerkrieges, es gab Tote.

Angesichts dieser angespannten Lage entschied sich der unge-

239

liebte König am 1. August 1950 die Macht an seinen Sohn Balduin zu übergeben. Die deutsche Regenbogenpresse getraute sich nicht, ihn Balduin zu nennen und bemühte uns mit dem schwer zu modulierenden ›Baudouin‹.

Renée plagen in dieser Zeit wieder einmal Zweifel, ob sie jemals die große Liebe finden würde. Sie schreibt Ady über ihre Freunde, über die Liebe, als säßen die beiden nebeneinander auf dem Sofa. Im Herbst berichtet sie glücklich, sie habe nun einen Freund, John, einen Schneider, der große Pläne habe. Es sei doch zu langweilig, sie würde bei ihm über Nacht bleiben und ihre Mutter würde sich darüber aufregen – als ob man »das« nur in der Nacht tun könne! Renée ist jetzt 27 Jahre alt und noch immer unverheiratet, aber »das« hatte auch in Antwerpen nur im ehelichen Schlafzimmer stattzufinden.

Wenig später berichtet sie, John, der Schneider, habe gute Angebote in Hollywood, sogar von einer Starmodistin. Er sei abgereist nach Amerika. Der Tag des Abschieds sei der schwerste in ihrem Leben gewesen, seither sei sie ständig krank.

Renée arbeitet noch immer in Brüssel bei Bell Telephone, aber damit ist sie nicht glücklich. Wenn sie etwas in Antwerpen findet, will sie wechseln, aber derzeit sei es sehr schwer.

Einen Brief später schreibt sie, dass sie nun plane, zu John nach Los Angeles zu übersiedeln. Bis sie das Visum habe, dauere es, sie sei sehr ungeduldig und ganz aus dem Häuschen.

Im Juni 1951 schreibt Renée, ihr Freund John in Amerika will sie nicht mehr heiraten, er wolle in Zukunft mit seiner Mutter zusammenleben! Die Mutter selbst ist über diese Idee entsetzt und hat noch nicht einmal ein Visum.

Renée arbeitet noch immer in Brüssel in ihrem alten Job, aber nun sieht es so aus, als ob zum Jahresende Schluss sei, es fehlt an Geld. Renée geht selten aus, ihr ist nicht danach. Sie verbringt ihre freie Zeit mit Nähen. Zumeist bleibt ihr aus Geldmangel nichts anderes übrig, als Altes in Neues zu verwandeln. »Im Krieg hatte ich einen schwarzen Sommermantel, dann machte ich daraus ein Kleid, dann einen Rock und jetzt ist es ein Bolero.«

Bei Ady und Jupp läuft es nun gut: Das neue Geschäft in der

Gladbecker Straße entwickelt sich bestens, die Leute haben langsam wieder mehr Geld und geben auch mal etwas aus für Dinge, die sie nicht unbedingt benötigen. Da darf es dann schon mal das neue

Zusammen mit Maria, Firmin und Hündchen in Waterloo, 1960. Jupp fotografiert.

Fahrrad für die Frau sein oder ein größeres fürs Kind zu Ostern oder zum Geburtstag. Und die Männer motorisieren sich, ihnen bietet Jupp mit seinen Mopeds den idealen Einstieg. Auch Jupps Verwandtschaft kauft bei ihm: Kinderwagen, Kinderrädchen, Roller, alles, was Räder hat. Ady und Jupp können sich endlich etwas leisten, was man auch auf den Fotos allmählich sieht; ein paar Anschaffungen warten bereits seit Längerem.

Sie beschließen, dass es nun auch an der Zeit ist, gemeinsam die Eltern in Antwerpen zu besuchen. Jupp und Ady kleiden sich ein und reisen als erfolgreiches Unternehmerehepaar – wenn auch nur Kleinunternehmer.

Es geht nicht allein darum, den geschäftlichen Erfolg von Jupp zu demonstrieren, sondern im Besonderen, Firmin zu zeigen, dass Jupp als Mann in der Lage ist, seine Frau zu ernähren und einen guten Eindruck zu hinterlassen. Firmin war nie nach Bottrop gekommen und es wird noch Jahre dauern, bis er seine Tochter in Deutschland besucht. Jupp ist und bleibt vorerst in seinen Augen der ungeliebte deutsche Schwiegersohn, den sie nicht verhindern konnten.

Bei Marias erstem Besuch in Deutschland, 1949, als sie sich in Köln zu dritt zum Foto aufstellten, um dieses denkwürdige Treffen zu dokumentieren, strahlte Jupp Souveränität aus, volle Zufriedenheit. Die Schwiegermutter kam zu Besuch und er konnte zeigen, die Trümmer, die überall noch herumliegen, die werden bald verschwunden sein. Sie solle nur ein wenig warten, er wird für ihre Tochter aus diesen Ruinen die Zukunft bauen. Zwei Jahre später, in Antwerpen, ist Jupp Fremder. Die Ruinen, die er hier sieht, haben deutsche Raketen und Bomben verursacht und seine Schwiegereltern zeigen ihm den Charme einer Stadt, die nicht die seine ist. Seine geliebte Frau gehört hier dazu, er nicht. Er ist Gast, mitgebracht, vielleicht geduldet, aber willkommen? Jupp ist nervös, seine Unsicherheit überträgt sich auf Ady. Aber war es nicht seine Unerschütterlichkeit gewesen, die sie für Jupp eingenommen hatte? Seine stete Zuversicht, es werde schon alles werden, sein Zaubersatz, »es geht schon«?

Auf den Fotos der 1950er-Jahre wirkt Ady – entsprechend der Mode wie immer elegant – beherrschter als in den ersten Nachkriegsjahren.

Weihnachten verbringen Ady und Jupp erneut bei Maria und Firmin in Antwerpen, eine gewisse Annäherung wird es also gegeben haben zwischen Jupp und Firmin, doch es ist ein kurzer Besuch. Zu Neujahr sind sie bereits wieder zuhause.

Sie haben in Antwerpen auch Renée getroffen und die fragt in einem Brief später, wie sie Sylvester verbracht hätten. Sie sei mit ihrem Bruder Paul in Mechelen gewesen und erst halb neun am Morgen nach Hause gekommen. Als es zu schneien beginnt, ist sie ganz aus dem Häuschen und geht stundenlang allein im Wald spazieren. Ihr geht es wieder besser nach der Trennung von John, sie spielt Theater mit einer Truppe ihres Bruders, geht ins Kino und ist begeistert von Lubitschs ›Ninotschka‹ mit Greta Garbo.

Post aus New York

Am 1. April 1955 hob in Hamburg die erste Lufthansa-Linienmaschine ab und flog in vier Stunden über Düsseldorf und Frankfurt nach München. Am 8. September reiste Adenauer mit seiner Regierungsdelegation mit zwei Sondermaschinen der Lufthansa nach Moskau. Am Ende der Verhandlungen stand fest: Die letzten deutschen Kriegsgefangenen würden nach Hause zurückkehren können.

In diesem Jahr jährt sich Jupps und Adys Hochzeitstag zum zehnten Mal. In den 1950er-Jahren schrieb sich Ady mit Wendell und Sophie Van Dyke aus New York, die sie 1945 in Heidelberg kennengelernt hatte, etliche Briefe. Der erste, der erhalten ist, stammt vom November 1952. Wendell erkundigt sich nach seinem »guten Freund Firmin« und einem Pommes-Frites-Laden in Antwerpen, und Sophie schreibt am Rand Grüße auf Flämisch. Viel lässt sich nicht entziffern, Wendell schreibt ein paar Jahre lang gern und viel – aber leider sehr unleserlich.

Im Sommer 1955 wollen die New Yorker erneut Europa bereisen. Sie kündigen ihre Pläne bereits im Jahr zuvor an: London und Paris wollen sie sehen, nach Antwerpen kommen und Ady in Deutschland besuchen. Und sie bieten an, Firmin und Maria von Deutschland aus nach Antwerpen im Wagen mitzunehmen. Im Juli 1955 besucht Ady zusammen mit Maria und Firmin und in Begleitung von Wendell und Sophie Van Dyke Heidelberg. Firmins erster Besuch in Deutschland.

Wir können nur erahnen, was Firmin letztlich bewog, seinen Fuß auf deutschen Boden zu setzen. Möglicherweise war es die Bekanntschaft mit den Amerikanern, die einnehmende Herzlichkeit der beiden. Vielleicht überredete ihn Wendell auch mit einem schlagenden Argument: Jupp und Ady waren von einem amerikanischen Offizier getraut worden – möglicherweise von ihm. Und er wolle Firmin gern am historischen Ort dabeihaben.

Ob Wendell tatsächlich der Trau-Offizier von Ady und Jupp war oder ein in letzter Sekunde gefundener Trauzeuge, ließ sich nicht herausfinden. Er mag Ady und Jupp geholfen haben, die nötigen Papiere zusammenzubekommen, womöglich wohnte er im gleichen

Haus in der Bergheimer Straße wie die beiden und hat mit ihnen auf die Hochzeit angestoßen, mit Wein aus den Beständen der US-Army? Jedenfalls war Wendell Van Dyke bei der US-Army gewesen.

Wendell (ganz li.) und Sophie (Mitte, in der weißen Bluse) bei Maria und Firmin in Antwerpen.

Ein Beleg dafür findet sich auf dem Calverton National Cemetery in New York. Dort wurde er, geboren am 3. August 1906, gestorben am 17. Februar 1984, beerdigt. Sein militärischer Rang wird mit Corporal angegeben, einem höheren Mannschaftsgrad.

Das allein wäre noch kein ausreichendes Indiz, den richtigen gefunden zu haben, Wendells mit gleichem Namen mag es mehrere geben. Doch im Grab daneben wurde nur drei Monate später seine Frau, Sophie Van Dyke, geboren am 12. Mai 1897, beigesetzt.

Im Juli 1955 zeigt Ady ihren Eltern, wo sie geheiratet hat. Vor dem Schloss lässt sie sich zusammen mit Maria und Firmin und den beiden New Yorkern fotografieren. Es ist ein typisches Touristenfoto, wahrscheinlich eine Führung mit abschließendem Gruppenbild. Es ist Sommer und Jupp muss sein Geschäft geöffnet halten. Er ist also nicht mit dabei.

Im September 1955 bedankt sich Ady herzlich auch im Namen von Jupp bei Sophie und Wendell, »it was very nice to have thought on our tenth anniversary«. Am 22. September 1945 hatten sie geheiratet.

Sie haben keine Kinder – sie schaffen sich ein Auto an und ein Hündchen.

Während Wendell und Sophie zu ihrer Deutschlandtour aufbrechen, fahren Firmin und Maria mit nach Bottrop. Es wird Firmins erster Besuch bei seinem Schwiegersohn.

Firmin sieht zum ersten Mal, wie seine Tochter lebt, zum ersten Mal Jupps Geschäft. Mit dem Zimmer in der Steinbrinkstraße kann Firmin nicht einverstanden sein, es ist zu klein. Ady und Jupp sollen dort ausziehen, sich eine größere Wohnung nehmen, Möbel und Gemälde könne Firmin aus Antwerpen beisteuern. Aber trotz aller Vorbehalte muss er zugeben, Jupps neuer Laden macht etwas her: zwei große Schaufenster rechts und links der Tür, der Verkaufsraum voller Fahrräder und Roller, Kinderwagen und Zubehör. Jupp gibt den erfolgreichen Geschäftsmann und Mechaniker, wahrscheinlich bestellt er an diesen Tagen für den rechten Eindruck seinen Helfer Jakob ein.

In Antwerpen bleiben die Amerikaner eine Weile bei Maria und

Firmin. Ady korrespondiert in den folgenden Jahren mit Wendell und Sophie – er nennt Ady zärtlich sein »little dump cup« – und Ady hilft Maria als Übersetzerin ihrer Briefe nach New York.

Adys Briefe wiederum sind nur als Entwürfe erhalten, recht kurze herzliche Schreiben. Englisch lernte Ady erst nach dem Kriegsende, wir erinnern uns an die Vokabeln auf der Rückseite des Meldescheins in Heidelberg – vielleicht war damals bereits Wendell ihr Ansporn dazu gewesen –, und sie spürt, wie hilflos sie sich in der ungewohnten Sprache ausdrücken muss. Wendell schreibt einmal, die neue Kamera, die er in Germany gekauft hat, habe Macken, Ady hätte sich doch die Gebrauchsanweisung einmal durchlesen sollen. Die Fotos von Köln, »Keulen«, schreibt er, seien leider nichts geworden. Ady fragt, welche Stadt die aufregendere ist, London oder Paris, und in Bottrop denken sie darüber nach, ob Jupp nach New York reisen könnte. Über den Atlantik werden über die Jahre Fotos hin und her geschickt, Maria besorgt in Antwerpen Medizin für Wendell, und Sophie schickt aus New York Unterwäsche für Jupp.

Epilog

An dieser Stelle endet meine Geschichte von Ady. Nach den dramatischen Ereignissen vor allem während des Zweiten Weltkriegs führte sie an der Seite von Jupp ein relativ normales Nachkriegsleben.

Es war ein stilles Leben. Ab und an ein Besuch bei den Eltern, eine kleine Urlaubsfahrt mit Jupp an den Rhein oder die Nordsee, ein paar Ausflüge. Das neue Geschäft lief gut, Ady und Jupp konnten nach gut zehn Jahren das Haus der Verwandten in der Steinbrinkstraße verlassen und eine größere Wohnung über ihrem Laden beziehen. Maria und Firmin schickten Möbel und Bilder, und Jupp und Ady leisteten sich ein neues Schlafzimmer, Marke »Sensation«.

Renée in Antwerpen fand endlich ebenfalls ihre Liebe, auch er ein ehemaliger Daimler-Mitarbeiter und Bekannter von Ady und Jupp, und heiratete 1957. Sie besuchte Ady nur selten. Ihre Freundschaft hatte sich vertieft, als sie weit weg waren von zuhause, fremdbestimmt und unter Kriegsbedingungen. Doch nun, im Frieden, führte jede ihr eigenes Leben. Renée war weiterhin agil und unternehmungslustig, reiste viel mit ihrem Mann, auch später noch, mit ihrem zweiten Ehegatten. Da waren Ady und Jupp bereits im Rentenalter.

Auf den Bildern ab den sechziger Jahren wirkt Jupp zufrieden, als ob eine Last von ihm genommen ist. Er hat sein Geschäft und seine Selbstständigkeit aufgegeben und sich bei Pfaff als Nähmaschinen-Mechaniker anstellen lassen. Noch einmal ziehen sie um nach Rheidt am Rhein bei Niederkassel. Dort ist Ady nicht länger das belgische Anhängsel, dort ist auch Jupp fremd. Nun scheint sie diejenige zu sein, die mehr und mehr das Regiment übernimmt. Sie plagen weiterhin Atemnot und ihre Anfälligkeit für Krankheiten, die sie wegen ihrer frühen Tuberkuloseerkrankung nie losgeworden ist. Doch sie scheint nicht zu altern. Im Gegenteil, es sieht so aus, als ob Ady noch einmal erstrahlt. Sie gibt sich wieder damenhafter, kontrolliert ihre Haltung, achtet beim Fotografieren wieder mehr auf ihre Posen. Dennoch wirkt sie lässiger als in ihren jungen Jahren. Sie ist eine reife Frau, hat ihre Erfahrungen gemacht und bewegt sich souverän. Ihr Leben an der Seite von Jupp verläuft in ruhigen Bahnen.

Außerhalb ihres kleinen Reiches in Rheidt, verändert sich unterdessen die Welt. Mit der Ölkrise Anfang der 70er kehrt nach langen Jahren der Sicherheit eine neue Zukunftsangst in die deutschen Wohnstuben zurück. Aber das beunruhigt sie in Rheidt nicht mehr, Jupp denkt bereits an die Rente.

Dann sterben die Eltern, Jupps Mutter zuerst, wenig später Firmin. In Antwerpen wird Maria immer einsamer, Ady dehnt ihre Besuche aus, und die Mutter bleibt immer länger bei den Kindern. Im Frühsommer 1974 ist Maria wieder einmal in Rheidt. Doch diesmal bleibt sie für immer. Sie erkrankt und erholt sich nicht mehr. Am 22. Juni 1974 stirbt Adys geliebte Mamatje im Krankenhaus in Troisdorf im Alter von 85 Jahren.

Entspannung auch endlich zwischen ihnen, Jupp und Firmin 1964 in Antwerpen.

Ady war allein, seit sie im Sommer 1944 Antwerpen verlassen hat, aber noch nie zuvor, auch nicht nach dem Tod Firmins, wurde das so deutlich wie nach dem Tod Marias. Sie wird nie wieder einen Brief, ein Kärtchen, ein Paket oder einen Gruß auf einem Foto von Maria erhalten. Dieses Zuhause gibt es nicht mehr. Daheim ist nur noch Rheidt – und Jupp.

Ady schreibt sich weiterhin mit alten Freunden. Renée schickt Grüße, sie wird gegen ihren Willen in Rente geschickt und lernt ihren zweiten Mann kennen, auch von Georgeke erhält Ady Post: Er schickt ihr seine Hochzeitsanzeige, er hatte geheiratet – 1978 zum ersten Mal? Ady verschwand nie aus seinem Leben, Jahre später erhält sie von ihm einen süßen Gruß eines belgischen Chocolatiers, mit einer kleinen Karte: »je porte bonheur, ik breng geluk.« (Ich bringe Glück.)

Mit Jupp bleiben Ady noch zehn Jahre, er stirbt am 5. Februar 1985. Ady, die nie allein sein wollte und konnte, nun ist sie das erste Mal wirklich allein. 42 Jahre lang sind sie zusammen gewesen. In den Fotoalben sieht es so aus, als habe sie bei Jupp das gefunden, was sie suchte, ihre Liebe.

Sie will nicht allein bleiben. Sie hält es noch ein halbes Jahr ohne ihren Jupp aus, dann meldet sie sich im Altenheim »Haus Elisabeth« an. In den Nachbarort, nur über die Felder, müssen ihre wenigen Sachen, die sie mitnimmt, transportiert werden.

Rheidt, ein Jahr vor Marias Tod, 1973.

Anfang Januar 2003 kündigte sich schweres Hochwasser im Rhein an. Auch im Altenheim in Niederkassel, es liegt gleich hinterm Damm, dachten sie über eine Evakuierung der unteren Stockwerke nach. Ady bekam die Aufregung mit, dann aber stahl sie sich am Dreikönigstag aus dem Leben davon.

Sie hatte sich nach dem Krieg entschieden, bei Jupp in Deutschland zu bleiben. Damals ahnte sie nicht, wie endgültig ihre Entscheidung sein würde, dass sie wegen der Heirat mit dem Deutschen lange Jahre nicht nach Antwerpen würde zurückkehren können, auch nicht, dass sie sich in Bottrop mit ihrer neuen Familie doch nicht so gut verstehen würde. Sie war schließlich nirgends mehr richtig zuhause. Adriana Van den Eynde lebte zwischen den Orten. Sie fühlte sich nur noch heimisch bei Menschen, bei Maria und Firmin und bei Jupp. So wirkten auch bei ihr der Krieg und der Nationalsozialismus noch jahrzehntelang nach.

Danksagung

Meine Absicht war, mit diesem Buch einer der vielen unspektakulären Biographien des 20. Jahrhunderts ein Gesicht zu geben. Dabei haben mich zahlreiche Menschen auf unterschiedliche Weise unterstützt, denen mein Dank gilt. Zu allererst Andrea Wörle vom Deutschen Taschenbuch Verlag für ihre Ruhe, ihre unerschütterliche Geduld und Freundschaft. Dem Leiter des Museums Miejskiego in Nowa Sól, Tomasz Andrzejewski, für seine mir überlassenen Nachforschungen über Neusalz und die Genehmigung für den Abdruck des Fotos der Friedrich-Ebert-Straße. Renée Huybrechts für ihre kostbaren Erinnerungen. Meinem Lektor Olaf Benzinger für seine Hilfestellung, letzte Hand an den Text zu legen, und seinen Humor.

Der Historikerin Katrin Schröder, die mir neben wertvollen Hinweisen auch ihre Sprachkenntnisse im Polnischen zur Verfügung stellte und Joachim Schröder für stets anregende Gespräche. Meinen Freundinnen Renate Niebler für den Anstoß zu diesen Nachforschungen und ihre großzügige Überlassung einiger Fotografien und Petra Kirchmann für ihre Übersetzungen der Liebesbriefe aus dem Französischen. Katja Römer für ihre Entschlossenheit, die flämische Korrespondenz von Netje zu enträtseln. Gabi Dattenberger-Sirch für den Übersichtsplan von Neusalz. Den Neffen von Jupp in Bottrop, Albert Kocyan, Jupp Kotzyan und Helmut Wesselmecking. Johnny, Hugo Driesen, dem unbekannten Rechercheur im Stadsarchief Antwerpen, Linda Vermeir beim Belgischen Verbindungsdienst in der Bundesrepublik Deutschland, Belgian Liaison, meiner Namensvetterin Frau Seifert-Behrend bei WAST, sowie all den hilfsbereiten Menschen im Bundesarchiv und Militärarchiv, den Stadtarchiven Kassel, Frankfurt am Main, Heidelberg, Bottrop und Niederkassel. Sylvie Vander Elst vom Service des Victimes de la Guerre in Brüssel.

Britha Hansen, Ann-Britt Johansson und Aina Högberg für ihre

Recherchen in Göteborg und Hans und Hildegard Schäf in Petersaurach. Bernd Faderl und Dieter Vallée für ihre medizinischen Di-
agnosen von Adys Beschwerden.

Mein ganz besonderer Dank geht an meine beiden Männer.

Literatur

Götz Aly, *Hitlers Volksstaat*, Frankfurt/M. 2005

Jean Améry, *Werke Bd. 2*, Stuttgart 2002

Wolfgang Benz, Barbara Distel (Hrsg.), *Der Ort des Terrors. Geschichte der nationalsozialistischen Konzentrationslager*, München 2005–2009

Wolfgang Benz u. a., *Die Bürokratie der Okkupation. Strukturen der Herrschaft und Verwaltung im besetzten Europa*, in: Nationalsozialistische Besatzungspolitik in Europa 1939–1945, Berlin 1998

Heinrich Böll, *Briefe aus dem Krieg*, München 2003

Arthur Conan Doyle, *Das Congoverbrechen*, Berlin 1909, Frankfurt/M. 1985

Die Zwangsarbeit der Juden in Schlesien im Rahmen der »Organisation Schmelt«, in: Sozialpolitik und Judenvernichtung. Gibt es eine Ökonomie der Endlösung? Beiträge zur national-sozialistischen Gesundheits- und Sozialpolitik, H. 5, 1987

Jean Dillen, *Erlawerk VII*, Antwerpen-Mortsel 1940–44, Erpe 1993

Ders., *Antwerpen 1940*, Erpe 2006

Mechthild Gilzmer, *Widerstand und Kollaboration in Europa*, in: Schriftenreihe der Forschungsgemeinschaft 20. Juli 1944 e. V., Münster 2004

Neil Gregor, *Stern und Hakenkreuz, Daimler-Benz im Dritten Reich*, Berlin 1997

Ulrich Herbert, *Europa und der »Reichseinsatz«. Ausländische Zivilarbeiter, Kriegsgefangene und KZ-Häftlinge in Deutschland 1938–1945*, Essen 1991

Ulrich Herbert, *Fremdarbeiter. Politik und Praxis des »Ausländer-Einsatzes« in der Kriegswirtschaft des Dritten Reiches*, Bonn 1999

Barbara Hopmann, Mark Spoerer, Birgit Weitz, Beate Brüninghaus, *Zwangsarbeit bei Daimler-Benz, Zeitschrift für Unternehmensgeschichte*, Hg. Hans Pohl, Beiheft 78, Stuttgart 1994

Hamburger Stiftung für Sozialgeschichte des 20. Jahrhunderts (Hg.), *Das Daimler-Benz-Buch. Ein Rüstungskonzern im »Tausendjährigen Reich«*, Nördlingen 1988

Alfred Konieczny, *Die Ausnutzung der Zwangsarbeit der Häftlinge des KL Groß-Rosen durch das Dritte Reich, Wałbrzych*, Muzeum Gross-Rosen 2004

Rainer E. Lütgens, *Fremdarbeiterpost. Der Fremdarbeitereinsatz im II. Weltkrieg und die Post der in der Kriegswirtschaft des Dritten Reiches eingesetzten Ausländer*, Langenhagen 2005

Matthias Haupt, *Der Arbeitseinsatz der belgischen Bevölkerung während des Zweiten Weltkrieges*, 1970

Ann Kirschner, *Salas Geheimnis: Die Geschichte meiner Mutter*, Frankfurt/M. 2008

Insa Meinen, *Die Shoah in Belgien*, Darmstadt 2009

Ludwig Nestler, *Die faschistische Okkupationspolitik in Belgien, Luxemburg und den Niederlanden (1940–1945)*, Berlin 1990

Hans Pohl, *Die Daimler-Benz AG in den Jahren 1933 bis 1945*, Stuttgart, Wiesbaden 1986

Karl Heinz Roth, Michael Schmid, Rainer Fröbe, *Die Daimler-Benz AG 1916–1948. Schlüsseldokumente zur Konzerngeschichte*, Nördlingen 1987

Herbert Ruland, Belgien: *Zeitgeschichte und Erinnerung an 2 Weltkriege in einem komplizierten Land, Beobachtungen aus der Randposition des deutsch-belgischen Grenzraums*

Mark Spoerer, *Zwangsarbeit unter dem Hakenkreuz, Ausländische Zivilarbeiter, Kriegsgefangene und Häftlinge im Deutschen Reich und im besetzten Europa 1939–1945*, Stuttgart, München 2001

Isabell Sprenger, *Groß-Rosen, ein Konzentrationslager in Schlesien*, Köln [u. a.] 1996

Carl Zuckmayer, *Deutschlandbericht – für das Kriegsministerium der Vereinigten Staaten von Amerika*, Göttingen 2004